JN410296

제25집

한 폭의 그림 그리기

(사)창작수필문인회

한 폭의 그림 그리기

1판 1쇄 인쇄/ 2022년 12월 15일
1판 1쇄 발행/ 2022년 12월 20일

지은이 / 허 열 웅
펴낸이 / 우 희 정
펴낸곳 / 도서출판 소소리

등록 / 제300-2007-21호
주소03073 서울 종로구 성균관로5길 39-16
전화 / 765-5663, 010-4265-5663
e-mail: sosori39@hanmail.net
www. sosori.net

값 16,000 원

ISBN 979-11-5891-176-8 03810

한 폭의 그림 그리기

발간사

글을 쓴다는 것은 삶을 쓰는 것이므로 삶을 부단히 애쓰며 산다는 의미라고 생각합니다. 글쓰기와 삶 쓰기는 이처럼 분리할 수 없는 그 무엇입니다. 글을 쓰는 눈으로 바라보는 삶, 문학을 하는 눈으로 바라보는 세계는 그전과 다른 시각을 갖게 됩니다. 그래서 글과 삶은 닮아 있습니다. 진실한 글은 한 사람의 영혼을 품고 있기 때문입니다. 우리가 글을 쓴다는 건 한 삶을 산다는 것과 다르지 않을 것입니다.

특히 수필은 무엇보다도 마음에서 우러나야합니다. 억지로는 절대 글을 써 내려갈 수가 없습니다. 순간순간의 보석 같은 기억들을 엮어내고 그리움과 같은 내면의 세계를 형상화하는 것입니다. 그 사람이 아니면 쓸 수 없는 글이 곧 수필이라고 생각합니다. 비슷한 소재로 여러 이야기를 쓸 수 있는 것은 시나 소설이라고 믿습니다.

바이러스라 불리는 작은 미생물로 인해 우리는 학습을 중단하고 만남을 피했습니다. 긴 세월이었고 답답하고 우울한 시간이었습니다. 이제 그들도 떠날 준비를 하는 것 같아 대화의 광장을 열었습니다. 그동안 중단했던 숙제를 다시 풀고 막혔던 말문을 열어놓을 장소를 마련했습니다. 그곳이 〈종로 수필교실〉입니다. 학습과 대화를 나눌 수 있는 사랑방입니다. 매주 목요일에 누구나 오셔서 부담 없이 차를 나누며 정담을 꽃피울 수 있는 장소이기도 합니다. 둔촌동의 〈강동교실〉이나 수원의 〈애경반〉도 날짜는 다르지만 마찬가지입니다.

지난해에 이어 금년에도 80명이 넘는 회원님들께서 좋은 글을 보내주심에 감사드립니다. 창작문학상 수여자가 늘어나 많은 회원님들이 명예를 얻으시기를 기대합니다. 아쉬운 점은 제출하시는 작품들이 어느 정도 형식과 내용을 갖춘 좋은 글이 부족한 점입니다. 많이 읽으시고 학습하고 연마하여 오랜 전통의 『창작수필』 등단자의 실력을 보여주어야 하지 않겠습니까, 회원님들의 분발을 기대해봅니다.

우리가 등단하고 활동해온 『창작수필』 문예지는 30년의 역사와 전통을 갖고 있습니다. 현재 발행하는 데 어려움을 겪고 있습니다. 우리 힘을 모아 지켜내 이어져야 한다고 생각합니다. 회원님들의 지혜와 배려를 부탁드립니다. 감사합니다.

2022년 12월 13일

사단법인 창작수필문인회 회장 허열웅

▷ 차 례

▷ 발간사 — · 허열웅

1. 회색시간을 보내며

2. 그대를 사랑하기엔

3. 가을날의 환상

4. 우아한 밥상

5. 피어나는 꽃처럼

1.

회색시간을 보내며

다정함은 힘이 세다

양혜원

긴장했던 마음이 그들의 푸대접과 무관심에 땡볕 배춧잎처럼 쪼그라들었다. 아들의 학교 학부모 회의에 참석했다 집으로 가는 길이었다. '처음 보는 아시안 학부모가 낯설어 그랬을까. 그래도 그렇지. 나를 사이에 두고 숫제 자기들끼리 대화를 했다. 마치 투명인간처럼. 차라리 영어를 못해 받는 무시가 더 나았을까?' 삭히려 해도 분한 마음은 쉽사리 잦아들지 않았다.

기운 빠져 집에 도착하니 현관문에 웬 봉지가 걸려있었다. '너 요즘 괜찮니? 함께 먹으려고 쿠키를 많이 구웠어. 혹시 운전하기 어려운 곳 있으면 부탁해. 같이 가 줄게.' 한없이 다정한 도로시의 메모와 갓 구운 과자였다. 용기내 참석한 학부모 모임에 차별받은 설움에 나도 여기에 친구가 있다는 안도감이 보태져 마음이 터져버렸다. 거실 바닥에 앉아 울었다. 도로시는 내 친구다. 아래층에 사는 백인 할머니로 90세다. 거동이 불편한 이웃들의 장보기와 병원 나들이에 운전으로 돕는다. 본인도 도움이 필요한 건강상태 임에도 불구하고.

시카고에서 어느 겨울밤에 길을 나섰다. 눈 폭풍 예보로 이른 저녁부터 거리는 스산했다. 그곳은 아무리 눈이 많이 와도 걱정을 하지 않았다. 눈이 오는 동시에 제설차가 바로 투입되기 때문이었다. 하지만 그날은 살이 에일 듯한 추운 날씨로 인해 눈이 바로 얼어 제설차도 소용없었다. 눈보라를 일으키며 뭉쳐 다녔다. 무시무시했다.

볼 일을 마치고 신호 대기 중이었다. "쿵" 하는 소리에 밖을 나가니 삼중 추돌 사고였다. 내 차와 뒤차를 세 번째 차가 빙판길에서 미끄러져 부딪힌 듯했다. 내 차는 뒤 범퍼 부분이 긁혔고 뒤차도 약간 찌그러져 있었다. 하지만 사고를 낸 차는 앞부분 범퍼가 다 부서져 바닥에 널브러져 있었다. 한눈에도 그 차는 재생이 불가능해 보였다. 온몸이 얼어붙는 칼바람 추위 속에 운전자인 라틴계 청년의 차림새는 썰렁했고 무척이나 남루했다. 우리 두 사람에게 사과할 엄두가 나지 않을 만큼 그의 표정은 굳어있었다. 아니 겁을 잔뜩 먹고 있었다. 오가는 사람도 없어 거리엔 오롯이 우리 셋뿐이었다.

그때 "Are you OK? Are you OK?" 하는 소리가 들렸다. 그 말의 울림이 어찌나 따뜻했던지. 내 뒤차 운전자인 백인 여자였다. 난감한 상황에 당황한 나와 달리 사람을 먼저 걱정하는 다정한 그 말이 긴장을 풀게 했다. 청년은 영어도 잘 알아듣지 못했다. 게다가 보험도 없는 듯했다. 불법체류자인지는 모르겠으나 어려운 형편임은 한눈에도 알 수가 있었다. 경찰이 오면 청년은 어떻게 될지가 더 심란했다. 곧바로 경찰에 잡혀 터전을 잃고 추방될 수도 있는.

세상을 사는데 무엇보다 소중한 것을 아는 그녀의 다정함으로 인해 나는 청년의 역성을 들고 싶어졌다. "이 눈보라 속에 경찰이 곧 올 것 같지가 않고, 우리는 저 청년에 비하면 차도 조금 망가졌고 아무도 다치지 않았다. 나는 그냥 집에 가려고 한다."고 하니 잠시 머뭇거리다 긍정의 몸짓으로 웃었다. 우리는 각자의 차로 돌아가 그 자리를 떠났다. 그제야 의미를 파악한 청년은 쑥스러운 환한 웃음으로 떠나는 우리 차를 향해 인사를 했다.

문득 오래전 일이 떠올랐다. 아픈 딸의 치료로 함께 미국에 온 중학생 아들은 미국학교 적응을 힘들어했다. 특히 운동이 더 심했다. 덩치 큰 백인 아이들과 할 수 있는 것이 거의 없었다. 한국에서 운동을 좋아하고 잘 하던 아이는 풀 죽어 지냈다. 그나마 겨우 찾은 것이 달리기였다. 영어도 딸려 무시당하는 터라 매일 혼자 학교에 남아 숨이 턱까지 차오를 만큼 연습을 했다.

끈질긴 노력 덕분에 드디어 학교 대표 선수가 되었다. 네 명이 한 팀으로 온갖 리그를 거쳐 마지막 관문인 주 대표 자리를 뽑는 대회가 열렸다. 주 대표는 우리나라에서는 준 국가대표급이다. 나도 응원 차 참석을 했다. 세 번째 주자인 팀원이 이등으로 트랙을 들어오고, 아들이 마지막 주자로 뛰기 시작했다. 미국에 와서 백인 친구들의 텃세에 마음고생은 또 얼마나 심했는지. 그동안 힘들었던 모든 것이 떠올랐다. '이제 마지막 한 바퀴만 잘 뛰면 된다, 내 아들이 이젠 학교에서 기를 펴겠구나. 누구도 함부로 무시하지 않겠지!' 하며 주먹에 불끈 힘이 갔었다.

아들이 일등으로 들어오고 있었다. '아, 드디어 해냈구나, 아들이 마침내 일등을 하는구나!' 목이 터지라 응원하는 그때. 그런데 그만 아들의 발이 꼬이면서 넘어졌다. 순간 정적이 흘렀다. 잠시 후에 응원석에서 깊은 탄식이 흘러나왔다. 나조차도 아들의 불운이 원망스러운 그 순간에 조금의 지체도 없이 같은 팀 엄마가 내게 다가왔다. 그 순간 화를 낼까봐 불안하고 떨렸다. 내 아들로 인해 팀원들이 상급학교에 특별 전형기회를 놓쳤기 때문이다. 대학입시에서도 엄청난 가산점이 주어지는 큰 상이었다. 하지만 놓친 상보다 다친 아들이 걱정인 듯 한없이 따뜻한 목소리로 "Are you OK?" 하며 나를 꼭 안아주었다. 그리고 팔과 다리가 빨갛게 벗겨진 채 고개 숙인 아들에게 다가가 등을 토닥여주었다. 괜찮아, 괜찮아하면서.

요즘 출판계의 화두는 다정함이다. 다정함의 힘은 이제 과학적으로도 증명됐다. '토끼 효과'라고 불리는 이 실험은 미국대학의 한 연구팀에서 했다. 토끼들에게 고지방식을 먹인 후 결과를 보니 유독 한 무리의 토끼들만 지방 성분이 60% 낮게 나타났다. 유일한 차이는 한 연구원이 토끼에게 먹이를 줄 때 말을 걸고 쓰다듬으며 귀여워한 행동이었다. 연구팀은 다시 같은 실험을 했다. 그때마다 결과가 같았다. 병에 걸리는 토끼와 건강을 유지한 토끼는 식단이나 유전자가 아니었다. 그것은 사람과 관계, 애정이었다. 사람에게도 비슷한 실험을 했는데 일상에서 괴롭힘을 당하고 차별을 자주 경험한 집단이 질병 발병률이 높았다고 나왔다. 관계의 결핍이 질병으로 이어지는 것을 과학으로 밝힌 것이다.

'괜찮으세요' 그 다정한 말은 하루가 살얼음판인 라틴계 청년에게 그곳도 선한 사람들이 사는 곳임을 알려주는 희망의 말이었다. 실수한 아들에게 건넨 친구 엄마의 다정한 말은 낯선 환경에서 살아남으려는 아이의 소외감과 외로움을 위로하는 응원이었다. 그 다정함으로 인해 아이는 웅크렸던 마음이 펴지기 시작했다.

나 역시 아무도 없이 막막했던 그곳에서 다정함의 끝판왕인 친구 도로시가 있어 겨우 버틸 수 있었다. 분함도 삭히고 외로움의 상처도 싸맸다. 사는 곳은 다르지만, 어느 곳이나 세상을 사는 이치는 같았다. 다정함은 이렇게 힘이 세다. 그로 인해 사람과의 관계가 희망과 위로와 힘이 되었기 때문이다. 뇌과학자 정재승은 다정함을 '진통제이자 치료제, 비타민이자 영양제'라고 했다. 또 누군가는 다정함이 유전자와 인생을 바꿀 수도 있다고 한다. 나도 이참에 연습하면 남에게 친절한 사람으로 변할 수 있을까. 'Are you OK? 괜찮으세요?' 내 친구 도로시의 푸근하고 편안한 다정함이 내 유전자에도 스며들기를 간절히 바란다. 그러다 보면 언젠가 조금 더 나은 사람이 될 수도.

(제25회 창작수필문학상 수상작품)

뚝배기 사랑

조철형

보글보글 끓는 소리를 안고, 잔잔한 냄새가 퍼진다. 뚝배기가 밥상의 중심에 좌정하면 집안 행사가 시작된다. 냄비처럼 금세 달아올라 넘치지 않으며, 쉬 식지 않는 뚝배기. 좀 늦게 앉더라도 따뜻한 온기의 음식을 먹을 수 있어 좋다.

뚝배기는 화로나 부엌 숯불에 올려놓아 끓인다. 뚝배기에 담은 물은 도마에서 재료를 준비하는 시간에 맞추어 끓기 시작한다. 뚝배기는 열전도가 낮아 천천히 데워지고 잘 식지 않는다. 초가집 온돌 구들장처럼 온기가 오래간다. 하여 오랫동안 변치 않는 사람을 뚝배기 같은 사람이라고 하는가 싶다.

우리 집에 식구가 많다 보니 질그릇 옹기가 많았다. 장독대에는 된장 고추장 막장 간장독이, 헛간에는 쌀과 씨앗과 홍시를 보관하는 보관용 독, 부엌에는 커다란 물독이 자리했으며 찬장에는 형제처럼 피부와 모양새가 닮은 크고 작은 뚝배기와 종지 옹기들이 진열되었다. 화로는 놋쇠 화로가 아니라 질그릇 화로였다. 모두 화려하게 채색하지 않았으나 흙에서 태어난 우아한 골동품, 진품이다.

추운 겨울 아버님께서 읍내에 다녀오시거나, 자식들이 바깥에서 쏘다니다 밥 때가 되어 들어오면, 따뜻한 구들장의 담요 속에 보자기로 덮어 보온한 뚝배기가 대령한다. 손으로 감싸면 아리아리 간질간질, 뚝배기의 온기가 찬 손을 녹여주었다. 장갑을 끼고 끓은 뚝배기를 옮기면 냄새도 맡을 수 있고 온기가 장갑 속에 남아 있었다.

배고픈 형제들이 서로 빨리 먹으려고 냄비나 양푼 그릇에 숟가락이 부딪치거나 긁으면 시끄러운데, 뚝배기는 소리가 둔탁하여 알뜰히 긁어먹을 수가 있었다. 마지막 국물을 마시면 밑바닥은 깨끗이 마른다. 된장찌개처럼 깊은 맛이 나는 뚝배기 사랑. 우리 형제는 그 사랑 속에서 자랐다.

훗날 혼기가 다가왔을 때, 어머니에게 뚝배기 같은 처녀를 원한다고 너스레를 떨었더니 소원대로 하라고 하셨다. 어릴 때부터 화장냄새를 유독 싫어하여 치장을 하지 않는 어머니 품이 좋았다. 제 모습 그대로 순박한 뚝배기 같은 여인이 나를 기다리기나 할는지….

처음으로 선을 본 처녀는 뚝배기를 닮지는 않았다. 하지만 빙그레 웃는 그 웃음에 꾸밈이 없었다. 어쩌면 마음씨도 뚝배기와 같기를 바라며 결혼을 했다.

결혼 후 아내는 고향을 자주 다니며 어머니의 음식 솜씨를 하나둘 전수받았다. 지성이면 감천이라지만 하루아침에 어머니 손맛을 완전 전수받을 리가 없는데, 밥상에서 고향의 정겨운 맛이 느껴지니 뚝배기에 기막힌 비밀이 숨겨져 있는 듯싶었다.

그러던 중, 시골에서 농장을 하는 여동생 네를 방문했다. 여러 가지 약초와 열매가 담긴 발효 항아리가 100여 개나 되었다. "무슨 항아리가 이렇게 많으냐? 맛을 좀 보자."라고 했더니, 곧바로 발효주를 떠주며 "숨 쉬는 항아리의 발효주입니다."라고 하지 않는가! 숨 쉬는 항아리가 만든 발효주란 말에 귀가 번쩍 뜨였다.

질그릇 유래와 제작 과정을 살피며, 숨 쉬는 항아리는 흙에서 태어났기에 숨 쉴 수 있다는 단서를 잡았다. 질그릇의 숨 쉬는 비결은 찰흙 안에 있는 모래 알갱이가 미세한 공기구멍을 만든 데 있다. 마치 피부의 땀구멍 같은 미세한 구멍은 용기의 안팎 공기를 통하게 해준다.

질그릇 주원료 점토는 찰흙과 모래, 백토가 6:2:2의 비율로 혼합되는데, 숨구멍은 찰흙과 모래의 조화 속에 만들어진다. 용기 형체로 만들어진 점토를 말리면, 찰흙은 15%가량 수축되지만 모래는 변함없으니 울퉁불퉁 불거진다. 이 상태에서 유약을 발라 섭씨 1250도로 가열하면 찰흙은 또 수축하지만 모래는 변화가 없다. 이때 용기 표면에 미세한 숨구멍이 나타난다. 이를 오히려 기(氣)가 막힌 변화라고 해야 할지….

숨구멍은 워낙 작아서 물이나 음식물 입자는 흘러나오지 않으나 공기는 소통된다. 사람의 피부 땀구멍으로 실핏줄 피가 새어 나오지 않고 땀방울만 맺히는 원리다. 이 얼마나 신비스러운 과학적 발명인가! 선조의 위대한 슬기에 탄복할 뿐이다. 찰흙만으로 빚은 청자 백자는 예술적인 아름다움을 뽐내지만 살아 숨 쉬는 숨구멍은 없다.

숨구멍을 지닌 질그릇은 공기가 통하므로 저장 음식을 오랫동안 그대로 보관할 수 있다. 국물을 끓이는 중에도 뚝배기는 계속 공기가 통하므로 선도가 높은 음식을 만들 수가 있다. 나아가 통기성,

저장성, 발효성을 활용하여 진화한 김치 저장고가 온 세상을 누빈다. 특히 식품의 발효, 살아있는 유산균의 김치 숙성, 젓갈 숙성 등 고유한 전통 음식문화로 진화하여 왔으니 그야말로 배달겨레는 바이오 민족이다.

국민 소득 100불 시대의 태생이 평생 더할 나위 없는 식복을 누릴 수 있음은 뚝배기 덕분이랄까. 어설픈 궁합을 조화시켜 따뜻한 가정을 이루었으니, 오늘도 우리 집에는 뚝배기 사랑이 보글보글 끓는다.

(제25회 창작수필문학상 수상작품)

그분, 뾰족가시를 둥글게 해

임병미

"넌, 구름 한 점 없는 파란 하늘같아." 대학생이던 어느 해 맑은 날, 또래가 모여 근처 호숫가로 나들이 갈 때 친구가 내게 건넨 말이었다. 나는 말없이 웃었다.

"세상 걱정이라고는 하나도 없을 듯 해맑게 웃던 모습이 내 마음 속에 오랫동안 남아있어." 사귀기 시작한 지 얼마 지나지 않은 때 남편이 내게 한 말이었다. 그때도 나는 말없이 웃었다. 그럴 수밖에 없었던 이유는 겉으로 보이는 것이 다가 아닌, 마음 안에 뾰족뾰족한 가시가 수없이 많았기 때문이다.

어느 날 갑자기 쓰러진 엄마. 하나부터 열까지 모든 것을 엄마에게만 의지하던 꼬맹이 때였다. 가족 모두가 혼란스러웠고 분위기는 어두웠다. 엄마의 3년여 병원 생활은 돈푼이나 나갈 것 같은 가전이나 가구에 빨간딱지가 붙여지면서 끝이 났다. 아버지가 엄마의 병간호 때문에 직장을 못 다녔고, 전답을 처분하였지만, 병원비를 감당하기엔 역부족이었다. 풍족하진 않았어도 부족함 없던 생활이 와르르 무너졌다.

나는 코스모스꽃을 좋아하지 않는다. 초등학교 때 선생님이 수학

여행을 못 간 아이들을 교무실로 불러 세웠다. 조그만 봉투를 나누어주며 학교에 코스모스꽃밭을 만들었으니 동네로 나가 씨앗을 받아오라고 했다. 수학여행 대신하는 수업이니 개인행동은 절대로 안 되며 줄을 서서 가고 반드시 검사를 받도록 했다. 그때의 선생님 눈빛과 차가운 말들은 마음에 가시로 와서 박혔다.

단발머리 여중생 때, 담임선생님께 호명된 서너 명이 방과 후 교실에 남았다. 며칠 전부터 독촉하던 육성회비를 내일까지는 꼭 갖고와라. 못 가지고 올 거면 학교도 오지 말라고 했다. 다음날, 누워있는 엄마에게 차마 입이 떨어지지 않았다. 학교 대신 근처 공원으로 들어갔다. 친구들의 환한 웃음과 재잘거림 속에서 동떨어져 있던 나의 모습이 날카로운 아픔으로 들어왔다.

내가 초등학교는 물론 중학교 때도 수학여행을 못 갔음을. 수업시간에 학교 대신 공원에서 홀로 보냈던 적이 있음을 친구들은 거의 모른다. 그만큼 내 힘든 속 보이는 것을 극히 싫어했고, 누군가 알고 있는 것조차 자존심이 상하는 일이라 여겼다. 그러다 보니 겉으로는 아무 고민이 없는 듯 더 환하게 웃으며 행동했다. 온갖 가시들로 가득했던 그래서 많이 아프고 힘들었던 뾰족가시를 마음속에 깊이 숨긴 채, 포장된 푸른 하늘과 맑은 햇살처럼….

남편을 만났다. 만날수록 그는 마음이 참으로 넓고 긍정적인 사람이었다. 동향 사람이라 우리 집에 대해 소상히 알고 있고, 편하다 보니 내 속을 살짝살짝 내보여도 괜찮았다. 내가 속상한 일이 있어 슬플 때면 용케 알아차리고 보듬어주었다. 매사에 부정적인 견해가 많은 나를 지적하기보다 먼저 이해해주려고 노력했다. 결혼 후에도

'하느님께서 주신 가장 큰 선물은 당신'이라며 한결같은 사랑을 주었다. 그의 배려는 다정다감하다. 어떤 상황에서도 내 편이 되어 든든한 버팀목 역할을 해주니 뾰족 가시들이 하나 둘 둥글어졌다.

아직도 주변에서는 내가 아무 말 안 하고 새초롬하게 있으면 찬기가 휑하게 불어 말 붙이기가 어렵고, 쉽게 사귀기 힘든 사람이라고 말한다. 남편으로 인해 사교적이고 긍정적으로 많이 바뀌었지만, 새로운 상황 앞에 마음의 빗장을 걸고 한걸음 뒤로 물러서는 습관이 남아있음이다. 그래도 이만큼 변한 것이 다행이고 고마운 일이다. 해서, 뾰족가시를 안고 살아가는 이웃을 본다면 그 가시들이 찔러대는 상처로 아프지 않도록 어설픈 위로가 아닌 진실한 마음으로 도와주고 싶다.

요즘은 남편이 가끔 투정을 부리듯 직장내 인간관계에서의 트러블을 이야기하곤 한다. 그럴 때 "그 사람 데려와~ 내가 혼내줄게. 아니지, 내가 당장 그곳으로 갈 테니 딱 붙들고 있어." 큰 소리로 말하면 남편은 됐다며 웃고 만다. 둥글둥글하던 남편의 마음이 오랜 직장생활로 마모된 부분에서 파열음이 들릴 때, 뾰족한 가시로 변하기 전 내가 나서서 보듬어줄 때다.

오늘도 30도를 오르내리는 폭염이 기승을 부리고 있다. 남편이 좋아하는 두부김치 반찬을 만들기 시작한다. 김장김치를 들기름에 살짝 볶아놓고 단골 가게에서 사온 두부도 한입 크기로 썰어놓는다. 십여 분 후면 집에 도착할 테니 시원하게 에어컨도 켠다. 내 마음속 뾰족가시들을 둥글게 해준 남편을 위해.

*'가시'는 사전적 의미(바늘처럼 뾰족하게 돋친 것)에 뾰족이라는 뜻이 내포되어 있지만, 뾰족한 아픔을 강조하기 위해 '뾰족가시'라고 표현하였다.

(제25회 창작수필문학상 수상작품)

어른다운 어른

장병선

요즘 '어른다운 어른이 없다'란 말이 팽배한 가운데 두 어른이 선연히 두각을 나타냈다.

그들은 배우다. 대기만성(大器晩成)이라더니 70대의 노익장을 세계에 과시한 윤여정(75)과 오영수(78)다.

지난해(2021.4.25) 영화 '미나리'로 오스카 여우조연상을 탄 윤여정, 그는 연극영화과 출신이 아니었다. 아르바이트하다가 연기를 하게 됐다. 자신의 그런 약점 때문에, 이혼 후 두 아들을 키워야 하는 생계 때문에 대본이 성경 같았다. 피나는 '연습'과 치열한 '실행'이 오늘의 영광을 안겼다. 수상 후 그의 거동 역시 우리의 시선을 끌었다. 마치 연기하는 것 같았다. 평소처럼 즐기는 화이트 와인 한 잔을 가져다 달라고 한 뒤 기자간담회를 시작했으니, 얼마나 여유롭고 의젓했는가.

또한, 넷플릭스 드라마 '오징어 게임'의 '깐부* 할아버지' 오영수가 할리우드 한복판에서 'K콘텐츠'의 저력을 보여줬다. 비영어권 작품에 배타적이기로 유명한 미국 골든글로브 시상식(2022.1.10)에서 TV드라마 부문 남우조연상을 받았다.

1963년 "별로 할 일이 없어"라며 친구 따라 극단 광장의 단원으로 들어갔다. 그 후 200여 편의 연극과 드라마, 영화에 출연한 끝에 '오징어 게임'으로 월드 스타가 됐다. 수상 소식이 전해진 직후의 그의 행보 또한 화제를 모았다. "내일 연극이 있다. 그 준비가 나에게 더 중요한 일"이라며 기자 인터뷰 제안을 거절했다. 여유롭고 당당한 모습이었다.

두 노배우는 제 생애에 가장 큰 영광 앞에서도 평정심을 잃지 않았다. 아니 산처럼 흔들리지 않았다. 제 분야에서 가장 큰 상을 받고도 침착했다. 한국 배우로는 최초로 미국 양대 시상식의 트로피를 거머쥔 이들의 '어른스러운 역할과 무게'가 돋보였다. '어른다운 어른'이었다. 누구나 나이는 먹지만 다 어른스러운 건 아니다.

오랜만에 보는 '어른 역(役)'의 성취요, 듬직한 모습이다. 나도 노인이라서 그런지, 아니면 내가 어른 노릇을 하지 못해서인지 괜히 내 어깨가 으쓱해진다. 딱한 나의 체면을 세워준 고마운 두 어른이다.

*깐부: 가장 친한 친구, 짝꿍, 동반자를 뜻하는 은어.

외갓집 살구나무

오경자

추억이 없는 사람이 있을까? 아마 치매가 걸린 사람도 추억은 기억하고 있을 것이다. 그것들이 엉켜서 혼란을 일으켜서 그렇지 어쩌면 더 많은 추억들이 한꺼번에 달려 나와 현실세계를 덮어 버리는 것이 치매가 아닐는지 모른다. 고생스럽고 모질었던 추억조차도 지난 후면 아름답고 그립다고 말하는 사람들이 많다. 한 세상 휘돌 만큼 돌아 이제 귀로의 끝자락 가까이 섰으니 이제 정말 아름다운 추억만 만들어야 할 것 같다.

더위가 슬슬 어깨를 간지를 무렵이면 새콤달콤한 살구가 향기를 앞세우고 우리 앞에 나타난다. 앞마당에 커다란 살구나무를 안고 사는 글벗 덕에 거의 반세기 전의 살구를 다시 만나게 되었다. 우리 집 살구나무에서 어제 딴 것이라며 한바구니 살구를 안겨주는 그의 이마에 땀방울이 송글송글 맺혀있다. 받아 든 순간 향훈이 가슴으로 와락 안겨든다. 아 얼마만인가?

어릴 적 외갓집 살구나무가 생각나며 어머니 얼굴이 떠오르면서 목울대가 켕겨온다. 자란 후 대학을 서울로 올라오면서 다시 돌아온 서울 생활을 하는 동안 살구는 잊혀진지 오래 되었던 것 같다. 사먹어야만 하는 과일 들 중에 살구까지는 끼이지 못했고 자연스레 잊혔던 것 같다. 그동안에도 가게에서 팔았는지는 잘 기억나지 않지만 아마도 흔하게 먹던 살구를 돈 주고 사먹어야 한다는 생각 자체가 없었던 것 아닌가 모르겠다.

6·25전쟁 중인 1950년 9월 4일 새벽 우리 집에 들이닥친 내무서원인지 하는 사람들에게 아버지가 납북되고 일자 소식도 모른 채 1·4후퇴 막바지인 12월 31일인지 1월 1일인지에 어머니와 나는 마지막으로 서울을 떠나는 체신부 열차에 몸을 실었다. 우여곡절 끝에 보름이나 지나서야 겨우 전주 외가에 도착했다. 잠시 동안 피난했다가 서울로 돌아갈 생각으로 짐도 제대로 풀지 않고 살았다고 해야 함이 맞을 것 같은 나날이었다. 전입학도 하고 새 학기도 되고 학교 정문 앞에는 칡뿌리라는 것도 있고 오디, 버찌 등의 처음 보는 것들이 즐비하고 입이 새까매진 아이들이 선생님 앞에 불려나가 꾸중을 듣는 일들을 구경하면서 새로운 풍속도를 익혀나가게 되었다.

외갓집 앞 넓은 공터 같은 마당에 커다란 살구나무가 탐스러운 열매를 주황색으로 익혀가며 향훈을 뿜어내기 시작했다. 저절로 익어 떨어지는 살구를 주워 먹으면서 노는 우리는 마냥 좋기만 했다. 그늘이 좋아 온 동네 아이들의 놀이터이던 그곳이 살구 철이면 더 없이 좋은 놀이동산이 되어 우리를 행복하게 했다. 큰 외사촌 오빠의 큰 아들인 조카가 나보다 5살 아래이다 보니 자연히 내가 대장격이었다. 그 너른 마당이 대문을 나와 길 건너편에 있지만 외갓집 땅이어서 우리가 주인이었기에 마치 내가 주인 격이었던 모양이다. 아이들에게 살구를 나누어 주기도 하고 소꿉놀이를 하면서 여러 가지로 이용하기도 했다.

수확철이 되면 머슴 아저씨들이 따서 한데 모으고 외할머니와 외숙모가 처리하셨는데 그것까지는 잘 모르겠다. 아무튼 우리는 살구를 실컷 먹고 온 동네 아이들이 신바람 나게 살구를 먹고 즐겼던 기억만 남는다. 살구 씨는 행인이라고 해서 모아놓으면 약재로 나누어 가기도 하고 약재상 아저씨가 가져가기도 했다. 어차피 우람한 살구나무는 우리들의 꿈의 무대였지만 살구로 해서 더욱 친근한 공간이 되었던 것 같다.

어느 날 살구나무 밑에서 책을 읽고 있는 내게 어머니가 다가오시더니 머리를 쓰다듬으며 혼잣말을 하고 지나가셨다. 얼핏 귓결을 스치는 말씀이 "아유, 제 아버지가 그렇게 좋아했던 나무라 저렇게 여기만 와서 사나?" 하는 것이 아닌가? 아니, 이게 무슨 말이야 하면서 어머니에게 쫓아가서 물었다. 어머니 대답은 기가 막힌 내용이었다. 아버지가 전주 문화사진관에 걸린 어머니의 독사진을 보고 혼인하고 싶어서 수소문해서 외갓집 주소를 알아냈다. 몰래 잠깐 건 것인데 본인이 알면 우리 죽는다고 사정을 해도 아버지는 끈질기게 주인을 설득해서 기어이 외갓집을 알아낸 것이다. 낮에 와서 지형을 살피니 바로 이 살구나무 위에 올라가면 외갓집 안마당이 손바닥처럼 내려다보이는 것을 알게 되었다.

그 밤에 아버지는 이 살구나무 위에 올라가 어머니가 뜰에 나오기를 기다렸으나 허사였다. 사흘을 정진한 끝에 겨우 어머니의 옆모습만 확인하고 꼭 혼인하리라 마음을 굳히고 매파를 수소문해 외갓집에 혼담을 밀어 넣고 그 댁의 사위로 입성하는데 성공했다. 아, 바로 나를 있게 한 살구나무가 아니던가? 이럴 수가. 그래서 어머니는 살구를 잘 먹지 못했던가 보다 워낙 신 것을 잘 못 드시긴 하지만 차마 그 살구를 넘길 수 없었던 것을 그제야 알았다.

나는 그 후로 그 살구나무 밑에서 고개를 외로 꼬고 아버지를 생각하며 훌쩍이기도 하고 올라갈 수는 없지만 나무 둥치를 껴안아보며 아버지의 수염볼을 떠올리기도 했다.

이제는 살구나 먹으면서 그때의 그림엽서를 마음속으로 뒤적이며 앉아있다. 두 어른은 이미 하늘에 계실 것이고 나 또한 갈 날이 그리 머지않았으니 반갑게 만날 그날을 위해 오늘도 흠 없이 살아야 한다.

그 사람의 걸음

윤연옥

남편이 앉은 휠체어를 밀고 나간다. 그 사람은 바닷물이 집 앞까지 마중 오는 물빛공원 산책을 즐긴다. 소래포구에서 물길 따라 오는 바다의 내음과 맞닿는 곳으로 휠체어를 밀고 가다보면 오후에 만나는 일몰에 눈부시다.

그 사이로 휠체어를 밀고 들어서자, 남편은 영화의 한 장면 같다며 미소 짓는다. 영화를 좋아하는 그 사람이 어느 영화를 떠올렸지 싶다. 휠체어는 밀고 가는 사람이 주역일 때가 있으나 대부분 주인공은 휠체어에 앉은 사람이다. 영화 '런'에서 여주인공은 휠체어에 앉은 환자이다. 언젠가 우리 부부가 함께 감상한 영화, 남편은 순간 여주인공이 떠올랐지 싶다.

얼마 전, 건강 안 좋은 친정어머니가 오셔서 내 집에 한 달쯤 함께할 때이다. 지팡이에 의지하며 한쪽 귀가 잘 안 들리는 어머니다. 바깥 공기가 그립겠다 싶어 남편과 셋이 생태공원으로 나간다. 어머니가 휠체어를 타고 가다 걷는 운동을 하겠다며 내리는데 사실은 사위 걸음이 불안해 보였겠다. 어머니가 휠체어에서 내리면 남편이 올라앉고 그 사람이 내리면 어머니가 교대하는 나날을 보냈으나 그 모습이 훗날 내 모습 아니라고 단정 지을 수 없다.

병원은 지면이 고르므로 휠체어 밀기가 크게 힘들지 않았으나 퇴원 후 집에 와서는 길 사정이 다르다. 편편한 긴 도로이건만 길의 물 빠짐을 위해 약간의 경사가 있음을 평소에는 감지 못했겠다. 체중을 받는 휠체어는 아래쪽으로 쏠리므로 개울에 빠질까봐 손에 힘을 주게 된다. 휠체어를 밀며 왼손가락 두 개가 탈골되어 장지와 약지가 비틀려 간다.

간이 휠체어를 밀면서 손가락 한 마디 정도의 높이만 있어도 어른의 무게로 인해 구르지 않는다. 평상시의 대한민국 도로는 어느 나라보다 미끈하다고 여겼는데 편안히 갈 수 있는 곳은 경계석이 없는 곳뿐이다. 아니, 부실한 간이 휠체어를 사들인 것이 실수이다.

어느 날은, 남편이 앉은 휠체어를 밀고 오다가 그만 그 사람이 떨어지고 말았다. 조가비만한 돌멩이 하나가 한적한 도로에서 휠체어를 방해했지 싶다. 허리를 굽히고 나부작한 돌멩이를 집어 들자 놀랍게도 돌 아래 이파리 짓이겨진 민들레가 단추만한 꽃을 피워 올리고 있다. 나의 남편만 아픈 게 아니구나 싶어 동정이 간다. 밟거나 뭉개어져도 살아남아 자기 소임 다하는 들꽃을 보며 우리 부부는 생각이 많아진다. 플라시보 효과가 따로 없다. 아니 이 또한 한 편의 영화가 되지 말란 법 없겠다.

사람이 민들레보다 못할 수 없다는 듯, '툭툭' 털고 겨우 일어나 앉는 그 사람의 엉덩이 밑에 부실한 휠체어를 들이민다. 민들레 다칠세라 피해나가며 돌아보고 또 돌아보자니 나름 생각은 깊어진다.

휠체어에 앉은 남편이 말한다. 자신이 내 몫까지 대신 아파하며 안 좋은 것은 다 안고 가겠다고 말하는 순간, 나는 할 말을 잃는다. 하루에도 몇 번씩 번뇌가 일었으리라 짐작된다. 어쩌면 우리 부부는 환자와 보호자이자 간병인이 아니라 서로를 치유한다고 여겨진다.

언젠가 시고모부가 병석에 있을 때이다. 일류 배우처럼 우아하던 시고모는 남편을 십삼 년이나 병간호 하며 불평 한마디 없기에 존경하던 어른이다. 고모부가 세상 떠난 후이다. 그래도 생존해있을 때가 좋더라고 살아생전 서로 마음을 다하라던 한마디가 잊히지 않는다.

어쩌면 내가 알게 모르게 남편에게 가볍게 던진 한마디가 민들레 가슴에 돌을 얹듯 짓누른 적은 없을까 짚어본다. 부부도 사람이다 보니 그런 날 없지는 않았을 것이다.

그 사람은 휠체어에 의지하다, 지팡이를 짚고 세 발로 걷다가 지금은 두 발로 걷는다. 병원에서 그토록 딛고 싶어 하던 땅, 그리워하던 집 앞의 바닷가 내음 가득한 하늘 바라보며 감사를 느낀다.

인생길에 여러 지인에게 신세를 지듯 휠체어도 예외는 아니다. 휠체어의 걸음이 한때는 남편의 다리가 되었으므로 사람이라면 귀하게 대접받아야 할 대상이다.

남편은 오늘도 날 밝기를 기다리다 새벽길 '뚜벅뚜벅' 걸어 나간다. 나는 그 사람의 곧게 옮겨지는 발걸음을 뒤에서 바라본다. 걸음을 옮긴다는 것은 세상을 향한 일어서기이자 영화 같은 생의 꽃피우기이다. 배우만 영화를 찍는 게 아니다. 우리 부부도 인생살이의 주인공, 영화 촬영가는 길에 나도 그 사람의 걸음 뒤를 따라 걷는다.

종로를 걸었다

김미자

오랜만에 종로를 걸었다.

코로나 사태로 인해 근 2년 만에 열린 창수문인회 총회. 델타 변이에 오미크론까지 기승이었지만, 장소가 종로 YMCA빌딩 근처라 덥석 참석하였다. 행사 후 몇 분과 점심을 먹기 위해 옆 골목으로 들어서려다 멈칫했다. 문을 연 곳이 거의 없고 적막해서다. 큰길도 선별검사소 천막이 두드러져 보일 뿐 한산했는데 골목 안은 더 심각했다. 종로가 이토록 썰렁해지다니…, 망연하던 중에 이 거리를 처음 걷던 날이 생각났다.

1973년 1월, 밤기차를 타고 꼭두새벽의 청량리역에 내린 아버지와 나는 택시를 이용해 화양리 사촌언니네로 갔다. 심한 멀미로 기진한 나를 보고 놀란 언니가 서둘러 밥상을 차려주었지만, 나는 고개를 저으며 아랫목 이불 속으로 파고들었다. 저녁쯤에 정신이 들었으나 식욕을 잃은 손이 가는 건 시원한 보리차와 샛노란 배춧잎뿐이었다.

다음 날 낮까지 통통한 겨울 배추 한 포기를 깨작거린 나를 다시 택시에 태운 아버지는 종로로 가자고 하셨다. 내일이 입시 예비소집일이라 서대문 쪽에 있는 학교 가까이로 가려는 것인데, 나는 10분도 못 버티고 차를 세웠다. 내리고 보니 겨우 한강 건너 행당동 한양대 앞. 걸어가겠다고 하니 아버지는 "그래보자." 하셨다. 터덜터덜 왕십리 길을 걷는데 느닷없이 소월의 시 「왕십리」가 떠올랐다.

비가 온다
오누나
오는 비는
올지라도 한 닷새 왔으면 좋지
가도 가도 왕십리 비가 오네….(이하생략)

시 덕분이었을까, 싱싱한 배춧잎의 효능이었을까, 차츰 다리에 힘이 붙었다. 신당동, 을지로를 지나 청계천으로. 평화시장, 동대문시장을 힐끗거리며 걷는데 가도 가도 잿빛인 도시가 스산하고, 허공을 덮고 위세 떨치는 고가도로와 육교에 마음이 움츠러들었다. 인도에까지 갖가지 잡화가 쌓인 세운상가를 지나 조금 더 가신 아버지가 돌아보며 손짓하셨다. 눈앞에 우뚝한 삼일빌딩, 뉴스에서 본 적 있는 최신 건물. 그 앞에 서니 비로소 서울에 대한 호기심이 일었다.

주위를 둘러보느라 고개를 돌리니 바로 종로 방향이다. 지하철 공사가 한창인 길가에 수북한 붉은 흙더미, 땅속은 고향과 다르지 않다고 생각하며 먼지투성이 길을 살피며 걷는데, 갑자기 발밑에서 철퍼덕거리는 소리가 났다. 신고 있던 학생화 밑창이 활짝 벌어진 것, 바로 YMCA빌딩 앞이다. 아버지는 근처의 칠성제화점에서 연갈색과

녹갈색이 배색된 단화를 사주셨고, 그 구두 가게는 긴 세월 내 단골 가게가 되었다.

족히 세 시간 넘게 걷고도 다시 앞선 아버지가 멈춰 서신 곳은 청진동의 한 음식점 앞. 흙먼지 자욱한 유리문에 붉은 페인트로 쓰인 '소금구이, 해장국'이란 조악한 글씨를 보고 나는 잠시 머뭇거렸다. 그런데 어찌나 맛있던지! 허겁지겁 고기를 삼키는 내 모습에 아버지는 눈가에 주름을 만들며 웃으셨다. 그렇게 나는 지독한 멀미에서 벗어났고 아버지의 웃는 얼굴을 이틀 만에 다시 보았다. 그 환한 웃음, 눈에 선하다.

아버지는 보신각종과 도로 원표를 보여주시며 종로의 역사를 간략히 설명하고 나서야 근처에 숙소를 정하셨다. 몹시 피곤했지만 잠이 오지 않았다. 조선 500년 도읍지의 중심에서 아버지는 가끔 코를 골며 주무시는데, 지근거리의 궁궐들과 종묘, 잠깐 쳐다본 탑골공원…. 알고 있는 역사 이야기가 뒤엉켜 떠올랐다. 종로에서 늦도록 잠 못 이룬 그 밤을 보낸 이틀 후 시험을 치고 합격하였다.

종로. 국도 6번, 서울 중심부의 동서를 잇는 동맥. 광화문부터 종로6가까지 곧 동대문과 서대문을 잇는 길이다. 조선의 궁궐과 종묘 사직, 큰 관청들을 품은 곳이며 현대에 이르기까지 문화와 상업의 중심지다. 나에게는 정다운 거리, 서울살이 근 50년 동안 가장 많은 추억이 서린 곳이다. 친구들과 당주동 떡볶이를 먹고 삼청동 벚꽃 아래를 맨발로 걸었다. 박물관과 궁궐을 산책하고 대학로까지 걸어도 지루하지 않았다. 사간동, 안국동, 인사동 거리를 나팔바지로 쓸고 다니며 전람회를 보고 YMCA 지하에서 커피를 홀짝이다가 명동까지 내처 달리던 푸르른 날이 그립다.

아버지와의 추억도 구석구석에 서려 있다. 서울에 출장 오시면 같이 식사하고 영화 보고, 책 사러 다녔다. 복지리, 곱창전골, 불고기를 먹고 어슬렁거리다가 종로복떡방에도 들렀다. 정동 이따리아노에서 함박스테이크를 먹고 아버지 팔에 매달리듯 팔짱을 끼고 걸었다. 관훈동에 있던 고모의 인형가게에 들렀다 다시 단성사 쪽으로 향하던 날들이 어제 같다. 동대문시장에서 엄마와 동생들을 위해 옷감을 사신 아버지를 근처 터미널에서 배웅하곤 했는데…, 모두 가뭇가뭇 그리움이 되었다.

생각만 해도 마음이 아련해지는 종로, 정다운 거리. 시대에 따른 변화가 당연하지만 때로 화신, 신신백화점과 한일관 본점이 생각나고, 낡았어도 예스러워 좋았던 피맛골 풍경이 사라질 땐 가슴 아팠다. 그리고 오늘 적막해진 골목을 걸으며 애타고 슬펐다. 그래도 문 열린 데가 더러 있어 밥도 먹고 가지런한 기왓골을 바라보며 차도 마셨으니 다행이다. 위안으로 삼고 또 하나의 추억으로 간직하련다. 울적한 심사를 풀어놓느라 밤이 깊었는데, 이 밤 쉬이 잠들 수 있을까.

오늘 종로를 걸으며 쓸쓸했다. 추억 가득한 거리에서 슬프고 망연했다. 역사의 중심이자 서울의 중심, 대(大)종로의 영광은 언제쯤 재현되려나.

한글 유감(有感)

김동식

해마다 10월 9일 한글날이 돌아오면 우리 한글의 그 우수성이 새삼스럽게 느껴진다. 이날에는 한글의 우수성을 널리 알리고, 훈민정음을 창제, 반포한 세종대왕(1397~1450)의 뜻을 기리기 위한 국경일로 세종대왕의 위업을 선양하고, 한글의 우수성과 독창성을 대내외에 널리 알려 문화민족으로서의 자긍심을 일깨우는 날이다.

세계문자 학회의 발표에 의하면, 지난 2012년 10월 1일부터 4일까지 27개국이 참가한 태국 방콕에서 열린 제2회 '세계문자올림픽' 대회에서 '한글'을 최우수 문자라고 발표했다. 세계문자올림픽 대회는 가장 쓰기 쉽고, 가장 배우기 쉽고, 가장 풍부하고 다양한 소리를 표현할 수 있는 문자를 찾아내기 위한 취지로 열린다.

출품된 문자에 대한 심사기준은 '문자의 기원', '문자의 구조와 유형', '글자의 수', '글자의 경합능력', '문자의 독립성과 독자성', '문자의 실용성', '문자의 응용 개발성' 등을 기초로 평가 됐다. 이에 우리 한글이 단연 세계 최고의 문자로 선정 됐었다. 이에 앞서 지난 2009년 10월 5일부터 8일까지 16개국이 경쟁한 제1회 대회에 이어 또 다시, 우리 한글이 세계 으뜸 문자임이 판명된 것이다.

세종대왕은, 우리에게는 글자가 없어 부득이 한자를 빌려 쓰고 있어 한자를 모르는 일반 백성들은 말하고자 하는 바가 있어도 제 뜻을 펼 수 없음을 안타깝게 여겨오던 차, 우리말에 맞는 새 글자를 만들어 일반 백성들로 하여금 쉽게 익혀, 쉽게 써서 생활에 불편이 없도록 새 글자를 창제한 것이 바로 이 한글이다. 이를 백성을 가르치는 훈민(訓民)과 바른소리(正音)의 글자라는 뜻으로 '훈민정음(訓民正音)'이라고 이름을 붙였다.

'훈민정음'은 그 원리가 인간의 언어를 조합하고, 말하는 것에 가장 가까우며, 사람의 발음기관을 본떠 만들어진 글자로, 기호 하나의 글자가 하나의 같은 소리를 내는 글자이기에, 소리 나는 대로 읽으면 다 알아들을 수 있다. 그러나 영어는 글자대로 소리를 내지 않고 있기 때문에 발음기호를 붙이지 않고는 어떻게 읽는지 모르게 되어 있다. 영어사전에서 발음기호를 일일이 붙여 놓고 있는 것이 그것이다. 한글은 그 소리가 한 가지이기 때문에 소리 나는 대로 읽으면 다 알아 들을 수 있지만, 영어의 경우는 단어만 보고서 정확한 발음을 알기도 어렵고 소리가 조금 틀려도 무슨 말인지 못 알아듣는다. 소리의 표현에는 우리 '한글'을 따르는 문자는 세계 어디에서도 찾아볼 수 없다.

한글의 창제원리와 운용방식을 기술한 '훈민정음해례본(訓民正音解例本)'은 훈민정음의 원본으로 국보 제70호로 지정되어 있고, 유네스코(UNESCO)의 세계유산으로 지정되어 있는 우리의 문화유산이다.

훈민정음의 창제 보급에 크게 기여한 집현전 대제학 정인지(鄭麟趾 1396~1478)는 '훈민정음해례본(訓民正音解例本)'의 서문(序文)을 통하여 우리 한글은 다음과 같은 소리를 낼 수 있는 문자라고 읊었다.

비록 바람소리, 학의 울음소리: (雖風聲鶴唳 수풍성학려)
닭 울음소리, 개 짖는 소리: (鷄鳴狗吠 계명구폐)
모두 글자로 얻을 수 있다: (皆可得而書矣 개득이서의)

우리 한글은 비단 바람소리, 동물의 울음소리뿐만 아니라 어떤 소리라도 모두 낼 수 있음을 시사하고 있다.

훈민정음의 창제가 알려지자 신하들의 반발이 거세게 일어나기 시작했다. 그중 집현전 부제학을 지낸 최만리(崔萬理 ?~1445)는 상소문을 통하여 '우리 조선은 예로부터 일찍이 중국을 섬기며, 그들의 제도와 문물을 따랐는데, 이제 와서 언문을 창제하여 한자를 버리는 것은 중국문화를 섬김에 있어 문제가 생기게 되는 일'이라는 요지로 한글 창제의 반대에 앞장섰다.

세종대왕은 즉각, 반박하는 강한 명령을 내려 제지하였으나 듣지 않아, 하루 동안 투옥 시켜 사대부들의 여론을 일시 잠재우기도 했다. 그러나 그는 끝내 물러서지 않아 세종대왕은 더 이상 참을 수 없어 예정한 계획대로 세종25년(1443)에 창제해서 세종28년(1446)에 반포하여 우리 한글 '훈민정음'을 탄생시켰다.

우리 한글은 세계에서 가장 적은 24글자로 세계 어느 글자로도 낼 수 없는 엄청나게 많은 소리를 내고, 쓸 수 있는 문자는 오직 우리의 글, 우리 한글뿐이다. 자랑스럽다. 이제 남은 과제로는, 오로지 근원을 알 수 없는 은어와 비속어 등, 오염된 외래어의 남발로 훼손되지 않는 환경을 조성해 나가는 일만 있을 따름이다.

카리브 사랑에 빠지다

김희구자

여행은 화려한 유혹이다.

멕시코 칸쿤(Cancun)은 유카탄반도에 위치해있다. 미국과 남미에서 가장 가고 싶어 하는 휴양지로 이름난 곳이다. '칸쿤'에 대한 로망과 설렘 속에 뉴욕 케네디 공항에서 아메리카, 항공기에 올랐다. 4시간 후 칸쿤에 도착했다. 숙소인 리조트 '크라운 파라다이스 클럽' 호텔을 향해 차는 달린다. 도로 중앙의 야자나무, 무성한 잎새는 쉼 없이 바람 춤을 춘다. 샛노란 야자열매도 무더기로 열렸다. 푸른 하늘과 작열하는 태양 그 열기를 식혀주는 카리브 해의 바람, 이국적인 풍광에 매료되어 카리브 해 에메랄드 빛 사랑에 빠졌다.

리조트에서 눈앞에 펼쳐진 빛 부심에 가슴이 뛰었다. 바다와 접해있는 메인 풀장의 눈높이는 바닷물 표면과 수평을 이룬다. 풀장의 물빛과 청록의 바다, 그 색의 조화가 눈부시다. 백인, 흑인, 라틴계의 구리 빛, 피부색이 다른 수많은 사람들의 수영복 차림 속에 휴양지의 정열이 빛나고 있었다. 한낮의 열기와 빛의 스펙트럼 속에 펼쳐진 원색적인 풍경은 강렬한 인상을 준다. 화가 천경자 그림 '알라

만다의 그늘'처럼 화려한 색조의 파라다이스 클럽 정경은 내 마음속 액자로 남았다.

썬베드에 비스듬히 기댄 금발의 늘씬한 팔등신 미녀는 매력적이다. 자꾸 선글라스 렌즈를 통해 쳐다보게 된다. 그런가 하면 하마처럼 풍성한 뚱보들도 배를 출렁거리며 거침없이 비키니 수영복 차림으로 활보한다. 남의 눈을 의식하지 않는 자유로운 공간이다. 메인 풀장과 세 개의 세컨드 풀장 주변에 수백의 '썬베드(Sunbed)가 비치되어 선탠(Suntan)을 즐기는 사람들로 즐비하다. 나도 풀장에 들어갔다 나왔다를 반복하며 썬베드에 비스듬히 눕는다. 옆자리 아들, 며느리가 권하는 '데킬라'와 헤밍웨이가 즐겨 마신 '모히또'를 마시며 이곳의 술맛과 멋을 즐긴다. 아들, 며느리보다 더 여행의 묘미(妙味)를 만끽하며 마냥 즐거움을 부풀린다. "너희에게 고맙고, 사랑해. 난 행복한 엄마야." 기쁨을 전하며 웃었다.

저녁은 고급 레스토랑에서 우리 네 가족을 위한 특별요리 코스로 우리 식탁 옆에서 우리 가족을 위한 연주다. 음악의 선율 속에 우아하게 정찬을 즐겼다. 관광객을 상대로 하는 생계수단인 악사들에게 팁도 챙겨주는 아들의 여유로운 매너에 나는 미소를 지었다. 일상의 평범함 속에 특별한 선물로 펼쳐진 이 날은 여행 좋아하는 엄마를 위해 뉴욕에 사는 아들 며느리가 병원 휴가를 내어 칸쿤에 오게 되었다.

집에만 계시면 우울증에 걸린다고 엄마를 위하여 온 여행이다. 서울에서 뉴욕에 올 땐 이런 호강은 생각도 못했는데 평생 잊지 못할 멋진 여행을 하게 되어 아들 며느리에게 진심으로 고맙다.

4일째 되는 밤 아들은 칸쿤에서 가장 유명한 쇼 클럽 '코코봉고'

쇼를 보러 가자고 했다. "션이(손자) 하고 있을 테니 너희가 가거라." 내가 남겠다고 했는데도 며느리는 "엄니 다녀오세요. 제가 션이 하고 쉴게요. 저는 앞으로 볼 기회가 많으니 어서 아들과 데이트 가세요." 종심(從心)의 나이에도 철없는 나는 며느리 말에 기뻤다.

아들은 내 손을 잡고 '코코봉고' 클럽으로 이끌었다. 라스베이거스의 유명한 쇼를 그대로 재현하는 눈 뗄 틈 없이 흥미진진한 빅쇼다. 웅장하게 울리는 음악과 화려한 무대장치, 번쩍이는 조명 속에 심장을 두드리는 음향과 기분을 고조시키는 분위기에 젖어 모두 흔들흔들 춤을 춘다. 훤칠한 키에 인물 좋은 아들 옆으로 여자들이 모여든다. 다 함께 흥겹게 노는 장소라 개의치 않고 바라보는 마음도 여유롭다. 50대에 패키지여행으로 하와이, 샌프란시스코, LA, 캘리포니아, 그랜드캐니언과 라스베이거스에 갔었다. 그때 라스베이거스에서 봤던 쇼보다 지금 보고 있는 이 쇼가 훨씬 좋았다.

휴양지에서 일상은 바쁠 것도 시간에 얽매일 일도 없다. 쉼 그 자체를 유유자적 즐기며 나에게 주는 선물이다. 그냥 먹고 놀고 쉬면서 심신이 편안한 상태로 나를 내려놓는다. 바다로 연결된 계단을 내려가니 바로 해변이다. 해풍을 휘감고 걷는다. 길게 늘어선 리조트 호텔들과 긴 백사장 카리브 해가 멀리 수평선을 이루고 있다. 이 멋진 곳에 언제 또 오겠는가! 생각에 빠진다. 지금을 즐기자, 바다에 몸을 담근다. 개수영도 하고 파도타기 물놀이에 빠졌다. 이곳은 밤마다 라이브 공연이 열린다. 투숙한 사람들을 위한 프로그램이다. 남녀가수가 부르는 경쾌한 라틴음악 속에 수많은 종류의 술은 무료로 제공된다. 사람들은 저마다 술잔을 기울이며 여행이 주는 낭만에 취해 행복해 보인다. 나 또한 은은한 조명 아래 해풍에 휘감기며 와인 잔을 기울인다. 피아졸라의 리베르 탱고에 몰입되어 휴양지의 이색적인 밤 문화에 젖는다.

아들은 선이를 어린이 풀장에 데려가 놀고 있을 테니 며느리와 둘이서 '테마파크 X-CARET'에 가라 했다. 우리가 도착했을 때 벌써 수많은 입장객들로 붐볐다. 며느리는 즐길 것들을 선택하여 티켓을 샀다. 이곳에 입장한 사람은 예외 없이 개인 사물함에 옷을 넣고 수영복으로 갈아입어야 한다. '로마에 가면 로마법을 따르라'를 떠올리며 매뉴얼에 따랐다 며느리는 언어 소통이 원활했다. 말이 잘 통하니 긴장감 없이 시간을 효율적으로 쓴다. 자유여행의 이점을 살려 선택의 폭이 넓었다.

산소 튜브가 연결된 목까지 감싸는 투구를 쓰고 바다 속에 설치된 케이블 선을 잡고 바다 깊숙이 들어갔다. 대형 가오리가 옆을 지난다. 순간 나는 잽싸게 가오리를 만졌다. 여러 종류의 물고기들이 내 주위를 오가고 있어 눈길이 바쁘다. 마린보이가 된 기분이다. 특별한 체험에 기분 좋다. 또 다른 장소에서 구명조끼를 입고 오리발을 신고 '세노테'에서 물오리가 된다. 폭 7m 양쪽 벽 높이 10m쯤 되는 하늘만 보이는 수로를 따라 물오리처럼 둥둥 떠가며 중간 중간 포인트에서 사진을 찍고 두 시간의 물놀이에 흠뻑 빠졌다.

"엄니 힘들지 않으세요?"

"아니 아직도 힘이 넘쳐. 진짜 재밌다."

"울 엄니 체력이 대단하세요. 짱입니다."

며느리는 엄지손가락을 치켜세운다. 그 바람에 또 유쾌하게 하하하 웃음으로 채워지는 신나는 날이다. 혹여 많은 인파 속에 내가 길을 잃을까봐 내 손을 꼭 잡고 다니는 며느리 사려 깊은 배려에 고맙고 가슴 따뜻해진다.

드넓은 '테마파크' 안에 수천의 사람들이 수영복 차림으로 활보하고 있다. 그 분위기에 휩쓸려 수영복 차림으로 남의 눈 의식하지 않고 편한 마음으로 돌아다녔다. 카리브 해를 배경으로 가장 좋은 포토존 포인트에서 멋진 포즈로 찰칵, 입자 고운 하얀 모래 위 야자나무에 메어 놓은 해먹에 누워 키 큰 야자수와 파란 하늘을 올려다본다. 정말 멋지고 아름다운 파라다이스다. 레스토랑에 들어갔다. 다양한 종류의 음식 맛을 즐기며 '모히또'를 곁들여 만족한 점심을 먹었다. 다시 걷는다. 마야인이 쌓아 올린 제단 층계를 오른다. 여기서는 어떤 제의식(諸儀式)이 있었을까! 둥둥둥 북소리가 울린다. 이곳은 완전 축제 분위기다. 발품을 파는 만큼 볼 것도 즐길 것도 많다. 라이브 공연장에 앉아 멕시코 토속 민요와 춤 그 역동적인 움직임에 몰입되었다.

오늘의 피날레를 장식하는 공연이 저녁 6시 대형 공연장에서 막이 올랐다. 2시간 동안 뮤지컬로 멕시코 건국 신화(神話)와 역사가 펼쳐졌다. 토템문화 속 마야문명과 삶을 이어온 마야인의 이야기다. 전쟁의 승리와 패배 질곡의 역사 속에서 현대까지를 아우르는 공연은 웅대한 서사시(敍事詩)로 전개되었다. 경쾌한 라틴 음악과 댄스로 엮어져 멕시코를 알리고 있다. 오늘 하루가 초록의 생기 속에 기쁨, 웃음이 가득 찬 행복한 날이다. 오늘을 누릴 수 있음에 감사하며 내 영혼을 달뜨게 할 또 다른 여행의 유혹을 꿈꾼다.

마지막 병

김성철

창밖의 햇살이 눈이 부시다. 오늘로 병원생활 십 일째이다. 평생처음으로 간병인으로 병원에 입소하였다. 그렇다고 내가 전문 간병인이라는 직업인으로 병원에 온 것은 아니고 잠시 일을 쉬고 있는 내가 어머니의 간병인을 자청하였다. 식구들은 그냥 간병인을 구인해서 간병하게 하자지만 왠지 내가 해야 할 것 같아 내가 한다고 고집했다.

오늘 아침 회진하는 의사선생님이 호흡도 편하고 맥박도 안정되었다고 하면서 오늘밤까지 평안하시면 내일은 퇴원하라고 하신다. 창밖의 아침 햇살이 어머님의 회복을 알려 주는 메신저였나 보다.

어머니는 다음날 퇴원하여 요양원으로 옮겼지만 그날 밤을 못 넘기고 돌아가셨다.

어머니가 치매로 판정 받은 것은 벌써 십오 년이 넘었다. 처음 진단 후 믿기지 않고 믿을 수도 없어 오진이라고, 그럴 리가 없다고 나 자신을 부정했다.

서울대 병원에서 알츠하이머성 치매로 판정받았으나 나는 의사도 오진을 할 수 있다며 그 결과를 받아들이지 못했다. 이후에 은병병원,

서북 병원 등에서 입원 치료 후 몇 군데의 요양원을 거쳐 서초동에 있는 구립서초요양원에서 십여 년을 계셨는데 큰누님은 집근처라고, 작은누님은 직장이 근처라고, 나는 장남이라고 수시로 방문하였고, 이러한 행동으로 나는 효도를 다한다고 생각하고 행동했던 것 같다.

내가 결혼 후 맞벌이로 몇 년간 집사람과 같이 벌면서 경제적인 여유를 갖고 내 생애 처음으로 승용차를 사고 자가용족으로 등극했을 때에 내가 쉬는 날이면 아버지는 애들 데리고 바람 쏘이러 다녀오란 말을 하지만 나는 피곤하다는 핑계로 거절하였다. 집사람은 나에게 아버님이 차 타고 나가고 싶어서 그러는데 눈치 없이 거절한다고 타박하였다. 그제야 나는 아버지께 같이 가자고 하면 안 간다고 하시면서도 아버지와 어머니는 먼저 준비하고 차 근처에서 기다리고 계셨고, 집사람은 맘이 급해져서 본인 치장은 뒤로 하고 애들 씻기고 옷 입히느라 분주해진다.

내가 차를 처음으로 산 그해 가을에 아버님을 모시고 시제에 참석했다. 해방되던 해에 평안북도 정주에서 걸어서 서울까지 피난 오신 아버지는 면민회나 군민회 혹은 시제 등의 행사에는 꼭 참석하셨고 나도 따라서 몇 번 참석하였지만 모이면 어르신들은 고향이야기와 고향에서 떠나와 어렵게 살던 이야기에 끝이 없지만 6 · 25이후 태어난 우리 세대는 이해 안 되는 동화 속의 이야기일 뿐이라 재미없고 지루하기만 하여 참석할 수 없는 핑계를 만들어 되도록 참석하지 않았다. 이번에는 바람도 쏘일 겸 부모님과 집사람, 그리고 애들까지 모두 같이 한 차에 타고 홍천의 시제에 참석하러 갔다. 도착하자마자 아버님과 어머님은 인사하고 인사받기에 바빴지만 우리는 한쪽 구석에서 애들 돌보는 척하면서 서 있었다.

갑자기 문중 어르신 한 분이 음식을 준비하던 아주머니들이 모여 있던 곳을 향하여 소리를 지르면서 경건하게 모셔야할 음식을 준비하면서 웃고 떠든다고 호통을 치는 것이었고 나는 연안김씨 문중에서도 장파 17대 장손이지만 항렬이 낮아, 음식을 차려주면 나르는 일만 하다가 갑작스런 호통에 어쩔 줄을 몰라 내가 뭔 실수를 했나 하고 뻘쭘하게 서 있었다. 그때 나이든 할머니 한 분이 "에구, 또 시작이야 어련히 알아서 하는 걸 저리 큰소리치나? 연안김씨 남자들은 어쩔 수 없어." 하시는 말에 모여 일하던 아주머니들이 킥킥거리며 공감하는 분위기였다. 그 옆에서 같이 음식을 준비하던 어머니도 거들면서 "우리가 연안김씨한테 시집온 걸 어쩌겠수." 하는 말에 많은 의미가 포함되어 있어 조금 충격이었다.

집사람은 나를 보고 '연안김씨 고집'을 버리라는 말을 하고 나는 나이 들수록 그런 것을 유지해야 하며 바뀌는 순간은 인생이 초라해 진다고 못 바꾼다고 가끔 다투고 있다.

시간이 지나고 지난 일을 돌아 볼 기회가 생길 때마다 내가 고집부려 안 된 일이 뭐가 있고 잘 된 일이 무엇인지 생각해 본다. 잘 된 일은 별로 없고 후회되는 일만 가득하다. 그래도 하나 있다면 어머니가 돌아가시기 전 마지막 간병을 내가 했다는 것이고, 그것도 전문 간병인을 하는 것이 어머니가 더 편안하실 거라 했지만 어설퍼도 아들이 수발드는 것이 어머니 맘이 더 편안할 거라고 우겨서 했지만 내 고집으로 아니 연안김씨의 고집으로 어머니의 마지막 간병을 했다는 것에 어머니도 마지막까지 아들의 노력을 인정했으리라 혼자 생각하고, 혼자 만족하고, 혼자 흐뭇해한다.

정의로운 사회는 요원한 것인가

전병훈

자유, 진리와 함께 교시(教是)로 표방하는 학교에서 배우고 가르치며 한 생을 보낸 내게 아직도 확연히 잡히지 않는 것이 '정의'의 개념과 그 어려움이다. 정의의 문제는 최초로 제기한 플라톤에서부터 일생토록 이를 연구주제로 한 존 롤즈에 이르기까지 인류의 현자, 석학들의 연구는 계속되어 오고 있으나 앞으로의 언제까지도 이를 명확히 규명하지 못하는 난제 중 난제인가 한다. 플라톤의 주제는 시종일관하여 "정의란 무엇이고, 그것은 인간 삶에 있어서 어떠한 의미를 가지고 있는가" 라는 물음으로 관철되어 있다. 서양철학은 '플라톤의 각주'라고 하였으나, 어디 철학에만 국한하랴. "태양 아래 새로운 것은 없다."라고 하지 않던가.

코로나로 격리된 생활은 육체적 고통을 주지만, 정의가 실종된 무법천지 상황의 정치행태를 보노라면 몸과 마음까지도 지치게 한다. 정치가 어려움은 정치가가 거짓말을 하기 때문이란 것은 일찍이 밝혀진 바 있다. '정치가 어려운 이유는 권력자들이 거짓말을 하기 때문이다. 불평등을 좋은 것이라고 강변하고, 자신의 사적이익을 공익이라고 주장하는 허위의 언어를 말하기 때문이다.'라고.

과연 정의는 인간사회에서는 실현이 불가능한 것일까. '자유'도 어렵고, '진리'도 끝없이 어려운 개념이나 적어도 내게 있어서는 '정의'의 난이도가 단연 앞선다. 정의로운 사회를 갈망하는 시민들의 가슴은 정권교체를 목전에 둔 위급한 시점에서 여지없이 짓밟히는 만신창이의 정의를 목격하면서 허탈하다 못해 실의에 빠진다. 특히 정권교체 초기나 선거 후의 심각한 후유증을 미연에 방지하는 묘법은 없는가. 유권자인 시민들의 정신건강을 배려하는 일말의 정치인들의 아량이라도 있었으면 좋을 텐데. 한 예로 자유민주주의의 최첨단을 달리며 자본주의의 온갖 혜택을 유감없이 구가하는 미국의 사례를 보면 정의가 결코 저절로 유지되는 것은 아님을 알 수 있다. 응분의 노력과 대가를 치러야 한다. 미국에서는 새 대통령이 취임하고 나서 처음 100일 동안은 언론과 의회가 새 정부를 너그럽게 봐주는 관례가 있다. 대통령 취임 후 약 3개월간 언론과 의회의 호의를 받는 배려기간, 소위 밀월기간(honeymoon period)의 덕분인가 보다.

차제에 선진국의 좋은 관행의 의미를 한 번 되새기면서 타산지석의 교훈을 배울 수 있으면 한다. 새 행정부가 정상적인 업무수행을 시작할 수 있을 때까지 사회 각계각층, 특히 감시자의 역할을 하는 언론이 모든 것을 너그럽게 봐주자는 배려는 새 정부가 유감없이 만전의 준비를 하도록 하는 화합과 격려의 의미가 짙다. 선거과정의 투표를 통하여 당선된 대통령은 국가를 이끌어갈 대표성을 국민으로부터 위임 받은 것이다. 국민의 위임을 받은 지도자가 소신을 펼 수 있는 기반을 닦는데 최소한으로 필요한 여유기간을 배려하는데 인색

할 필요는 없겠다. 이 허니문기간은 언론이나 행정 부과는 물론이거니와 행정부를 견제하는 의회에도 적용됨은 말할 것도 없다.

예산을 비롯한 대통령의 모든 정책 구상이 결국 입법 과정을 거쳐 실천되기 때문에 의회 협조가 없는 한 이 허니문은 연목구어나 다름없는 허구일 뿐이다. 심지어는 투표에서의 지지여부를 떠나 모든 유권자, 시민도 이에 적극적으로 동참하고 성원함으로서 선거를 통한 국민의지로 당선된 대통령이 약속한 제반 정책구상을 실현하여 국민의 의사를 대변하도록 도와주는 협조와 협력의 분위기를 조성하는 것 또한 큰 의미가 있다. 이 밀월기간에는 정치적 의미만 있는 것은 아니다. 선거과정에서 노출된 찬반 지지자들의 극한적인 갈등과 상처를 해소하고, 전 시민이 새로운 대통령을 국가지도자로 인정하는 화해의 과정으로, 화합하여 효율적인 국정운영을 뒷받침한다는 사회적, 문화적 의의 또한 크다.

미국의 선진 대의민주주의의 기틀을 유지하는데, 특히 정의를 실현하는데 크게 기여하고 있는 것은 소위, '밀월기간'의 관행에 크게 힘입고 있다고 본다. 이는 우리도 언론을 비롯해서 야당, 그리고 새로 구성될 국회, 사회 각계각층 모두가 받아드려 볼 가치가 있는 정치 문화가 아닐까 생각한다. 좋은 제도는 받아드리는 것이 현명한 처사이리라. 새로운 제도개발에 모든 나라, 구성원 모두가 다 노력을 기울이고 개발비를 지출할 필요는 없는 것이다. 경제성의 원칙에 위배된다. 타인의 좋은 제도는 입수하여 활용하면 되는 것이다. 하등의 위신이나 자존심을 손상시키는 일이 아니다. 정치 선진국의 오랜 실행으로 효과가 입증된 우수한 제도나 관습을 도입하는 것은 비용효익의 원칙(cost-benefit relationships)에 비추어 봐도 충분히 설득력을 갖는 합리적 의사결정(decision-making) 방법의 하나이다.

정치를 비롯한 사회과학 분야는 많은 경우 자연과학 특히 수학이나 통계학에서와 같은 수리적인 정답이 없는 사안이 대부분이다. 정답이 없다는 것이 인문학이나 사회과학이 갖는 약점 내지 한계점인 동시에 학문적 매력이기도 하다. 이것은 인간사에 존재하는 불확실성(uncertainty)의 원천이기 때문이다. 예컨대, 국회의 어떤 법안 표결에서 수백 명에 이르는 한 당의 의원 전원의 만장일치 가결이 가능하다는 사실은 우리 국회의 후진성을 웅변할 뿐이다. 그 법안의 완벽성 여부와는 한참 거리가 멀다. 오히려 정답은 영(零)인지도 모른다. 공직후보자 공천권이 선량한 유권자인 국민에게 있기 전까지는 만장일치 가결은 수치심을 떨쳐버릴 수 없다. 이 난제 해결의 한 예는 미국의 대통령 선거에서 당의 후보자를 결정하는 예비선거(primary)를 일반 대중에 개방하는 제도인 '국민참여경선제(open primary)'를 들 수 있다.

좋은 정치란 무엇일까? 동양역사학의 시조인 사마천은 일찍이 "제일 좋은 정치는 국민의 마음을 따르는 것이고, 그 다음이 이익으로 국민을 유도하는 것이고, 세 번째가 도덕으로 설교하는 것이고, 아주 못한 게 형벌로 겁을 주는 것이고, 최악의 정치는 국민과 다투는 것이다."라 하였다. 작금의 우리 정치 상황에 비춰볼 때 시사하는 점이 많다.

민주정치는 시민이 만드는 것이다. 국가의 정치수준 역시 시민에 의하여 결정된다. 오늘의 대의민주정치 제도 하에서 주권의 행사는 시민의 위임을 받아 실행된다. 따라서 주권재민의 시민사회인 민주국가에서의 통치는 만민평등의 정의가 필수적으로 전제되어야 한다.

'정의', 진정 어려운 말이다. 누구나 말은 쉽게 하면서도 행동으로의 실천은 외면한다. 특히, 우리의 정치지도자들의 언행을 보노라면 '정의로운 사회의 실현'은 요원하며, 영원한 신기루인 성싶다. 어쩌면 주권 재민의 유권자의 신성한 권리는 선거 당일 단 하루일 뿐, 선거만 끝나면 시민의 품을 떠나 대리인에게로 옮겨가니 말이다. 이후에 전개되는 대리인의 전횡(專橫)은 막을 길이 없으며, 자유민주주의는 퇴보의 나락(奈落)으로 떨어지니 안타까울 뿐이다.

이에 각종 선거에서 대리인을 잘 뽑아야 하는 당위성이 있다. 『에밀』은 어떻게 민주 시민을 양성할 것인가에 대한 루소의 답이며, 그의 교육혁명이기도 하다. "교육은 사람을 만드는 기술이며, 교육의 목표는 뛰어난 인재를 만드는 것이 아니라, 인간으로서 어떻게 살아야 하는가를 가르치는 것이다." 루소의 『에밀』은 우리의 교육에 던지는 경종이련만, 우매한 우리만이 그를 읽지도 듣지도 못한다는 것인가. 제도권 교육의 타락상을 상기할 때면 언제나 나는 미력이나마 교육계에 종사한 지난 삶에 자괴지심(自愧之心)을 금치 못한다.

인간의 이상사회에 대한 꿈과 동경은 현실에 대한 불만과 부정에서 태어난다. 고대 아테네의 몰락이 플라톤에게 이상적인 국가, 이상적인 군주를 꿈꾸게 한 것처럼, 혼란과 무실서 속에서 삶의 어려움을 느낄 때 이상사회에 대한 강한 동경이 몰려든다. 새로운 지도자를 만난 오늘의 우리의 자유민주주의의 위치를 냉정히 통찰하면서, 기회균등이 보장되고 진실과 정의로운 자유민주주의가 되살아나기를 기원한다. 평화롭고 정의로운 자유민주주의의 만개 속에서 인간의 자유와 존엄성이 존중되며 시민 모두가 행복한 삶을 호흡하는 사회가 이루어지기를 갈망한다.

가수의 역전(逆轉) 드라마

정윤수

요즘 우리사회에 트롯(trot) 열풍이 불고 있다. 우리나라 대중음악의 발자취를 살펴보니 1920년대부터 비롯되었다. 당시는 일제강점기여서 나라 잃은 설음과 고단했던 삶의 한(恨)이 노래 가사와 멜로디에 녹아 있는 게 특징이다. 조국광복과 6・25 동란기를 거쳐 1960년대와 1970년대에는 환희의 노래와 아울러 만남과 이별의 애절한 사연이 깃든 노래가 많았다. 1980년대부터 템포가 빠른 '댄스곡'에 이어 '록' 그리고 '발라드' 노래가 판도를 차지했었다.

따라서 젊은 세대들이 활기차게 등장하였다. 당시엔 '아이돌급'의 남녀그룹 멤버들이 다양하게 형성되었다. 세월 따라 음악의 유형이 변천되어 2010년경부터는 복고풍의 흘러간 추억 노래인 '트롯'이 재등장 하였다. 이와 같은 시류(時流)에 부응하여 각 방송국마다 막대한 상금을 제시하고 '트롯' 신인 발굴에 나서게 된다. 트롯의 가사에는 인생사의 애환이 담긴 철학적인 깊은 뜻의 가사가 실려 있다. 그리고 가수들의 개성 있는 음색과 기교에 속하는 이른바 밀당과 꺾기 및 강약에 따라 시청자의 감성을 자극해서 울리고 웃기는 매력이 있기에 감칠맛이 난다고 표현한다.

2021년도에 'TV조선'에서 '내일은 미스트롯 시즌2'라는 프로그램으로 미스트롯 신인발굴에 나섰다. 우승상금이 무려 1억 5천만 원에 기타 부상품을 제시했다. 총 2만여 명이 국내외에서 몰려들어 '오디션'에 참가했다. 그 많은 참가자 중 수준 높은 후보자 110명을 1차적으로 선발하였다. 110명이 예선으로서 마스터(심사위원) 오디션을 치를 당시 제주에서 태어나 자랐으며 나이는 31세로 두 아이의 엄마 '양지은'이라는 여성이 눈에 띄었다. 그녀의 오디션 참가 동기는 21세 때 아버지가 심한 '신장병'으로 인해 시한부 인생 상태여서, 자기의 왼쪽 신장(콩팥)을 떼어 아버지에게 이식해 드린 후유증으로 국악공부도 중단하게 되었다고 자기 신상을 소개했다.

그녀의 아버지는 그 후 간(肝) 수술을 받았으며, 당뇨합병증으로 발가락을 자르고 투병 중인데, 딸의 노래를 듣고 싶어 하므로 효녀가수가 되는 게 지원 이유라고 설명하였다. 이와 같은 사연을 듣게 된 심사위원들마저 눈시울을 붉혔다. 시청자들도 슬픔을 참을 수가 없는 상황이었다. 그녀(이하 '제주댁')는 '아버지와 딸'이라는 제목의 노래를 불렀다. 일절을 채 마치기도 전에 올 하트를 받아 예선 오디션을 무난히 통과하였다. '제주댁'이 부른 노래는 음악이 아닌 아버지를 위해 '효녀가수'가 되어달라며 기도문을 외우는 것처럼 애잔하게 들렸다. 요즘 우리 사회엔 미풍양속인 삼강오륜의 풍조가 사라져 가고 있는 상황에서 현대판 '심청'을 보는듯한 착각을 느끼게 하였다. 필자는 '제주댁'이 효녀가수가 되기를 바라는 마음에서 해당 프로그램을 계속 시청하였다.

예선 '오디션'에 통과한 '제주댁'은 본선 제1차 오디션인 마미부(엄마 신분의 후보자)에 참가해서 마미부 5명 중 유일하게 통과되었다. 이어서 제주댁은 본선 2차 오디션인 '1:1 데스매치'의 상대 지명권을 얻었다. 상대후보자로 아이돌(그룹) 출신의 H후보자를 지명하였다. '제주댁'은 데스매치 상대자 H후보를 지명한 이유는 "내가 이번 오디션 참가를 위해 서울에 와서 처음 만나 인사를 한 연예인이 H후보예요. 내가 이번 데스매치에서 승리하게 되면 나의 숨은 실력을 인정받는 계기가 될 것이다."라고 진심을 털어놓았다. 제주댁이 부른 노래는 레전드(legend)로 앉아있는 '김용임' 원곡자의 '빙빙 돌아'이었다. 열창이 끝나자 원곡자로부터 '제주댁'의 노래가 모방이 없는 자기만의 색깔로 암반수 같은 신선감 있는 노래였다고 극찬 받으며 당당히 승리하였다. '제주댁'의 저력이 인정되는 순간이었다.

본선 3차전인 팀메들리 오디션에서는 현역가수 '윤태화'가 이끄는 '미스 유랑단' 회원(5명)으로 참가하여 추억의 노래와 포퍼먼스를 선보였다. '제주댁'은 국악을 공부한 저력을 바탕으로 열창해서 심사위원들의 눈길을 끌었다. 하지만 기타 4개 팀과의 대결에서 팀 성적의 부진으로 준결승전에 진출할 수 없게 되었다. 그처럼 간절히 소망하던 '효녀가수'의 꿈이 사라지는 듯했다. '제주댁'은 자택인 제주도로 돌아가 일상생활을 하던 중 TV조선 '미스트롯 시즌2' 제작진의 급한 연락을 받고 당일 서울로 달려 왔다고 한다.

제작진은 "준결승에 진출한 사람 중, 개인사정으로 한 사람이 도중하차해서 그 자리에 패자부활자로 제주댁을 충원하기로 '마스터 회의'에서 결정하였다."라고 설명했다. 그 시각이 준결승 오디션 녹화 하루 전인지라 낯선 노래 두 곡을 소화하기란 불가능한 일이었으나 '제주댁'은 남편의 성원에 힘입어 준결승 오디션에 참가하기로 결심하게 된다. 불과 20여 시간 내에 낯선 노래 두 곡의 가사를 외우고 감정을 첨가시켜 불러서 오디션을 통과하기란 참으로 어려운 일이었다.

하지만 제주댁은 신(神)께서 주신 기회라 여기고 레전드의 도움 없이 연습에 연습을 거듭했다. 다른 참가자들은 2주 이상의 여유를 두고 '레전드'의 지도를 받아가며 연습했으니 출전에 기적이 일어나지 않고서는 불가능한 일이었다. '제주댁'이 준결승전 제1차전에서 일곱 번째 순서에 따라 무대에 나오자, 진행자는 제주댁이 탈락자로서 충원대상이 되어 오디션에 참가하게 되었노라고 그 사연을 장황히 설명하였다. 이에 심사위원들은 물론 일반시청자들도 반신반의하면서 상황을 지켜보았다. 제주댁이 선곡한 노래는 '레전드'로 앉아있는 '태진아' 원곡자의 사모곡(思母曲)이었다. 제주댁은 처음부터 내내 두 주먹을 불끈 쥔 채로 노래를 불렀다. 가사와 음정・박자 등을 틀리지 않으려고 신경 썼기 때문인 것 같다.

노래를 마치자 원곡자 '태진아 레전드'는 너무나 완벽하게 그리고 가창력도 뛰어나게 불렀다고 평가하였다. "앞으로 '사모곡'은 태진아 노래가 아닌 양지은씨(제주댁) 노래다."라고 선언할 정도로 극찬을 하였다. 심사위원들도 20시간 만에 낯설고 어려운 노래를 아무런 결점 없이 잘 불렀다고 경탄하였으며 심사위원 총점 1,000점 만점에 965점을 얻어, 준결승 진출자 14명 중 3위에 올랐다. 어떤 심사위원은 "진짜 신데렐라가 나타났네!"라고 소리 질렀다. '제주댁'은 자신이 취득한 고득점이 믿기지 않는 듯 퇴장하면서 "말도 안 돼, 이게 뭐야."라고 중얼거렸다.

이처럼 '제주댁'의 오디션 과정을 시청하게 된 필자는 어느덧 그녀의 열렬한 '찐팬'이 되어가고 있었다. 준결승 제2라운드의 듀엣 오디션에도 무난한 점수를 얻어 대망의 결승전에 진출하게 되었다. 이때 심사위원들은 이구동성으로 "탈락했던 사람이 결승전에 오르게 되다니…. 기적이 일어났다면서 제주댁이 역전 드라마를 써 내려가고 있다."라고 아우성이었다.

결승전에 진출한 일곱 명의 '트롯 퀸' 후보들은 우열을 가리기 힘든 치열한 라이벌전을 펼쳐가고 있던 중에, 점수에 변수가 되는 국민응원단은 제주댁을 적극 후원하고 있었다. 마침내 제주댁은 국민응원단의 결정적 도움으로 강력한 경쟁자들을 물리치고 최종 우승자로서 '미스트롯2'의 진(眞)이라는 명예를 차지하게 되었다. 왜 이처럼 많은 시청자들이 '제주댁'에 열광하면서 그녀가 우승하길 희망한 것인가? 다름 아닌 시한부 인생인 아버지를 기쁘게 해드리는 효녀가수가 되기 위해 '트롯 오디션'에 참가한 그녀의 간절한 소망이 성취되도록 적극 후원했던 것이다. 아마도 후원자들은 본인이 못다 한 효도를 제주댁으로 하여금 대리만족을 느꼈던 것으로 여겨진다. 해서 제주댁은 효녀가수로서의 꿈을 성취하는 '역전드라마'의 기획자이었다.

유교 국가이었던 조선시대의 영향을 받아 20세기 중엽까지도 우리 사회는 경로효친사상이 충만해서 효행은 일상생활이었다. 따라서 영국의 저명한 역사학자 '토인비(Toynbee, A. J.)' 교수는 한국의 경로효친사상은 세계적으로 자랑할 문화유산이라고 극찬하였다. 하지만 언제부터인가 그 미풍양속은 차츰 사라져가고 있다. 제주댁은 우승자 소감에서도 여전히 울면서 그녀 아버지의 건강을 염려하고 있었다. 효행은 누가 가르쳐서 되는 게 아니라 '천성'인 것 같다. 세상 사람들은 부모에게 효도함이 지당한 것을 알면서도 대부분 실행 못 하고 있다.

'자손이 어버이를 봉양코자 하지만 어버이는 마냥 기다리지 않는다.'라는 명언(名言)을 새삼 되새겨 볼 일이다. 요즘 제주댁은 'TV조선' 예능프로에 고정출연해서 그처럼 소망하던 효녀가수로서의 꿈을 성취해 가고 있으니 보기에 아름답다. 제주댁 아버지는 '미스트롯2'에서 우승한 효녀 노래에 복받쳐 감동의 눈물을 흘리고 있으리니, 부디 그의 몸에 엔돌핀이 충만 되어 난치병이 치유되는 기적의 전환점이 되길 기원한다. '아! 하느님도 그녀의 지극한 효심에 감동하셨으리라~~.'

예찬

이정희

수필작법 시간에 H선생님이 쓰신 「참」이라는 제목의 수필 작품을 공부했다. H선생님은 참이란 으뜸가는 품종을 증명하는 품질보증서라고 피력했다. 나는 H선생님이 예를 든 '참'자가 붙은 사물이나 나무가 아닌 참새의 고마움에 대해 말하고 싶다. 참새는 참새과에 딸린 새로, 우리나라 대표적인 텃새다.

초등학교 시절, 여름방학을 맞아 시골 할머니 댁에 가면, 이웃집 마당에 소쿠리에 나무막대로 기둥을 세워놓은 걸 보았다. 할머니는 나에게 참새를 잡기 위해서라고 설명했다. 또 동네 아이들이 나무를 다듬어서 고무줄을 끼워 만든 새총을 들고 다니는 걸 보았다. 그 새총으로 참새를 잡았는지는 알 수 없었다.

할머니 댁 마당에는 늘 참새가 앉아 있었다. 가까이 다가가도 도망가지 않고 조금씩 자리만 옮기던 앙증맞은 참새의 모습이 지금도 눈에 선하다. 넓은 마당에는 쌀과 노란 좁쌀이 흩어져있다. 어디서 날아왔는지 조그맣고 귀여운 참새들이 먹이를 쪼아 먹었다. 어릴 때는 전깃줄, 나무, 마당에서 흔히 보는 새가 참새였다. 우리 집은 방앗간 근처였는데, 참새가 아침부터 저녁까지 방앗간 주변 전깃줄에 한 줄로 앉아 있었다. 밤에도 전깃줄에 앉아서 자는 것 같았다.

참새는 벼에 해를 끼치는 해충을 잡아먹는 이로운 새다. 과학 시간에 먹이사슬의 연결이 단절되면 생태계에 큰 혼란이 온다고 배웠다. 농부들은 참새가 무리 지어 날아다니는 모습을 보고 풍년 농사를 가늠했다고 한다.

어렸을 때, 어머니한테 들었던 말 중에 잊히지 않는 말이 있다. 어머니는 "소고기 열 점보다 참새고기 한 점이 맛있다."고 말씀하셨다. 한때, 참새구이는 포장마차에서 가장 인기 있는 안주거리였다고 한다.

고기도 맛있고, 사람에게 이로운 참새가 한 사람의 지도자에 의하여 멸종될 뻔했다. 1958년 중국, 마오쩌둥이 쓰촨성을 방문했다. 식량정책에 중점을 두었던 마오쩌둥은 참새가 벼 이삭을 쪼아 먹는 것을 보았다. 참새 때문에 쌀 생산량이 줄어들 것을 염려한 마오쩌둥은 '참새는 해로운 새'라고 인식하여 참새 소탕 작전을 명령했다. 대대적인 참새 박멸 작전으로 3일 만에 40여 만 마리를 잡았고, 중국 전역에서는 2억 1,000여 만 마리의 참새를 잡았다. 마오쩌둥과 관리들은 농산물 수확이 풍족해질 거라 예상했지만, 상황은 전혀 다른 방향으로 흘러갔다. 쌀 수확이 줄어들어서 1958년부터 1960년까지 3년 동안에 사천여 만 명이 굶어 죽었다. 마오쩌둥은 자신의 입지가 위태로워질까 봐 소련 연해주에서 참새 20만 마리를 수입했다. 참새 대란이었다.

참새는 벼가 익기 시작하면 대규모로 무리 지어 들판을 날아다닌다. 여러 모습의 허수아비를 세우고, 깡통을 두드려서 참새를 쫓던 모습이 점차 사라지고 있다. '참새가 방앗간을 그냥 지나치랴'라는 속담은 욕심 많은 사람이 이익을 보고 가만있지 못하거나, 자기가 좋아하는 곳을 그냥 지나치지 못한다는 뜻이다. 또 '눈치가 참새 방앗간 찾기'라는 속담은 참새가 방앗간을 잘 찾아내듯이 눈치가 아주 빠르다는 말이다. 참새는 작지만 영리하고, 우리네 삶 속에 늘 정겹고 친근하게 느껴지는 새다.

참새에 관한 글 중 단장지애(斷腸之愛)는 우리가 한 번쯤 짚고 넘어가야 할 내용이다. 새끼참새를 잡아 새장에 가두었더니 어미 참새가 날아와 새장 밖에서 울다가 죽었다. 죽은 어미 참새의 배를 갈라보았더니 창자가 조각조각 끊어졌더란다. 가끔 뉴스에서 크게 다루고 있는, 어린 자식을 버린 무책임한 부모에게 경종을 울린다.

이오덕 선생님이 쓴 「하느님 물건을 파는 참새」라는 동시가 있다. 시의 내용이 재미있다. 아침부터 부지런히 하느님의 물건을 파는 참새를 가난한 노점장수라고 표현했다. 노점장수는 길가, 나뭇가지, 지붕 위에 온갖 잡동사니 물건을 펴놓고 팔고 있다. 노점장수는 이슬·풀잎·햇빛·바람·구름 등, 밖에 나가면 늘 있는 모든 것들을 사라고 짹짹거린다.

노점장수는 어른, 아이들, 동물 친구들에게 한참 팔고 난 후에, 나머지 물건을 떨이로 나누어 준다. 빛·희망·평화·기쁨·노래 같은 물건을 거저 주기도 한다. 참새 덕분에 세상은 아름답고, 행복과 평화가 넘친다는 내용이다.

일본에는 『혀 잘린 참새』라는 전래동화가 있는데, 우리나라 흥부

전에 나오는 제비가 은혜 갚는 내용과 비슷하다. 참새를 의리 있는 새, 은혜를 잊지 않고 더 큰 복을 안기는 새라고 알려져 있다.

참새는 우리 주변에서 가장 흔하게 볼 수 있는 새다. 참새는 이름에 진실을 나타내는 '참'자(字)가 들어있다. 진짜 새라는 뜻이다. 다른 새들을 지칭할 때, 흔히 참새보다 작은 새, 참새보다 큰 새라고 말한다. 이처럼 참새는 새의 기준이다.

참새는 새 중의 진짜 새다.

회색시간을 보내며

김경란

한때 이념으로 인한 '회색분자, 회색인간'이라는 어휘가 극단적으로 쓰이던 시대가 있었다. 그럼에도 나는 개의치 않고 회색이 좋았다. 지금은 그 의미가 많이 걸러지고 시각도 달라졌지만, 당시 회색은 이것도 저것도 아닌 어중간한 입장으로 불분명한 태도를 보이거나 이현령비현령(耳懸鈴鼻懸鈴)처럼 상황에 맞춰 양쪽 모두의 기분을 맞춰주는 인간을 일컬을 때 쓴다고 생각했다. 이쯤 살고 보니 기존의 내 생각에 오류가 있음을 알게 되었다. 한쪽으로 치우침이 없는 검정과 흰색 사이의 회색지대는 극과 극의 중간이 아니라 양쪽 모두를 수용한 긍정의 아이콘이 될 수도 있음을.

전혜린을 통해서 '회색노트'의 내용을 알게 된 열아홉 살쯤이었다. 대학에 입학하여 나도 마음을 나눌 그런 친구가 필요했다. 미래에 대한 불안감으로 대화가 절실하던 시기였다. 그때 마침 데미안 같은 친구가 내 곁으로 왔다. 우린 회색노트를 교환하는 대신 밤새워 영화와 문학, 음악, 안개처럼 닥쳐올 사랑에 대해서 많은 이야기를 나누곤 했다.

하늘이 우중충한 잿빛이다. 오늘 갑자기 옛 친구가 생각났다. 항상 설득력 있게 논리적 언변으로 나를 꼼짝없이 자기편으로 만들었지만 나는 늘 어중간한 답으로 일관했다. 친구의 불안한 속마음을 읽고 있었기에 나름 거리를 살짝 두고 지켜볼 뿐이었다. 그러나 그 친구는 졸업시험도 치르지 않고 어느 날 갑자기 사라졌고 그 이후 더 이상 그녀의 소식을 들을 수가 없었다. 그때 좀 더 친구에게 귀 기울이고 불안한 영혼의 방황을 막아줄 노력이라도 했더라면.

유행성 바이러스가 가족에게 침입하여 무기력에 빠져 산 3월이었다. 살다가 이런 늪에 빠진 건 처음이지만 몸과 마음이 나른한 채 아무 생각 없이 하루하루를 보냈다. 친구와 지인을 만난 지 오래전 일이 되었다. 만남이 사라지니 통화도 뜸해지고 각자가 공중에 뜬 아파트라는 섬에서 외출 없이 웅크리고 지냈다.

다시 봄이 왔다고 TV영상은 보여주지만 샛노란 산수유와 분홍 매화, 벚꽃이 화르르 화르르 바람에 날리는 것도 병원 가는 길에 처음 보았다.

봄비가 살짝 내리더니 앙상한 가지에 연두 잎사귀가 새의 입처럼 뾰족뾰족 솟아 나와 어느새 바람결에 살랑살랑 몸을 흔든다. 키 작은 야생화들이 다투어 노랑 빨강, 보랏빛으로 눈을 즐겁게 하며 귀염성스럽게 머리를 내민다.

지구 반대편에선 인간의 헛된 욕심이 불러온 살상과 폭격으로 전쟁이 한창인데 이 고요한 일상의 평화를 우리만 누리는 것 같아 마음 한구석이 미안하고 편치 않다.

백 년 전, 이미 영국의 시인이자 극작가인 T.S 엘리엇은 그의 시

「황무지」에서 사월을 이렇게 노래했다.

사월은 가장 잔인한 달
죽은 땅에서
라일락을 키워내고
추억과 욕망을 뒤섞고
봄비로 잠든 뿌리를 깨운다
… 중략 …

시인은 생명 속에 죽음이 있고 죽음 속에 생명이 있는 윤회를 말하고 있는 것 같다.

계절은 전쟁이나 바이러스와 상관없이 다시 찾아오는데 몸과 마음이 갇혀 있는지 닫혀 있는지 퇴직 후 삼년 가까운 시간이 훅 하고 지나가버렸다.

원하는 여행을 못한지도 오래되었다. 변화가 필요하다. 남들처럼 외모도 가꾸고 새로운 분위기를 만들면 기분이 좀 달라질까?

바다 건너온 막내와 함께 세자매가 오랜만에 만났다. 호텔에서 밥도 먹고 수다 떨며 고궁 산책도 하고 즐거운 시간을 보낸 몇 주 뒤, 여의도 동생의 점심 초대로 다시 만나 근처 생태 숲을 걸었다. 도심에서 자연으로 훌쩍 들어가 만나는 딴 세상 같은 숲의 느낌이 정말 좋았다. 만남이 주는 반가움을 즐기며 통통 튀는 막내의 대화에 끼어들어 좋은 시간을 보냈다. 사는 것이 별 것도 아닌데 지난시간 생계활동에 바빠 만남에 소홀했던 점이 아쉬웠다.

항상 곁에 계실 것만 같던 아버지가 돌아가시면서 삶과 죽음이 동전의 양면처럼 이다지 가벼운데 개인의 이기심 때문에 갈등하다 중요한 걸 잃고서야 잊고 산 세월을 후회하며 반추하게 된다.

인생을 4부작으로 치면 3부작이 끝나고 4부작에 들어선 요즘 생각이 많아진다. 어떤 때는 우리 부부 다 몸이 부실하니 누가 먼저 가면 혼자 남을 자의 고독과 쓸쓸함을 어찌 견딜지 홀로 계신 엄마를 보며 미리부터 걱정이 된다.

오늘도 남편의 치과 치료로 병원에 가는 길이었다. 올림픽도로를 달리다 차가 막히는 구간에서 노란액체가 담긴 비닐주머니와 긴 줄이 가로수 나뭇가지에 매달린 채 수십 그루가 같은 모습으로 열 지어 있는 것이 보였다. 십칠 년 전 중환자실에서 여러 개의 줄을 매단 내 모습이 연상되어 나도 몰래 몸이 떨렸다. 오염된 환경에서 살아남기 위해 그들도 응급처치 중이었다. '힘들었구나!' 그들과 동질감을 느꼈다.

다음 만남을 기약하며 막내가 지금 밴쿠버 자기 집으로 간다고 전화가 왔다. 회자정리(會者定離)라고 만남과 이별이 일상이 되었다.

창문을 열었더니 푸른 하늘과 맑은 공기가 좋다. 옛 친구도 어느 하늘 아래서 나처럼 늙어가고 있을까? '인간만사 새옹지마'인 것을 회색 옷을 꺼내 입고 꽃무늬 백팩을 매고 걷기 위해 길을 나선다.

내 마음 나빌레라

하수옥

툭툭 털어버릴 수도 누구에게 한 움큼 주어 버릴 수도 없었던 나의 삶의 흔적이 옥탑방에 웅크리고 있다. 까마득하게 잊고 있었는데 옥탑방에 처박아 두었던 '이삭 줍는 여인'과 시아버님과의 그 찬란했던 시절이 선물같이 떠오른다. 사는 게 맨날 아픈 게 아니라 아무 흔적도 없이 사라지는 날도 있고 아름답게 피어나는 날도 있다.

시아버님 방에 걸려있는 인쇄된 '이삭 줍는 여인'의 액자를 수로 놓을 수 있느냐 하시기에 나는 흔쾌히 할 수 있다고 답했다. 남실바람이 불고 있는 오후에 36년 전에 하늘색 공단에 3년여에 걸려 수를 놓은 '이삭 줍는 여인' 액자를 참으로 오랜만에 봄볕을 맛보게 했다. 그 시절에 나에게도 이렇게 햇볕이 따스하게 비추어 주었을 것이다. 나의 얼굴에도 세월의 흔적이 있고 액자도 많이 낡아 있었다.

'이삭 줍는 여인' 프랑스 사실주의 화가. 장프랑수아 밀레의 1857년 대표작. 밀레는 일하는 농민과 아름다운 자연이 어울리는 목가적인 풍경을 그렸다. 허리를 굽혀 땅에 떨어진 이삭을 줍는 세 여인. 너무나 친숙한 밀레의 명화다. 저 멀리 쌓여있는 노적가리에 비해 가난한 농촌의 세 여인은 궁핍한 삶을 살았던 우리들의 어머니 모습이다. 들에는 황금빛이지만 가난한 우리들의 어머니가 마음속에 쌓여있는 욕심을 버리고 작은 것에 감사하며 이삭을 줍는 여인들의 아름다운 모습을 동경 하셨으리라 짐작된다.

5~60년대에 먹을 것이 없어 소나무 속껍질을 벗겨 끓인 송케죽을 먹으며 연명하던 시절에 보리 이삭, 나락 이삭을 주워서 가족의 끼니를 때워야 했던 우리들의 어머니 모습이 명화 속에 있다. 그림을 보니 "서두르지 마라 서두르면 실수가 있다." 하시던 말이 잊히지 않고 떠올랐다. 가부장적이고 다분히 권위적인 분이지만 며느리들의 생일을 잊지 않고 선물을 꼭 챙겨주신 분이다. 직장에서나 집안에서도 그분의 뜻이라면 거역할 수 없었다. 이런 분의 큰며느리인 나는 당사자인 아들을 제쳐두고 2시간 40분이나 선(先)을 보았다. 동석했던 시고모님께서는 신문에 날 일이라고 말씀하셨지만 나는 부드러운 미소에 학식과 정이 넘치는 말씀에 내가 먼저 본가의 아버님 대하듯 했다.

훗날 건방지지 않고 도리를 알고 있는 것이 마음에 들어 혼인을 결정하셨다고 했다. 나는 마음이라는 것의 실체를 가늠할 수 없으니 내 마음의 크기가 얼마만큼인지 모르겠지만. 그러나 아버님의 마음은 그 어떤 폭풍이 지나고 비바람과 찬 서리에도 변함없이 꿋꿋이 간직하고 계시는 것을 느끼며 존경했다.

"세상이 다 미쳐 돌아가도 너만은 미치지 않았으면 한다." 하고 당부하시던 말씀 때문에 다소곳하고 조신하지 못한 나는 착한 며느리 병을 앓기도 했다. 나의 속내를 들키지 않으려고, 불리자드 같은 바람(미국 버지니아에서 부는 심한 추위와 강한 눈보라를 동반한 서북풍)이 불어와 외롭고 허허로움 때문에 나의 부족함이 드러날까 봐 조심하면서도 한편으로 겁나기도 했다. 고상하고 세련되기를 바라셨지만, 어쨌든 나는 나의 책임을 다하려고 노력하며 지냈다. 지금 생각하면 그것은 아주 잘, 이건 정말이다. 봄날 햇살이 좋은 날에는 김부각을 해야 했고 매일 식사에는 붉은 새우튀김과 당근전, 진석화젓(생굴을 천일염에 간하여 단지에 담고 창호지를 발라 밀봉하여 3~5년이 되면 젓국물을 달여서 붓는다. 고약같이 새까만 진석화젓이 된다)이 빠지면 안 되는 불문율 같은 것이 있었다. 절기 따라 찬을 챙기는 어머니는 주위에서 열녀문 세워주어야 한다고 말할 정도로 대단한 열녀셨다.

그 시절에는 사방이 높은 벽으로 둘러쳐진 것 같아 탈출구를 찾지 못하고 올려다볼 곳이라고는 오직 하늘 밖에 없는 것 같이 느끼며 지냈다. 쉬운 말조차도 누구에게 제대로 하소연하지 못하는 나에게 좋아좋아 잘하고 있어. 참 좋은 모습이야. 하고 나 스스로에게 최면을 걸기도 했다. 아무리 둘러보아도 적군뿐이고 아군이라고는 단 한 명뿐이지만 그도 약간 흔들리는 돈키호테 같은 효자다. 나의 인생 가장 가까이에 두 분의 스승님이 계셨다. 시가와 친가의 아버님들이다. 지쳐있는 나에게 생기를 넣어 주셨고 차디차게 식었을 때 내 마음 건드리지 않고 조용하게 위로해 주시기도 했다. 굳이 말하자면 가장 좋은 위로자였고 믿고 의지할 수 있는 내 편이였다. 밑에 있는 동서들이 시샘하기도 했으니까.

지난 시간이 이렇게 그리운데 내가 없으면 누가 기억해줄까. 말갛게 소녀같이 웃으시던 시어머니. 그 시간이 지나니 내게 향수로 다가오며 시부모님의 한없는 사랑을 받고 살았구나. 나의 마음 한편 빼닫이(전라도 사투리. 서랍) 속에 고이 간직하고 싶은 추억들이 나비가 되어 아버님과 눈부신 나날들이 봄 햇살을 받고 날아다니고 있다. 집이 좁아 딸애는 엄마 머리 위 천장에 걸어 놓고 보라고 하지만 내가 떠나더라도 가보로 이어가기를 은근히 바라며 다시 표구를 했다.

참, 지금까지 말하지 않았지만 거역하지 않고 고분고분하게 수를 놓아주어서 고맙다고 수고비 삼만 원을 주셨는데 그 돈으로 친구 여섯 명과 점심 식사를 아주 즐겁게 하며 존경할 수 있는 시부모를 둔 나를 모두가 부러워했다. 이런 마음 벅찬 즐거움이 그리움이 되어서 봄 햇살에 하늘 바람이 고요히 불어와 나비가 되어 날아다닌다.

커피 예찬

김도현

나는 커피를 즐겨 마시고 커피는 나의 기호식품 1호로 자리 매김 한 지 오래다. 정확히 말하자면 돌싱으로 돌아와 10여 년 사는 동안 아메리카노에 빠져 버렸다. 처음엔 쓰고 맛도 없었는데 계속 마시다 보니 이 아메리카노의 맛은 제품마다 다르고 나라마다 다르고 오묘하기만 했다.

여고 시절에 가족은 서울로 이사 하고 난 졸업 때까지 마산에서 자취를 했다. 하루는 감기가 들어 학교를 결석하고 자취방에 누워 있었다. 옆방에 한일합섬을 다니는 총각 아저씨와 아저씨의 밥을 해 주시는 시골 어머니가 살고 계셨다. 난 그분을 할머니라 불렀다.

방문을 두드리며 "왜 학교를 안 갔느냐."고 물으시기에 "감기로 결석했다."고 하니 좀 있다 할머니께서 큰 사발에 시커먼 물을 한 대접 가지고 오셔서 "마셔보라."고 했다. "아들이 베트남 전쟁에 참여 하였다 돌아오며 가져온 건데 몸살기가 날 때 마시면 정신이 들고 감기가 떨어지더라." 하셨다. 사약 같은 시커먼 물은 커피였다. 할머니는 '몸살 기운이 있으면 이 커피를 한 대접씩 끓여서 마셨다'는 것이다.

난 "할머니! 이건 커피인데 그렇게 많이 드시면 안 돼요."라며 쓴 커피를 거절했다. 할머니는 커피의 카페인 성분으로 인해 정신이 맑아지고 몸이 좋아지는 기분을 느끼셨을까?

내가 아메리카노에 심취하기 시작하면서 가끔 그 할머니 생각이 났다.

옛날엔 1회용 커피믹스보다 내가 타는 커피믹스가 훨씬 맛있을 정도로 커피와 프림, 설탕을 잘 섞어서 지인들과 마셨는데 아메리카노에 맛 들인 후부터는 믹스커피는 절대 안 마신다.

커피의 기호는 수시로 변했다. 한동안 베트남의 G7커피가 입맛을 사로잡았다. 즐겨 마시다 위즐 커피(일명 다람쥐똥 커피)맛을 본 후는 초콜릿향이 약간 나는 위즐의 맛에 반해 버렸다. 베트남 여행 중에 몇 봉지를 사와서(가격이 비싸다) 지인에게 선물하고 나머지는 아껴 마셔도 얼마 못 가 떨어졌다. 유럽을 여행할 때도 여행지에서 커피를 자주 사와서 선물도 하고 즐겨 마셨다. 홍콩사는 딸이 베트남 출장을 자주 다녔는데 한국에 나올 때는 아라비카 커피를 선물로 사왔다. 신선한 아라비카의 맛을 음미했는데 딸이 회사를 옮기고 나서는 그 맛을 만날 수 없었다. 물론 직구나 유통업체를 통해서 구입할 수 있지만 다른 커피도 맛있는 건 늘려 있으니까 굳이 그 물건을 고집할 필요는 없다. 돌체 구스토 기계를 구입해서 앰플 커피를 마시기 시작하니 가루 커피를 내려 먹는 것과는 맛이 차이가 있었다. 더 다행인 것은 디 카페인 앰플도 판매되기에 아예 디카페인으로 사다 몇 년을 엄청 마셨다. 커피는 혼자 마실 때 그 맛을 음미하며 생각에 잠기지만 사람들과 식사 한 후 카페로 옮겨 커피 마시는 시간은 수

다를 떠는데 안성맞춤이다.

그런데 집에 돌아오면 밤에 눈은 말똥거리고 잠이 안 온다.

밤늦게 글을 쓰고 커피를 마시고 잠을 못 자고 몇 년을 이렇게 잠 때문에 부 정기적으로 수면제 소량을 복용 하면서도 커피를 계속 마셨다. 커피는 내 삶에서 빼 놓을 수 없는 일부분이 되었다.

"잠이 안 오면 커피를 끊으셔요."

"얘는 무슨 소리를 하니? 커피가 내 애인인데 애인을 어찌 버리라고 하냐?"니까 "도움도 안 되는 애인은 버리셔요."라며 아들이 잔소리를 했다.

그렇게 말하면서 아들은 사시사철 아이스커피를 끼고 산다.

내가 아무리 찬 것 마시면 위장에 안 좋다고 여름을 빼곤 더운 커피를 마시라 해도 자기는 아이스가 제일 맛있다며 고집을 부린다.

홍콩에 있는 딸도 회사에서 커피를 여러 잔 마시니까 잠이 안 온다고 맛은 좀 떨어지지만 카페인이 덜한 디카프를 병행해서 마신다 했다.

이렇게 나와 딸, 아들은 지독히도 아메리카노를 각자의 방식으로 좋아하며 마신다.

커피숍은 대형 빵카페로 둔갑하면서 커피와 빵을 주문하면 비용이 식사비보다 더 지출되어 가고 있지만 사람들은 분위기, view가 좋은 곳으로 몰려다니고 찾아다니며 커피 카페는 문전성시를 이루고 황금을 끌어 모았다. 그러자 생기는 게 제빵소, 빵카페 등으로 산, 임야, 밭, 집들이 변해가고 있다. 나도 우리 건물 상가에 카페를 해볼까 많이 고민했다.

상가가 크니까 세도 빨리 안 나가고 오래 비어 두기도 싫고 해서

복층으로 시설을 하고 운영을 해볼 생각도 했지만 아들도, 딸도 맡으려고 하지 않아 마음을 접었다. 혼자 아르바이트 써 가며 카페를 운영하기엔 내 힘으로 역부족이었기에. 다행히 상가는 침대매장이 들어와 잘 운영하고 있다.

오래전부터 원두를 갈아 내리는 커피머신 기계를 사고 싶었다. 그런데 가격도 비싸고 부피가 있어 자리도 많이 차지하고 가장 큰 이유는 기계를 사면 커피를 더 많이 내려 마실 건 뻔한 사실이고 또 불면에 시달릴까봐 망설여왔다. 그래도 언제나 마음속에는 머신기계를 사고 싶었다.

더군다나 이곳 김포로 이사 온 후로 손님들이 오면 커피를 한꺼번에 여러 잔 내려야 할 때 불편했다. 고민을 하다 커피머신 기계를 샀다.

스타벅스에 가서 여러 종류의 커피원두를 사왔다.

오전에 커피를 마시고 싶어서 토스트 기계에 베이글이나 곡물빵을 굽고 땅콩잼과 딸기잼을 각각 발라 계란프라이, 토마토, 치즈를 얹어 바로 원두를 갈아 내린 커피와 먹는 아침식사로 바꾸어 버렸다. 찐 감자를 으깨어 곁들여 먹기도 한다. 가능한 오전에 카페인 커피를 한잔 마시고 오후엔 디카프 원두로 마셨더니 잠도 자유롭고 잘 잔다. 이렇게 하루 두 잔만 진한 아메리카노를 마시기로 정했다. 보통 3잔까지 마시지만 원칙은 2잔으로 머릿속에 입력!

친구들이 집에 와서 내가 내려준 커피를 마시더니 너무 맛있다며 감탄을 했다. 원두를 갈아 내릴 때 위에 뜨는 크레마의 향이 맛을 더 살려 주었다. 이게 카페인성분과 지방이 많다고, 크레마를 마시

는 건 안 좋다고 전문가 들은 얘기한다. 그래도 그 순간은 행복하다면 난 이 행복을 놓치고 싶지 않다

누가 이 행복을 내게 주었던가? 외롭고 힘들 때나 내 삶에 큰 돌이 발에 채일 때도 커피는 내게 위로와 희망과 행복을 주는 내 삶의 동반자였다. 넘어져도 일어서고 가슴에 눈물이 나도 커피의 향속에 눈물을 삼키기도 하면서 나의 커피 사랑은 계속 이어져 간다.

근래에 동창회 후배가 커피 원두 중에서도 케냐산이 맛있다고 추천을 하기에 구입을 했는데 맛의 오묘함은 타 제품과 한끝 차이로 약간씩 다르다. 양이 많아서 주변에 나누어 주기도 하며 자주 마신다. 구입처, 원산지 등 약간의 맛의 차이는 커피가 주는 즐거움이자 매력이라는 생각을 한다.

인생을 커피 한잔에 비유한 글을 소개한다.

인생은 커피 한잔
처음에는 뜨거워서 못 마시겠더니 마실 만 하니 금방 식더라
인생도 그렇더라. 열정이 있을 때가 좋을 때이다
식고 나면 너무 늦다. 커피는 따뜻할 때 마시는 것이 잘 마시는 것이고
인생은 지금 이 순간에 즐겁게 사는 것이 잘 사는 것이다
우리는 사랑을 알 때쯤 사랑은 변하고 부모를 알 때쯤 부모는 안 계시고
자신을 알 때쯤 많은 것을 잃었다
흐르는 강물도 흐르는 시간도 잡을 수 없다
모든 게 너무 빨리 변하고 지나간다
우리는 항상 무언가를 보내고 또 얻어야 한다.

*커피의 크레마: 커피가 볶아지는 동안 강한 열을 받으면 이산화탄소 같은 가스 성분이 생김. 이 이산화탄소는 커피를 추출할 때 높은 온도와 강한 압력에 의해 빠져나오지만 일부는 같이 추출된 기름층에 갇혀 빠져 나가지 못 하고 커피 표면 위에 거품의 형태로 떠 있는데 이것을 '크레마'라고 한다.

'신선한 커피일수록 좋은 크레마를 갖고 있다.'라고 말하는 건 볶은 지 얼마 안 되는 커피가 이산화탄소 같은 가스 성분을 더 많이 갖고 있기 때문이다. 가스가 빠져나가면 커피가 숙성 되고 크레마의 양도 적어진다. 따라서 갓 볶아낸 커피가 더 맛있다고는 할 수 없고 숙성된 커피의 맛이 더 좋을 수도 있다. 그래도 신선한 커피일수록 향이 끝내준다. 크레마는 시각적으로 아름답지만 실제로 맛은 없다. 크레마를 잘 저어 커피 본연의 맛을 제대로 맛보는 게 커피를 잘 즐기는 것이다.

크레마의 양면성을 잘 활용하자.

2.

그대를 사랑하기엔

엄마의 장독대

임 양 자

5월의 아침 햇볕이 해맑다. 오늘은 세상 뜬 둘째오빠의 손녀가 결혼 하는 날이다. 역을 향해 걷다가 늦다 싶어 택시를 탔다. 다행히 출발 5분 전에 도착하여 승차했다. 오랜만에 형제들을 만난다 생각하니 가슴은 두근두근, 달리는 열차다.

마스크는 했지만 혈육들과 반가운 악수와 포옹 주례는 따로 없이 조카의 세심한 진행으로 예식은 깔끔하게 마쳤다. 신랑 신부에게 건강과 행운을 빌며 축하했다.

하지만 집안의 맏이인 큰오빠가 병중이라 불참하여 섭섭했다. 해서, 모인 혈육들은 큰오빠 댁으로 가 문안도 드리고 식사도 함께 하기로 하고 출발했다. 가서 뵈오니 지난번보다 상태는 더 안 좋아 보였다. 둘째오빠를 따라 셋째오빠도 작년에 이승을 떠났으니 가슴은 오그라들고, 찬바람만…. 슬펐다. 외로웠다. 큰댁 사위들이 마련한 음식과 혈육들로 집안은 꽉 차서 축하의 분위기였지만 내 마음은 외지게 따로였다. 허허롭고 쓸쓸했다.

해서 나는 너른 마당으로 혼자 나왔다. 낯익은 뜰, 정든 정원수들,

그 옆 담 밑으로 장독대가 보였다. 엄마가 보름이 멀다하게 물수건으로 닦고 쓰다듬던, 엄마의 손때 묻은 장독과 항아리들이었다. '아 엄마의 장독대….' 갑자기 세상 뜬 엄마 생각으로 눈시울이 뜨거워졌다. 눈물이 났다.

그건 엄마가 보고 싶기도 했지만, 어릴 때 속 좁게도 엄마의 사랑을 의심했던 나, 나이 든 그 내가 지금 여기 속죄하는 마음으로 서 있기 때문이었다. '엄만 장독은 닦아주고 왜 난 씻겨주지도 않을까' 라며 속 좁게 오해했던 맏딸이 여기 참회하는 마음으로 서 있기 때문이었다.

돌이켜 보니, 엄마 나이가 되고 보니 그때 그 생각이 얼마나 못나고 옹졸했었나 이해가 된다. 되고도 넘친다. 종갓집 며느리로 봉제사와 육친 간의 대소사 챙기기 등 큰살림을 하면서도 아들 셋 딸 셋을 낳아 키웠으니 어찌 손에 물 마를 날이 있었겠는가. 마음으로야 몸 아파 낳은 새끼들을 하루에도 몇 번씩 닦고 씻겼을 것이다. 그런 엄마를 정이 없다, 쌀쌀맞다 푸념하며 살았으니, 그 불효, 그 속 좁았음을 어찌 용서 받을까

그랬다. 엄마는 겉사랑도 없는 듯 무심하게 보였지만, 그렇잖았다. 속사랑은 누구보다도 깊이 묻고 가슴으로만 사셨다. 초등학교 때, 어느 무더운 여름날이 생각났다. 무거운 책가방을 들고 땀 흘리며 마당에 들어섰을 때, 엄마는 예의 장독대에서 항아리를 닦고 계셨다. 무거운 책가방과 지친 나를 건너다보는 엄마의 시선은 그날따라 남달랐다. 차가운 표정이 아니라 측은한 눈빛, 슬퍼 보였다. 울고 있었다. 금방이라도 달려와 나와 책가방을 들어줘야겠지만, 그걸 못해

서, 물 묻은 손을 어쩌지 못해서 미안하다는 듯 고개를 숙인 채 항아리만을 닦고 계셨다.

그런 엄마에게 달려가 '잘못했다고, 사랑한다고' 그땐 왜 한 마디 말을 못했을까. 그 엄마를, 큰오빠네 마당가 장독대 앞에서, 그 항아리 앞에서 실로 60년 만에 다시 만났다. 남의 딸처럼 겉으로 키운 게 아니라 몸으로 낳아 가슴으로 깊이 사랑하며 키워주신 엄마를 다시 만났다. 그러나 뒤늦게라도 장독대에 감사하며, 엄마에게 사죄하며 용서를 빈다. '엄마, 엄마….'

조카사위들이 차려준 성찬을 감사하게 먹고 일어섰다. 큰오빠의 쾌유를 빌며 작별인사를 했다. 갈 길이 멀기에 엄마의 장독대를 뒤로 하고 각기 자기네 집을 향해 걸음을 옮긴다. 귀가 길에 바라다본 석양 노을도 아침의 그 햇볕처럼 고왔다. 유난히 해맑았다.

까마귀 세레나데

황덕중

개울가 산책로를 걷는 것은 도회지에 사는 사람에게는 호사로운 일이다. 그것은, 문 열고 나서면 바로 시커먼 포장도로이고, 먼지를 날리며 질주하는 자동차들, 그 틈바구니에서 매연 섞인 공기를 들이마시며 살아가는 심신을 위로하는 호강이다.

졸졸 흐르는 개울물을 보는 것만으로도 마음의 주름살이 펴지거늘, 거기에는 갖가지 풀과 나무가 있고 꽃들이 바람결에 몸을 흔들며 웃어주고 있으니 그런 호사가 또 있는가! 게다가 풀숲에서 포르르 날아오르는 작은 새들, 나무 위에 앉아 자기 족속들의 명곡을 뽑아대는 큰 새들…. 이 자연의 어울림 속을 허허로운 마음으로 걷는 것은 분명 호사로운 일이다.

특히 새들의 명곡을 공짜로 듣는 것은 무엇으로도 계산이 안 되는 소득이다. 봄이 다가오면 그 연주회는 나날이 다양해지는데, 어떤 심사위원도 우열을 가리기가 힘들 것이다. 짹짹짹 하는 단조로운 참새 음악은 그렇다 치고, 봄 하늘이 노랗게 멍들만큼 끊임없이 뻐꾹뻐꾹을 반복하는 뻐꾸기 독창은 일단 수상자 명단에 오른다. 쪽박새 연주는 좀 얌통머리 없는 리듬에 실소를 자아내고, 깍깍깍깍 하며 머리 위를 스쳐 지나가는 까치의 연주는 맑고 시원스럽다. 그런데 그 뒤를 이어 저 건너 미루나무 위에서 까욱까욱까욱까욱 하는 까마귀의 걸쭉한 연주가 봄내의 아지랑이를 꺼멓게 물들인다. 그때까지 거의 몰아지경에 잠겨 감상하던 아내가 그 까마귀 연주보다 더 큰소리로 "퉤에! 퉤에!" 하며 연주회를 모두 망쳐 버린다. 지금까지의 심사위원이었던 내 아내의 반응이다. 심사위원으로서의 품위를 잃은 행위였다.

심사위원은 자기 개인적 감정을 자제하고 냉정하게 평가해야 한다. 그런데 이 무슨 망발인가? 새들의 음악회를 완전히 망쳐 버린 몰상식한 심사 행위였다. 장르도 다양하고 연주 형태나 연주 방식도 나름대로 색깔 있게 표현되는 게 음악 연주이거늘, 그렇게 자기감정을 노골적으로 내세워 감상평을 쏟아내는 행위는, 남편인 나로서는 참 민망해서 낯을 들 수 없는 일이었다.

그러면 그 까마귀의 연주는 과연 어느 모로 봐도 그렇게 "퉤에! 퉤에!"라는 평가를 받을 만큼 지저분하고 저질스러운 음악이었나? 그 심사위원이 내 아내여서 편을 드는 것은 아니지만, 다른 때도 까마귀 소리가 나면 "퉤에! 퉤에!" 하는 사람들을 많이 본 기억이 있기는 하다. 그렇게 보면 내 아내의 "퉤에! 퉤에!"는 그게 자기감정만이 개입된 편견된 평가가 아니고 상식적 아니면 관습적 표현의 노출이 아니었나 싶다. 냉정을 잃은 편파 평가라고만 매도할 일도 아닌 듯싶다.

그렇더라도 그 까마귀 연주를 꾀꼬리 연주와 같은 반열에 놓고 평가하자는 것은 아니지만, 어쨌든 그 까마귀 연주도 좋게 듣는 귀가 있을 것 아닌가? 적어도 같은 족속끼리는 그것이 혐오 음악이 아닐 수도 있지 않을까? 아니 그들끼리는 그것이 듣기만 해도 온몸이 녹아내리는 천하 명곡일 수도 있겠다. 그들은 꾀꼬리 연주에 진저리를 칠 수도 있고, 세계적인 명창 루치아노 파바로티나 조수미의 열창에 "퉤에! 퉤에!"로 낙점을 줄 수도 있을 것이다. 그리고 이것은 우리 대한민국 사람들의 인식 범위에서 가능한 얘기이고, 까마귀를 길조로 여기는 나라도 있다니, 거기서는 전혀 반대의 색깔로 받아들여지고 또한 까마귀들도 거기 인간들의 노래에 박수를 보낼 것이 아닌가? 거기 사람들에게 까마귀 노래의 가락과 음색은 천상의 음악이니까 그들을 길조로 사랑할 것이고, 그렇게 되면 까마귀들도 거기 인간들의 노래에 흠뻑 빠질 수도 있겠다는 말이다.

흰색 인간들에 어쩌다가 검은색 인간이 끼어들면 그 검은색 인간을 향하여 노골적으로 "퉤에! 퉤에!" 하는 일로 해서 크고 작은 갈등이 일고 있다. 누런색 인간은 흰색도 검은색도 아니어서, 그 중간에서 흰색 인간들에게 차별을 당하기도 하고, 어떤 때는 누런색 인간이 검은색 인간을 혐오하다가 갈등을 빚기도 하는 인종 갈등이 비일비재하여 세상은 항상 시끄럽다. 같은 색깔 인간들 속에서도 마음속의 색깔, 어쭙잖은 주장, 지나친 욕심 때문에 침 튀기며 갈등하다가 죽이고 죽는 싸움질을 하기도 하는데, 이는 모두 자기만을 내세우고 남을 인정하지 않는 편견이 빚어내는 비극이다. 힘이 좀 세다고 힘이 약한 나라를 무단히 침공하여 뭍 생명을 무수히 살상하는 행위는 나만의 색깔에 취한 광란이다.

나의 인습을 바탕으로 한 판단이 곧 사회적 기준이 되고 글로벌 스탠다드(gloval standard)에 일치할 것이라는 생각은 맞지 않다. 나의 생각이 흰색이라면 다른 사람의 생각은 검을 수도 있고 누럴 수도 있다. 세상에는 내 마음에 맞지 않는 아주 고약한 행태도 많은데 그것은 내가 생각하는 기준이고 그들의 생각에는 타당한 것일 수도 있겠다.

개울둑에 앉아 물속을 들여다보니 그 넓지 않은 물속에도 참 여러 가지 생명들이 움직이고 있다. 버들치, 송사리, 미꾸라지 등은 물론이고 이름도 잘 알 수 없는 여러 종류의 물속 생물들이 저 나름의 움직임으로 꼼지락거리며 생존하고 있다. 그들은 그저 저 나름대로의 방식으로 끊임없이 움직이며 살고 있다. 물은 물대로 흐르고 있고, 그 위에 햇빛은 햇빛대로 무심히 물살을 희롱하고 있다. 개울물은 그렇게 흐르고 있고, 그 속의 생물들은 그렇게들 살아가고 있다. 서로를 칭찬하지도 비난하지도 않는 물속의 삶은 어제도 오늘도 늘 그렇다.

왜 유독 까마귀 소리에 그렇게 혹평을 하느냐는 내 핀잔에 머쓱했던 아내는 어느새 나와 함께 물속에서 꼼지락거리는 것들에게 정신을 빼앗기고 있다. 하늘의 새들도 땅위의 인간들도 모두 물속에 집어넣고 보면 거기서 거기일 것이라는 엉뚱한 생각에 몰두해 있는가 싶다.

"여보. 까마귀 세레나데 알아?"

내가 던진 생뚱맞은 말에 아내는 대답은 않고 여전히 물속만 들여다보고 있다. 그러다가 갑자기 반격을 한다.

"기타도 잘 못 치면서, 그런 실력으로 나를 호리려고 했던 그 짓?"

"그래도 그런 실력으로 당신을 호렸지 않아!"

우리들 사이에는 잠시 침묵이 흘렀다. 그리고 내가 말했다.

"까마귀의 그 서툰 '까악까악'은 그들의 세레나데야. 까마귀 세레나데…."

사월의 노래

문정순

"경환이 아버지!" 엄마가 아버지를 부르실 때 부르는 이름. 나와 세 살 차이가 나는 오빠의 이름이다. 엄마는 딸 셋을 낳고 오빠를 낳으셨다. 아버지는 6·25전쟁 중에 청년반장을 했다는 이유로 북한군에게 끌려가 언제 죽을 줄 모르는 두려움 속에 있다가, 밤중에 어느 북한군이 문을 열어주며 빨리 도망가라 했단다. 혹시 가라고 하고 나서 뒤에다 총을 쏘려는가 싶어, 아버지는 어둠 속을 엎어지고 고꾸라지며 내달리셨단다. 그렇게 살아 돌아와 생겨 낳은 아들을 하늘이 주신 자식이라고 하셨다. 그런 아들은 부모님께 더할 나위 없는 효자로 결혼을 하고도 부모님을 모시고 살다가, 서른여섯 살 되는 해에 병을 얻어 발병 석 달 만에 하늘에 별이 되고 말았다. 젊고 어린 처자식을 두고 어찌 그리 가느냐고 울던 부모님은, 천주교 세례를 받고 떠난 아들을 따라야 한다며 당신들도 뒤따라 세례를 받으셨다.

그 후 이십 년을 넘게 한결같은 신심으로 주일을 지키며 사시다 그리운 아들 곁으로 가셨다. 아들을 잃은 엄마는 아버지를 '경환이 아버지!'라고 부르지 않으셨다. 그냥 당신 계시는 곳의 손주들 이름을 앞에 붙여 '○○ 할아버지!'로 부르셨다. 그렇게 오빠의 이름은 불러서는 안 되는, 묵언의 약속이나 한 것처럼 어디서건 불리지 못하였다. 그건 아물지 않은 상처의 딱지를 건드려 다시 피를 내게 하는 것처럼, 가슴속으로나 부를 수 있는 아픈 이름이 되고 만 것이다.

오빠가 떠난 지 삼십오 년. 성실하고 예의 바른, 그리고 인정도 많아 어디서나 누구에게나 칭찬을 받았다. 그런 오빠의 동생인 나는 젊음을 앞세워 이런저런 활동으로 자유분방했으니, 동생을 바라보는 오빠의 불편한 시선은 거슬리는 것들에 대해 여러 지적을 하곤 했다. 한번은 축제장에서 노래를 불러 대상을 타게 되었는데, 그때 심사를 맡았던 작곡가가 나를 만나고 싶다는 말을 전하러 온 사람에게 오빠는 욕설이 섞인 말투로 단호하게 거절을 했다. "가수년들 치고 시집 한번 가는 년 못 봤습니다. 내 동생은 안 됩니다." 그렇게 말꼬리를 꽉 누르며 거친 말을 하는 오빠에 놀라 속으로 '아니 뭘 저렇게 욕까지 하나 참….' 하고 괜한 주간지에 떠도는 기삿거리를 들어 싸잡아 욕을 하는 것이 우스웠지만, 하지만 그것이 자신을 허물어서도 동생을 지키고자 하는 마음이라는 걸 아는지라, 더는 걱정을 안 하게 하리라는 마음 다짐을 했다.

클래식 음악을 좋아하던 오빠는 종로나 명동에 있는 음악감상실을 데리고 다니며, 팝 음악만을 고수하는 내게 고전음악의 깊이를 알게 해주려 애를 쓰고 문학면으로도 많은 영향을 주었다. 책을 좋아하는 내게 청계천 헌책방에서 세계문학전집을 사주기도 하고, 작은 책 『샘터』를 창간호부터 정기구독을 해주고, 미국 월간 잡지 『리더스 다이제스트』도 매달 내 책상 위에 놓아두었다. 지금도 우리 집 우체통에는 창간 52년을 넘은 작은 책 『샘터』가 온다.

내 인생의 젊은 날, 그 기단을 하나하나 정성을 들여 쌓아주던 오빠를 갑작스레 잃은 충격은, 삶의 의욕을 잃고 허망함과 슬픔에 빠져 아무것도 할 수가 없었다. 결국은 상담 치료를 받기도 했었다. 그렇듯 상실감에 힘겨워하던 중에 넷째가 생겼다. 딸이 셋이나 있었지만 '한 집 건너 하나 낳기'라는 인구정책에 의한 가족계획 캠페인도, 주위에서 성별 검사를 권하는 조심스러운 말들도 모두 무시했다. 생명의 소중함, 그것을 알기에 다른 생각을 할 수가 없었다. 그렇게 태어난 넷째는 딸이었다. 피부가 눈처럼 희고 눈이 큰, 머리숱도 많은 그런 예쁜 딸을 우리는 백설공주라 불렀다.

마당에 능수홍매화 한 그루를 심었다. 오빠 산소를 다녀오다 천안을 상징하는 능수버들처럼 축축 늘어진 가지에 빨간 꽃을 촘촘히 달고 있는 가로수를 보고, 그 모습에 반해 마침 눈에 띈 나무시장에서 운 좋게 구해 온 것이다. 앞마당 잔디밭 끝, 볕이 잘 드는 곳을 파고 가족들 건강을 기원하며 꼭꼭 다져 심었다. 나무가 살아만 준다면, 봄마다 낭창한 가지마다 루비 같은 붉은 꽃들이 하늘거리는 것을 보게 되리라. "고모, 원준이 아들 백일잔치에 꼭 와줘!" 쾌활한 친정 올케 목소리. 조카가 아들 백일잔치를 한다며 신이 난 목소리로 초대를 하는데, 코로나19로 보내주는 동영상만 볼 뿐 돌잔치가 가까이 와도 갈 수가 없다. 아쉬운 마음에 외삼촌 얼굴도 모르는 막내딸을 데리고 오빠 산소를 찾아갔다. 묘원 길목에 있는 아우내 장터, 늘 그랬던 것처럼 꽃과 술, 과일을 사서 진설을 하고 좋아하던 담배를 연기로 살라드렸다. 넘치도록 잔을 채운 복분자 술잔을 상석에 올리며 절을 하는 딸. 묏등에 술을 부으며 "고맙습니다. 삼촌!" 한다. 삼촌 때문에 넷째로 태어날 수 있었다는 감사의 말인 것이다. 하늘은 청명하고 기억이 풀어내는 다큐멘터리에, 울다 웃기를 반복하며 상석에 놓인 바나나도 먹고 배랑 딸기까지 눈물과 웃음을 섞어 지난 세월을 우걱우걱 다 삼켜버렸다.

가만히 묏등을 보니 작은 제비꽃이 피어있었다. 오랜만에 동생이 온다고, 동생 좋아하는 꽃을 피우셨나 하고 꽃을 쓰다듬었다. 술 한 잔을 받아 올리고 길게 절을 한 나는 두 손을 모으고 준비해간 말을 해드렸다. "경환이 오빠, 엄마 아빠도 오빠한테 다 가셨고, 이젠 오빠도 손자가 생겼으니, 나 이제 숙제 마친다. 괜찮지?" 입대를 앞두고 내게 전기 두꺼비집 퓨즈를 갈아 끼우는 법을 가르쳐 주던 오빠. 특별 발탁으로 긴 외국 출장을 가며, 한강 이남 쪽으로 이사를 하라는 부탁을 하던 오빠. 아마도 자신의 부재를 두고 그 자리를 내가 메워주길 바랐나 보다.

생때같은 아들을 잃고 두 발을 비비며 피를 토하듯 우는 엄마를 부둥켜안고, 엄마 힘들 때 오빠가 해드렸던 말 "엄마, 내가 있잖아. 내가 있잖아. 엄마." 그 말을 대신해 드리며 울부짖는 엄마 등을 쓰다듬어드렸다. 그런 생전의 오빠 마음을 아는 나는 누가 알아주지 않아도 될, 오빠의 빈자리로 초연한 마음을 안고 들어섰다. 어느덧 동생 머리는 군데군데 은빛 서리가 세월만큼 내렸건만, 오빠는 검은 머리에 환하게 웃던 꽃다운 청춘, 그 변하지 않는 모습으로 마주한다. 마지막 남은 담배개비를 모아 사르고, 수없이 올랐던 계단을 딸의 부축을 받으며 내려오다 보니, 계절도 희한하게 아름드리나무에 흰 목련꽃이 흐드러지게 피어있다. 아득히 먼, 현기증 일게 하던 봄 볕 아래 오빠랑 부르던 '사월의 노래'를 손을 잡고 걷는 막내딸과 가만가만 불러보았다.

"…돌아온 사월은~ 생명의 등불을 밝혀 든다~ 빛나는 꿈의 계절아~ 눈물 어린 무지개 계절아~!"

돌아보니, 눈물 어렸던 무지개 계절이 손을 흔든다.

江을 노래하고 싶다

공대천

나에게는 강이 없다. 강을 노래하고 싶어도 머릿속에 떠오르는 강이 없다.

엄마가 없이 외할머니와 함께한 여섯 살 때까지의 통영 바다 그리고 정에 목말랐던 초등학교 2학년 때까지 어머니와 함께한 부산 태종대 바다. 그렇게 울며 징징거리는 파도만이 기억의 집에 자리하고 있다.

기억 속의 강이 하나 있긴 하다. 열목어 낚시에 미쳤던 40대 시절의 어느 한 새벽, 머리위에 떠있는 수박만한 별을 보았던 영월 동강! 그 하늘의 별은 차마고도 하늘에서 본 별들과 함께 아직까지도 경이로움으로 남아 있다. 동강은 풋풋했다. 맑은 노래를 했었다. 흐르는 물소리가 젊었었다. 그러나 시로 써 보고 싶은 강은 아니었다.

나만의 강을 찾고 싶어 시인들의 강의 노래들을 술 취한 많은 새벽에 가슴을 쓸어 가며 읽는다. 안도현의 강은 겨울강가에서 비롯한다. 눈발이 철없이 계속 내릴 때 눈을 제 몸으로 받으려고 강의 가장자리부터 살얼음을 깨는 강이다. 이승하의 강은 내리는 눈발에 아랑곳하지 않고 저 홀로 깊어지며 팔을 벌려 온종일 눈물을 받아 드린다.

이하석은 사라진 모든 뒷모습의 이름만 부르는 아픈 강을 노래한다. 그리고 눈 오는 날 홀로 나가서는 김용택의 번민의 강도 있다. 황인숙은 외로움을 나에게 말하지 말고 강에게 직접 말하라고 하며 끝내는 강가에서는 눈도 마주치지 말자고 절규한다.

그런가 하면 마종기의 강은 포근하고 희망이 있다. 긴 말을 하지 않아도 알아듣고 밤잠이 어렵지도 않다. 혼이 잠잘 때 지켜보아 주고 사랑을 생각할 때면 강물이 보인다. 그 강에서 시원하고 고운 사람과 친하고 싶어 한다. 유영숙의 강에는 어머니에 대한 회한의 그리움이 묻어 있다.

시인들의 강은 다채롭다. 그러나 내 마음에 닿는 강은 외롭고 쓸쓸한 가을과 차디찬 겨울이 대부분이다. 나의 강은 생태적으로 외로움으로 잉태되려고 하는 것인가? 그래야만 하는 것인지! 나의 강은 진푸른 깊이를 감추고 아파하며 흐를 것 같다는 숙명을 예감한다.

메모장 하나 달랑 들고 길을 떠나자! 풋풋한 봄날에, 싱그러운 초록의 여름에, 사랑이 소소히 스러지는 가을에 그리고 아프게 쌓였던 눈이 갈라지는 강물 소리에 녹으며 봄을 부르는 차가운 겨울에! 그래, 여러 강가에 나를 세워보자. 분명 나만의 강은 반드시 있으리라! 나는 찾지 못한 강에 미리 이름을 붙인다. '화해의 강!'

그 강 가장 풍광 좋은 자리에 어머니가 잠들어 있는 황령산의 벚나무 가지를 이식하자. 보지 못한 증손자들의 웃음도 심어 주자. 봄의 희망이 화창한 어느 하루, 조금 자란 벚나무 옆으로 흐르는 내

강물의 노래를 들려주자.

어머니의 자책과 나의 애증이 녹아 흐르는 강, 과거의 파도 소리와 지금의 강물 소리가 어울리는 화해! 내가 노래할 강의 소리는 언제나 아름답기를, 눈물 없기를, 평온이기를!!

하루라도 빨리 나만의 강을 만나고 싶다. 모든 것을 품어주고 씻어주며 안아주는 어머니를 닮은 그 강가에서 나만의 노래를 부르고 싶다. 그 강에 안겨 한 줄의 시를 쓰며 조용한 눈물도 뿌리고 싶다. 나의 강에는 그렇게, 언제나 엄마가 고요하게 자리하고 있어야만 한다.

처음이었어

이문자

자신은 결코 드나들 일이 없을 거라던 사람이 입원실에 누웠다. 한사코 집에 들어가란 성화에 못 이겨 귀가는 했지만 지난밤 잠자리가 편했을 리가 없다. 아이들에겐 귀띔조차 말라는 당부까지 하면서. 누가 환자인지 모를 정도니 주객의 전도가 아닌가. 불사조라도 되는 듯 양양하던 사람이 병원이란 곳을 우습게 여긴 벌칙이렷다.

동도 트지 않은 새벽. 병원으로 가달라는 아낙이 안쓰러웠음인지 기사가 기운을 내라고 한다. 수술동의서가 자꾸만 떠올라 의기소침한 터에 이렇게 따뜻한 위로라니. "오늘 바깥양반 수술이 잡혀있답니다." 나도 몰래 이실직고가 나온다.

구슬 모양을 한 종양이 고막 안쪽이나 뇌 쪽으로 자라면 난청과 뇌막염을 일으켜 사망에 이를 수 있다는 진주종(眞珠腫). 신경 다발이 촘촘히 지나는 민감 부위여서 고난도 수술이라고 한다. 더구나

꽤나 진행된 터라 수술 후 안면 마비가 오거나 재발 가능성이 높다고. 사소한 귓병으로 여겼던 것이 이런 변고를 예고할 줄은 몰랐다. 진주를 닮았대서 붙였다는 병명이 고약하기 이를 데 없다. 하지

만 믿어야 한다. 담당 의사를 믿어야만 한다.

눈길 한 번 주지 않고 수술실로 들어가는 환자를 연민의 눈으로 배웅한다. 담 큰 남정네라지만 수술대에 누워보긴 난생처음. 말은 않아도 두려움이 오죽할까 싶다. '88서울올림픽'이 한창이던 그해 여름은 내가 수술대에 누워야 했다. 갑상선과 좌측 임파절을 적출하는 5시간을 수술실 문밖에서 꼬박 서서 기다렸던 사람. 그간의 일을 잊고 지낸 미안함이 비로소 헤아려진다. 내가 진 빚을 이제 갚을 때인가 보다.

침묵으로 가라앉은 가족 대기실이 긴장감으로 무겁다. 숨소리까지 죽이고 전광판을 주시하는 초조한 눈빛들. 더러는 기대감으로 읽히지만 말소리 하나 허투루 새지 않는다. 전광판에 나타난 저 이름들은 지금 의사에게 운명을 맡기고 있는 주인공들이다. 절체절명의 순간. 촌각을 다투며 사력을 다하고 있을 수술실 광경이 그려진다. 의료진 수고로 병고에서 헤어날 수 있다면 얼마나 감사한 일일까. 마법의 힘을 빌려서라도 정말 그렇게만 될 수 있다면. 절로 기도의 마음이 된다.

드디어 전광판에 나타나는 환자 이름. 내 집 가장이다. 태연하려고 애쓰지만 진정이 되지 않는다. 후들거리는 걸음으로 대기실 뒷전을 서성거린다. 거짓말같이 눈앞에 보이는 작은 기도실. 나무 십자가에 성경책 한 권. 무릎을 꿇은 채 엎드린다.

"집도의(執刀醫) 손길에 은총을 내리소서! 은총을 내리소서!"

"임○○ 박사님께 은혜로운 집도를 허락하소서!"

예기치 않았던 기도가 왈칵 눈물로 터진다. 수술 칼을 든 명의를 위해 처절한 기도를 바친다. 격식도 없고 성경 구절에도 없을 엉겁결의 기도. 근원 모를 회한과 속죄의 눈물이 오열로 북받쳐 오른다. 제발 실수만은 없게 해달라고. 지금 수술실에 누운 환자들을 구원해 달라고. 얼마를 지났을까. 절절함이 내게도 구원의 순간이었던 것일까. 기도실을 나오며 오히려 평온해진 마음이다.

예상 시간을 넘겨서야 환자가 나왔다. 종양 제거와 수술 처치. 귓바퀴 봉합에서 회복까지 무려 7시간. 간곡했던 기도가 아니었다면 애가 타는 시간을 어떻게 감당했을지. 간구가 통했음인지 무사히 끝났다는 주치의 말이 구세주의 응답처럼 온다. 왈칵 차오르는 눈물. 혼신의 힘을 다했을 의사에게 머리를 조아린다. 어려운 수술이라 하였으니 위태로운 순간이 한두 번이 아니었을 터. 박사님을 위한 기도를 했다 말하고 싶다. 허나 가당찮은 일. 어쩌면 나의 기도가 아니었어도 수술은 잘 끝났을 것이었다. 인술이란 숭고하고도 아름다운 헌신. 그러기에 신의 영역과 통하는 영성의 순간이 작용하는지도 모른다.

누가 물으면 불자라고 대답하지만 불사에는 낙제점을 면치 못한다. 부처님 가피를 바랄 염치가 없어 지금도 그 일은 서투르기만 하다. 맑은 스님이 주신 이름 하나를 얻으며 비우고 내려놓음을 잘 하리라 했다. 작은 것에도 감사하자고. 그랬더니 나를 다스리는 일에도 바빠 복을 주십사는 기도는 잊고 지내기가 일쑤다. 남편의 수술날, 불경 하나 챙기지 못하는 무늬만 불자이니.

언니의 권유로 성당 문턱을 넘어본 전력이 있다. 내 신심이 여물기도 전에 한두 해 사이에 언니와 남동생이 가고 말았다. 구명 기도를 요청하는 내게 사제는 생사의 어느 쪽이든 하느님의 뜻이라며 똑 부러지는 대답을 했다. 당연한 응수였지만 그 여운이 왜 그리도 서러웠는지. 남편의 수술 날, 내 기도가 애절했음은 담당의를 믿을 수밖에 없었던 아녀자의 애원이었을 터이다. 목숨이 경각에 있었던 동생을 위해 바치고 싶었던 기도도 바로 그런 것이었는데….

누군가에게 수술 소식을 들을 때면 난 지금도 이렇게 말하곤 한다. 집도의를 위한 기도를 바치라고. 그것이 환자를 살리는 인술의 기적인 거라고.

대수롭지 않다고 여기던 귓병으로 혼쭐이 난 남정네는 고분고분 시중드는 간병에 순한 양이 되어가고 있었다. 붕대를 풀고 퇴원하는 날, 꼭 하고 싶었던 말이 있었다. 수술대에 누워있는 사이 내가 기도한 사람은 옹고집 환자가 아니라 임 박사님이었다고. 그건 나도 모르는 일. 실로 처음 있는 일이었다고 말이다.

신방(新房)에 촛불도 켜지 못한 꽃

허열웅

매화는 봄을 열고 벚꽃은 봄을 완성한다. 여의도 윤중로 벚꽃 축제에 간 날은 토요일 저녁이라서 사람들로 인해 발 디딜 틈이 없을 정도로 붐볐다. 꽃구경은 겨울의 고단한 현실을 떠나 봄이라는 희망을 찾아나서는 일이다. 활짝 핀 꽃들이 야간 조명에 따라 분홍색이 되고 하늘색으로 변하기도 한다. 동백꽃의 빨강은 생명을 낳고 정절을 지키는 힘을, 민들레의 노랑은 땅의 비옥함과 풍요로움을, 벚꽃과 찔레꽃의 하양은 신성함과 깨끗함을 말해주는 것 같다. 백색의 아우성이 수백 그루의 크고 작은 나무에서 퍼포먼스 하듯 그렇게 곱게 피고 나서 오래 머물 수 없는 십일 홍으로 낙화의 목 메인 절규를 하며 바람에 흩어지는 것이 4월에 피는 벚꽃이다.

지금으로부터 40여 년 전의 일이다. 내가 백제의 마지막 수도 충남 부여에서 첫 근무를 할 때 일이다. 백제는 일본과의 문화교류가 많아 일본을 여행하노라면 아직도 백제문화가 숨 쉬고 있음을 느낀다. 이런 연유로 인하여 조선의 마지막 황제 영친왕의 부인 이방자(일본인) 여사가 백제의 수도인 부여에 왕벚꽃나무를 기증하였다. 일본에서 들여온 그 나무를 군청에서 시내 중심 도로변과 부소산성 입구에 심어놓았다. 그런데 일본의 나라꽃(國花)을 심었다하여 그 누군가에 의해 수십 그루가 뽑혀지거나 잘라져 있었다.

이것이 언론에 보도되고 큰 사회문제화로 비화된 적이 있었다. 벚나무는 한국, 일본, 중국에 분포하는 활엽교목으로 원산지는 한국의 제주도다. 일본 사무라이들은 그들의 인생관을 상징하는 것으로 벚꽃을 고르게 되어 일본의 나라꽃이 되었다. 일본의 무사도를 세계에 알린 니토베 이나조는 "꽃은 벚꽃, 사람은 무사(武士)"라는 말을 소개하며, 벚꽃을 무사의 비장한 죽음과 연관 지었다. 나무 중 가장 사랑스러운 나무(Loveliest of trees)라고 영국 시인 하우먼스가 표현한 벚꽃을 일본 제국주의자들은 "일본 남아로 태어났다면 산병전(散兵戰)의 벚꽃처럼 지거라." 하며 집단 전사(戰死)를 부추겼다.

벚꽃 속에 묻혀 거니는 젊은 연인들의 얼굴엔 보조개가 우물처럼 파이고 웃음은 데굴데굴 굴러다니고 있다. 그러나 나는 지고 있는 꽃잎을 바라보노라니 아픔의 소리가 쟁쟁쟁 이명(耳鳴)으로 들려온다. 신방에 촛불도 켜보지 못 한 채 정신대로 끌려갔다가 소녀상으로 앉아있는 누님들의 비명이 들려오고, 이어서 긴 획을 그으며 흐르는 한강물결에서는 일본 낭인들의 칼날 앞에서 "나는 조선의 국모다."라고 큰 소리로 외치다 그들에 의해 숨을 거둔 명성황후의 절규가 역사의 뒤안길에서 출렁인다. 젊은이들은 꽃을 보며 한없이 즐거워하고 있는데 나는 꽃을 보고 아픈 역사가 떠오르는 것은 세대 차이일까? 아니면 역사관 때문일까? 우리 시대는 초등학교시절부터 대학에 이르기까지 국사를 필수로 여기고 배웠다. 그런데 요즈음 고등학교에서조차 국사가 필수가 아닌 선택이라고 한다. 우리가 역사를 배우는 것도 중요하지만 역사에서 배우고 깨달아야 할 일이 한두 가지던가?

지난해 경기도 여주에 있는 명성황후 생가를 방문한 적이 있다. 전시실에서 계속 방영되고 있는 영상에서는 일본의 만행과 황후의 시해장면만을 부각시키고 있었다. 왜 우리가 침략을 당하고 나라가 쉽사리 무너졌는지에 대해서는 언급이 거의 없었다. 외국의 침략에 대비해 십만 양병(養兵)을 주장한 이율곡의 충언이 받아들여졌다면, 국론이 분열되지만 않았더라면, 문호를 개방하여 세상 밖을 볼 수 있었더라면 하는 반성의 목소리도 포함되어 있었으면 좋겠다는 생각을 했다.

우리가 역사를 공부해야하는 이유는, 첫째 역사는 인간사의 판례집이기 때문이고, 둘째는 자기의 정체성이기 때문이다. 또한 재미있는 이야기이기도 하다. 인생이라는 것이 애매함의 연속인데 역사라고 하는 판례집을 참고로 해서 어떤 상황에 직면했을 때 본보기로 삼을 수 있을 것이다. 그래서 역사의 축적과 판단의 정확도는 비례한다고 보아야 한다. 자기 역사를 모르고는 모든 부분에서 경쟁을 할 수가 없다. 사실은 세계화가 진행될수록 제 나라의 역사를 잘 알아야한다. 그래야 중국의 동북공정(東北工程)에도 항의하고, 일본의 독도영유권 주장도 코웃음 치고, 프랑스한테 빼앗긴 외규장각 의궤도 찾아올 수가 있었다.

유대 민족이 『구약』이라는 역사의 경전을 갖고 있었기에 조상이 살던 땅을 되찾아 이스라엘을 건국하지 않았던가? 우리는 일본의 식민지 지배와 친일파도, 건국대통령 이승만도, 경제부흥을 이뤄낸 박정희도, 마지막엔 북한의 역사도 끌어안아야 한다. 손가락질하고 혼내기 위해서가 아니다. 다시는 그런 슬픈 역사가 되풀이 되지 않기 위해서다. 이런 역사를 우리는 소홀히 하다못해 천대하는 쪽으로 가고 있으니 답답할 따름이다.

피고 지는 꽃 속에 묻혀 강변을 따라 한 바퀴 돌다보니 여러 곳에서 콘서트가 열리고 아름다운 사진전이 열리고 있다. 한쪽에는 인물화가들이 나와 꽃그늘 아래에서 초상화를 그려주고 있다. 구름을 찢고나온 투명한 보름달빛이 하얀 소낙비처럼 벚꽃 위에 쏟아지고 있다. 꽃들의 웃음소리 아래 노래를 듣고 그림을 관람하다보니 심란했던 감정도 누그러들었다. 꽃이 무슨 죄가 있으랴 생각하니 꽃이 꽃으로 보인다. 꽃은 원초의 순수한 불이다. 절정에 도달한 꽃잎들은 제 이름을 부르며 바람에 지고 있다.

사람들의 물결에 떠밀려 나와 천천히 걸어서 집으로 돌아오는 길 마포대교 난간에서 뒤돌아보았다. 여의도 하늘이 하얀 고깔을 쓰고 가사를 나풀거리며 승무(僧舞)를 추고 있다. 철새들이 노닥거리던 밤섬도 아늑하게 꽃 그림자를 품으며 잠자리에 들고 있는지 고요하다.

나라의 역사가 표류하던 날
아우내 장터에서/ 찢겨지던 무명치마 자락
적에게/ 희롱 당하던 내 누님들의
흰 속살 하얀 아픔

–「벚꽃」 필자의 졸시

장미꽃 감사

이지유

우리 부부는 함께 걸었다. 보폭을 생각하지 않고 먼저 걸어가던 남편이었는데 요즘은 내 손을 잡고, 때로는 나란히 걸으며 내 보폭을 맞춰줬다. 나에게 박힌 가시가 마음이 아팠나보다. 나란히 걷는 것은 가시의 아픔을 함께 느끼는 것일 거다.

이건 분명 가시였다. 목숨이 있는 한 기계를 이용해야하는 것은 피할 수 없는 방법이다. '투석치료'라기 보다는 '투석생활'이라는 표현이 맞을진대, 수없이 반복되기에 시간이 갈수록 가시는 더 깊고, 그래서 더 아프게 박히고 있었다.

투석치료가 끝나고 집에서 쉬는 시간이 그리 맘이 편하지는 않다. 가시에 그렇게 많이 찔리고 와서 쉬는 게 당연하고 쉴 수밖에 없는 몸 상태이지만, 햇볕이 좋은 날에 누워만 있으니 아까운 시간을 보내고 있는 거 같았다. 이런 내게 딸이 말했다. 투석 받는 시간동안 몸은 가만히 있지만 심장은 4시간 마라톤 뛰는 사람과 같아서 굉장히 힘들고 지친다고.

볕 좋은날 햇살이 아깝다고 남편에게 얘기했더니 남편이 근무하는 세종시로 내려오란다. 같이 산책도 하고 밥도 먹고 올라가란다. 정신건강도 중요하기에 지친 몸을 스스로 다독여가며 남편 퇴근시간에 맞춰 기차표를 샀다. 신이 났다. 아무것도 할 수 없다고 생각했던 시간에 무언가를 할 수 있다는 생각에 마음이 즐거웠다.

계족산. 인위적으로 걷는 길을 만들었지만 생각은 정말 좋은 거 같았다. 산 길 한쪽으로 황톳길을 만들어서 맨발로 걸을 수 있게 해 놓았다. 맨발에 닿는 황토가 있는 그대로를 피부로 전해줬다. 질퍽이는 곳은 질퍽이는 대로, 물이 말라 좀 단단한 곳은 단단한 대로. 완만하게 오르는 길이라 힘은 들지 않았다. 황토의 촉감도 느끼고 새소리도 들으며 쉬엄쉬엄 남편과 손을 잡고 걸었다.

주말이면 사람들이 많이 붐볐을 텐데 평일 오후라서 그런지 한가했다. 길 양쪽으로 나무가 우거져 나무터널을 만들어 줬다. 솔솔 바람이 불어 가슴이 팍 트이는 것 같다. 시내를 벗어났다고 공기도 깨끗했다. 나무 사이로 보이는 하늘도 푸르고 햇볕은 따뜻했다. 흙을 밟고 걸으니 어렸을 적에 흙바닥에서 놀았던 기억이 났다. 땅따먹기, 비석치기도 했고, 작은 돌멩이로 흙바닥에서 공기놀이도 했다. 흙이란 어쩜 아주 먼 옛날부터 신이 주신 고향인지도 모른다. 신은 인간을 흙으로 빚으시고, 주어진 삶이 다하면 다시 흙으로 데려가 편안한 잠을 자게 하나보다.

가정식백반 집을 찾았다. 산에서 어둑어둑할 때 내려와 식당을 찾을 때는 이미 어두워져 있었다. 이길 저길 차를 몰아도 가정식백반 집은 쉽게 눈에 띄지 않았다. 이러다 밥도 못 먹고 그냥 상행선 기차를 타는 것은 아닌지 하는 생각도 들었다. 한참을 돌아다니다가

기차역 앞에 있는 식당을 찾았다. 깨끗하기 보다는 낡고 허름했는데 정겹게 느껴졌다.

한차례 손님을 치렀는지 식당 한쪽에 설거지가 그득하게 쌓여 있었고 식당 사장님은 오이김치를 담그고 있었다. 김장철에 배추를 산더미처럼 쌓아 놓고 빨갛게 양념이 된 속을 배추 속에 넣는 것처럼 오이김치를 하고 계셨다. "와! 엄청 맛있어 보여요." 나의 적극적인 반응에 백반 반찬에 방금 무친 오이김치를 내어주셨다. 씹히는 맛이 얼마나 아사삭 했는지 두 접시나 가져다 먹었다. 생선구이며 된장찌개가 집에서 먹는 맛이었다. 회사식당 반찬이 부실하다던 남편은 오랜만에 먹는 집 밥 같다고 밥을 두 그릇이나 비웠다. 나도 오랜만에 밥 같은 밥을 먹은 기분이었다. 밥상에서 사장님의 따뜻한 정성이 느껴졌다.

"저 혹시 오이겉절이 한 거 조금만 파시면 안 될까요?" 지금 많이 아파서 밥다운 밥을 집에서 해 먹을 수 없고, 정말 오랜만에 이렇게 맛있게 밥을 먹었노라고 사정 얘기를 했다. 사장님은 맛있게 먹어줘서 고맙다고, 팔수는 없는데 대신 그냥 조금 드릴 테니 집에 가서 먹으라고 봉지에 오이겉절이를 담아 주셨다. 후하신 인심이 봉지 가득 담겼다. 뜻하지 않게 횡재를 했다.

주변에서 일어나는 모든 일이 감사라는 것을 깨닫기까지 많은 시간이 걸렸다. 병든 몸이든 마음이든 아픔을 가지고 산다는 것은 분명 좋은 일은 아니다. 하지만 그 아픔을 통해 또 다른 세상을 볼 수 있다. 세상은 분명 따뜻하다. 내가 내민 손을 남편은 슬며시 잡아줬고, 식당 사장님은 슬며시 오이김치를 싸주셨다. 세상은 내 아픈 가시까지 감싸 안는다. 분명 누군가는 그 가시에 찔리겠지만 감사하게도 나를 감싸 안는다.

이 사이에 낀 고춧가루를 정리하면서 한 손은 오이겉절이를 들고, 다른 손은 남편의 손을 잡고 신탄진역으로 향했다. 얼마나 맛있게 먹었는지 오이김치 여운이 입안에 남아있다. 일상에서 벗어난 몇 시간의 여행이 여기저기 박힌 가시를 보듬었다. 남편의 손을 잡고 나란히 걸으며 같은 하늘을 봤고, 맛있는 밥을 함께 먹고, 어두워진 거리를 걸었다. 오이겉절이 냄새가 입안에 남듯 남편의 손길도 여운으로 남았다. 따뜻한 그 손길에 장미 한 송이 쥐어준다. 가시와 함께.

누름돌

신윤선

올해는 시작부터 바빴다. 소모임이든 단체든 아우르며 가려면 그러려니 한다지만, 참 버겁다는 생각에 불만이 는다. 탈도 말도 많은 투덜거림이 가슴 복판에 둥둥 떠 있다.

마음이 복잡하고 끓어오를 때는 손놀림이라도 바빠야 그나마 속이 풀린다. 복중에 입맛 돋우는 오이지를 담그기 위해 두 접 구매했다. 독에 차곡차곡 소금을 뿌리면서 채우고 펄펄 끓인 소금물을 부었다.

한 김 식힌 후 짚으로 둥글게 틀어 덮고 누름돌을 조심스럽게 얹었다. 꾹 눌러주어야 오이가 잘 절여지고 떠오르지 않아야 무르지도 않는다.

삼십 년은 넘은 것 같다. 시부모님 모시고 여름휴가를 갔을 때다. 바다로 가기 전 계곡에서 잠시 쉬는 동안 시어머님은 계곡 근처를 이리저리 다니시더니 넓적하고 반질반질한 돌을 양손에 들고 오신다. 누름돌로 쓰려고 하니 두어 개 더 주어오란다.

그날 주워온 크고 작은 돌은 장아찌, 짠지, 오이지 등을 담글 때 무르지도 않고 간도 잘 배어들게 누름돌 역할을 해왔다. 별생각 없이 사용했던 둥글넓적한 돌이 오늘은 남달리 정감이 간다.

소금이든 간장이든 식초, 설탕에 절여 시고 달고 해도 누름돌은 제 무게로 무엇이든 꾹 눌러주는 제 몫을 잘하고 있었다.

요즈음 소속해 있는 협회나 단체에 흐지부지한 태도이다. 내 틀을 내려놓아야 한다는 정도는 아는데 내 잣대에 맞지 않는다고 입술로 내는 모든 불만이 평온 사이를 비집고 올라와 둥둥 떠 있다.

정성 없이 서둘러 담근 오이지 독을 열어보면, 둥둥 떠 있는 오이가 있다. 영락없이 물러 버리곤 했다. 이런저런 상황이 마음에 안 들어 불만이 쌓이다 보니 모임에 정이 멀어지는 것은 당연하였다.

상큼한 봄도 싱그러운 초여름도 찌푸린 흐린 마음으로 보냈다. 잡념을 잊는다는 핑계로 내 할 일에만 몰두해 바쁘게 보냈다. 그렇게 보내고 나니 그 흔적으로 남는 건 몸살이다. 온몸이 폭동을 일으키는 여름을 맥없이 보낸다.

지친 여름에 밥 한술 뜨려고 오이지 독을 열었다. 돌을 비켜놓고 오이지를 꺼내어 썰어 보니 속이 비어있다. 잘 절여진 것이다. 짚을 덮고 누름돌을 얹으면서 볼멘소리로 중얼거린다.

이 누름돌로 내 갈등과 복잡도 눌러두면 어떨까. 푹 절여 쓸데없는 생각과 감정은 오이지 속처럼 비워지고 쪼글쪼글 볼품없지만, 오도독 야멸찬 맛난 소리로 씹히는 오이지, 그리되면 좋겠다는 생각이 든다.

오이를 썰어 짠맛을 적당히 우려내어 자루에 넣고, 쓸데없는 불만과 서운함으로 가득한 내 마음을 누르듯이 누름돌을 자루 위에 얹는다. 속내에서 끓던 화근들이 돌의 무게에 주룩 흘러나온다.

어머니 은혜와 오월

홍만식

높고 높은 하늘이라 말들 하지만
나는 나는 높은 게 또 하나 있지
낳으시고 기르시는 어머님 은혜
푸른 하늘 그보다도 높은 것 같애

어머니를 그리는 수많은 동요 가운데 가장 많이 애창되고 있는 서정 동요, '어머니 은혜'의 가사다. 오늘은 5월 8일, 어버이날이다. 어버이날은 자신을 낳아주시고 길러주신 아버지와 어머니의 은혜를 기념하여 제정한 날로, 예전의 어머니날을 어버이날로 확대하여 현재에 이른다. 어머니란 성경에 이렇게 기록되어 있다.

'어머니는 자신을 낳거나 양육한 사람이다. 어머니가 되는 것을 큰 기쁨과 행복으로 간주한다. 어머니는 아이를 잉태하고 고통 중에 출산하지만, 그 자녀로 인해 고통을 잊어버린다. 낳은 자녀를 양육하며 그 뒤를 보살펴주고 신앙의 후견인이 된다. 자녀에게 훈계로서 옳은 길을 제시하고 아들의 배우자를 선택하기도 한다. 자녀로 인해 영광을 받기도 하고 욕을 먹기도 한다. 따라서 자녀는 어머니를 공

경하고 순종하며 기쁘게 해드리고 봉양해야 한다.'

어버이날이 오면 천상에 계신 부모님 생각이 간절하여 늘 마음이 울적하다. 부모님 생전에 효도하지 못한 한(恨)이 아직도 가슴에 남아 있다.

1998년 초 어느 날, 어머니가 변비 증세가 심하여 신체검사를 받으셨다. 그 결과, 병명이 대장암이었다. 나는 어머니의 병명이 암이라는 말을 듣는 순간, 가슴이 먹먹하고 하늘이 원망스러웠다. 앞으로 오래 사실 수 없겠다는 불길한 생각이 뇌리를 스쳤다. 당시, 나는 명동에 있는 E은행 본점에서 근무하였는데, 퇴근 후 매일, 어머니가 입원해 계시는 서울아산병원으로 갔다. 몇 달의 시간이 지나도 어머니 병세는 호전되지 않고, 얼마나 더 오래 사실 지는 아무도 몰랐다. 그래서 인생이란 한 달은 물론, 하루의 시간도 매우 소중하다는 것을 절실히 깨달았다.

저녁 무렵, 잠실철교를 건너 병원으로 갈 때, 무심(無心)히 흐르는 한강을 바라보고, 인생이 덧없고 허무하다는 생각이 엄습했다. '인간은 도대체 어디서 왔다가, 어디로 가는 것일까?' 이러한 명제를 놓고 그 대답을 찾는데 갈급하기도 했다. 그리고 점차 수척해지는 어머니 얼굴을 보고, 내 마음속에 품었던 희망의 불씨도 점점 사위어 갔다. 결국, 어머니는 이 병을 극복하지 못하시고 신록의 계절, 오월에 하늘나라로 떠나셨다. 나는 비통한 심정으로 고향 선산에 어머니 유택을 마련하였으며, 어머니 은혜를 영원히 기리는 심정으로 묘비명을 다음과 같이 썼다.

'근검절약과 인덕을 신조로 평생을 살아오신 어머님을 영원히 기리고자 양지바른 언덕에 이 비(碑)를 세웁니다. 1927년 음력 5월 6일에 태어나, 지극한 아내와 자애로운 어머니로 평생을 사셨고, 1998년 음력 4월 2일에 유명을 달리하셨다.'

수필가이자 영문학자인 피천득은 「오월」이란 수필에 신록의 계절, 오월을 이렇게 묘사했다. '오월은 금방 찬물로 세수를 한 21살 청신한 얼굴이다. 하얀 손가락에 끼어 있는 비취가락지다. 오월은 앵두와 어린 딸기의 달이요 오월은 모란의 달이다. 그러나 오월은 무엇보다도 신록의 달이다. 전나무의 바늘잎도 연한 살결같이 보드랍다.' 맑고 순결한 신록의 아름다움에서 젊은 날의 외롭고 쓸쓸한 죽음의 기억을 떠올린 작가는 그 죽음의 이미지에 대비되어 신록의 싱그러운 생명력이 더욱 찬란하고 아름답게 느껴진다고 노래했다.

나는 오월이 순결한 신록의 계절이고, 봄꽃이 만발하는 계절의 여왕이라고 생각한다. 하지만 어머니가 돌아가신 달이라 그리움이 사무치는 애절한 오월이다. 어머니 생전에 사랑한다는 말씀을 한 번도 해드리지 못해 더욱 애틋한 오월이기도 하다. 지금이라도 꿈속에서 어머니를 만나면 꼭 이렇게 말씀드리고 싶다.

"어머니 감사합니다. 사랑합니다!"

천도재(薦度齋), 천도제(遷度祭)

윤임덕

이불을 목까지 바짝 올려 덮은 채 어머님은 침대에 꼼짝 않고 누워 계신다. 요 며칠 사이 투쟁하는 방법이 크게 바뀌셨다. 그동안은 자신이 원하는 바를 얘기하며 부탁이니 꼭 그렇게 해달라고 애원하는 듯한 말씀만 하셨다. 그러다 아들 내외가 마음을 맞춘 것처럼 "말도 안 되는 얘기이니 더 이상 꺼내지도 말라."고 강경하게 대꾸를 하면 눈물을 가득 담은 눈으로 가만히 쳐다만 보셨다. 그래서 '우리의 말이 옳다고 인정하시나 보다.' 가볍게 여기며 무시해 버렸다. 그런데 어머님은 우리가 기분이 좋아 보인다고 느껴지는 날엔 어김없이 소원이라며 같은 얘기를 꺼내셨고, 우리 또한 요즘 세상에 무슨 소리냐며 딱 잘라 거절하기만 했다. 서너 달이 넘는 시간을 그렇게 한 발자국도 나아가지 못하는 입장 차이가 계속되었는데 며칠 전부터 마음 약한 며느리와 자식의 감정을 흔들기로 작정을 하신 것 같다.

식사도 하지 않고 침대에서 일어나지를 않으신다. 저러다 병이라도 나면 어쩌나 걱정스러운 마음에 자꾸 말을 걸며 일어나서 식사를 하시라 재촉하였더니 갑자기 이불을 홱 걷고 벌떡 일어나며 땅이 꺼질 듯 휘파람 소리 같은 한숨을 크게 뱉으신다. 그 서슬에 가슴이 철렁하며 당장 무슨 일이 벌어지는 것이 아닌지 불안한 마음에 어찌 줄을 모르겠다.

"사람이 이렇게 힘들어 죽을 것 같은데 어미 소원 한번 못 들어주느냐?"며 소리를 지르신다. 지금 어머님의 모습은 다른 날과 다르다. 당장 어떤 행동을 실행할 것처럼 험악한 표정을 지으며 똑바로 노려보신다. 눈빛 속에 절절함이 느껴진다. '어떻게 해야 좋을까!' 도움을 청하듯 남편을 쳐다보지만 남편은 말없이 돌아 앉아 TV만 보는 척한다. 어머님의 투쟁은 동서의 첫 번째 기일을 지나면서 시작되었다.

작년 5월 어느 날, 손아래 동서가 사망하였다는 비보를 받았다. 아직 쉰 살도 되지 않은 젊은 나이에, 스스로 극단적인 선택으로 세상을 떠났다고 했다. 가슴이 먹먹하여 장례식이 끝나고도 한동안 헤어나지 못하는 상태가 계속되었다. 동서는 예쁘고 싹싹하며 시댁 식구들의 비위를 잘 맞춰 주는 장점을 가진 사람이었는데 뜻밖에도 10년 전부터 희귀 질환인 '섬유근통'이라는 질병을 앓게 되었다. 이유 없이 온몸 여기저기에 통증이 나타나는데, 그 고통이 너무 크고, 무력감과 불면증의 증세가 동반되어 일상생활을 유지할 수 없는 상태가 지속된다고 했다. 고통의 정도를 가늠할 수 없는 이들이 보기엔 그래도 동서는 잘 견뎌내고 있는 것처럼 보였다.

그랬는데 조금도 나아지지 않는 병세에 지치고, 절망하고, 오랜 시간 투병생활로 인한 경제적인 어려움도 겹치자, 동서는 함께 고통을 감내하는 가족들에게 짐이 되지 않겠다는 결심을 한 것 같다. 그동안 '너무 무심했구나' 하는 미안함과 함께 '오죽했으면!' 하고 이해하는 마음을 갖다가도 극단적인 선택을 하였다는 것에 대해 불편한 감정도 느껴졌다.

처음 비보를 받고 어머님께 극단적인 선택을 하였다는 내용만 빼고 동서의 사망 소식을 알려드렸다. 10년 가까이 투병 중이었기에 어머님은 당연히 동서가 섬유근통으로 사망한 줄 아신다. 슬프고 안타깝기는 하지만 사람의 힘으로 어떻게 할 수 없는 일이니 그냥 받아들였고, 얼마 지나지 않아 어머님을 비롯해 우리 모두 평범한 일상으로 돌아왔다.

비밀은 영원하지 않고 언젠가는 밝혀지는 것인 것 같다. 49제에 참석했던 어머님이 동서가 극단적인 선택을 하였다는 얘기를 듣고 오셨다. 어머님은 사실이 아니길 바라는 듯 "니들은 알고 있었느냐?" 라고 물으셨다. 그렇다고 대답하자 큰 충격을 받으신 듯 한동안 멍한 표정으로 앉아 계시더니 더 이상 아무 말씀도 하지 않으셨다.

그런데 동서의 일 년 상이 지나면서부터 어머님은 무당을 찾아 굿을 해달라는 얘기를 꺼내기 시작했다. 어이가 없었다. 무당을 찾아가 굿을 해달라니! 요즘 세상에 가당키나 한 일인가? 처음엔 장난인 듯 그저 웃으며 무시했다. 그런 다음 호랑이 담배 피울 적 사람들이나 하던 일이라며 쓸모없는 일임을 각인시켜 마음을 돌리려 애썼다.

그러나 우리의 노력만큼이나 어머님의 고집 또한 끈덕지고 흔들리지 않으셨다. 서너 달의 시간이 흘러가는 동안 어머님의 요구는 점점 더 집요해졌다. 나중엔 "죽은 며느리 귀신이 어깨에 올라앉아 있어 무거워 일어날 수가 없다."며 침대에 누워만 계셨다. 그 말을 들으니 섬뜩한 느낌도 들었고, 인공위성이 우주를 날아다니는 시대에

저런 무지한 사고를 가졌다며 기막혀했다. 그러면서 우리는 조금씩 허물어지고 있었다. 극단적인 선택은 가까운 가족에게 전염처럼 이어질 수도 있다는 글을 어디선가 읽은 기억이 나서, 또 같은 일을 당할까 두려움이 앞섰다. 결국 "어머님 마음이 편해지신다면 원하는 대로 해드리자."고 어머님의 투쟁에 손을 들고 말았다.

무당을 찾아 굿을 한다는 것은 너무 싫고 힘든 일이었다. 그런 비과학적인 일을 해야 한다고 생각하면 화가 나기도 했다. 이런 어려움을 지인에게 얘기했더니 절을 찾아가서 죽은 동서를 위해 '천도재'를 지내 주라는 이야기를 했다. 얘기를 듣고 보니 무당을 찾는 일보다 훨씬 덜 무속적이며 깔끔하다는 생각이 들었다. 어머님께 천도재 이야기를 꺼냈고, 승낙을 받아냈다. 몸이 불편한 어머님을 위해 거리가 가장 가까운 곳에 있는 절을 찾아가서 천도재를 부탁드리고 시간과 날짜를 정하고 돌아왔다.

천도재를 지내기로 약속한 날, 사전 지식이 전혀 없는, 완전 무식한 상태 그대로 어머님을 모시고 절을 찾았다. 무릎 연골을 수술하신 어머님은 무릎을 구부리지 못해 그냥 의자에 앉아 계시라 하고, 넓은 법당 바닥에 방석을 깔고 앉았다. 스님 복장을 한 남자 다섯 명이 와서 재를 준비하는데 붉은 천을 두른 이가 스님이고, 나머지 네 명은 '거사'라고 불렀다.

매달린 큰 북을 치면서 천도재가 시작되었다. 스님이 징을 치면서 염불을 외운다. 스피크 장치가 잘 되어 있어 넓은 법당에 소리가 크게 울린다. 부처님 앞의 단상에 과일이랑 음식이 높은 키로 가득 차려져 있고, 단상 아래 한편에도 여러 종류의 과일과 음식이 차곡차곡 키높이로 쌓여있다. 거사 중 한 명이 내게 단상 아래 상 앞에서 수도 없이 절을 하라고 이르고, 일어났다 앉았다를 반복시킨다. 손을 합장하라 하고, 술잔을 올려라 한다. 의식에 대해 전혀 알지 못하는 내가 답답한가 보다. 거사에게 절은 언제 해야 하느냐? 슬며시 물었다. 동서가 살던 주소나 이름이 나오면 무조건 절을 하라고 귀띔한다. 시키는 대로 따라 했다. 거사 중 한 명이 태평소를 분다. 다른 거사 둘이 양손에 바라를 들어 머리 주위를 돌리며 춤을 춘다. 절을 하다 신기해서 넋을 놓고 구경을 했다. 네 명의 거사가 염불을 외며 줄을 지어 걸어간다. 나더러 따라 오란다. 맨 꽁지에 줄을 맞춰 여기저기를 따라다니다 또 절을 했다.

지금 내가 무엇을 하고 있는가? 꼬리를 따라가며, 절을 하며, 생각해 봤다. 굿을 하고 싶다며 투쟁을 벌이던 어머님은 다리가 불편하다는 이유로 의자에 가만히 앉아 있는데, 안된다고 반대를 부르짖던 나는 셀 수없이 많은 절을 하고 '이렇게 저렇게' 시키는 대로 다 하고 있다.

어머님은 지금 어떤 생각을 하고 계실까? 문득 심술부리듯 궁금한 생각이 들었다. 눈물로 얼룩진 얼굴에 미안함을 더해서 어찌할 바를 모르겠다는 표정으로 바라보고 계신다. 어머님은 당신보다 먼저 떠난 며느리가 불쌍해 천도재를 지내 달라 고집했는데 '애꿎은 둘째 며느리를 고생시키는구나', 미안해하는 것 같다. 울컥 어머님이 가엽게 여겨진다. 그동안 마음고생이 얼마나 심하셨을까!

천도재를 지내기 잘했다는 생각이 든다. 갑자기 염불을 읊는 스님의 목소리가 청아하며 듣기 좋다. 징을 두드리는 소리가 신나는 음악처럼 들린다. 스스로 삶을 끊은 원귀는 구천을 떠돌다 악귀가 된다고 했는데 오늘 동서는 모든 걸 용서받고 한 마리 푸른 새가 되어 좋은 곳으로 날아가고 있을 거라는 생각을 했다. '동서, 이제 아프지 말고 좋은 곳으로 가서 편안하게 잘 지내.'

어머님은 자꾸 "미안하다. 미안하다."를 반복하신다. "어머님, 오늘 고생하셨어요. 동서는 좋은 곳으로 갔을 거예요." 집으로 돌아오는 차 속에서 어머님의 손을 꼭 잡아 드렸다.

기흥성(奇興聲) 뮤지엄

김정의

지난 5월 초순, 나는 이름도 좀 생소한 기흥성 뮤지엄을 찾았다. 미국에 사는 아들이 10일간의 한국 방문을 했을 때다. 막내딸은 제 오빠의 짜인 일정 중 2박 3일은 저희 부부의 플랜에 따라 양평에서 즐기자고 못을 박았다. 거기엔 짙푸른 산이 병풍처럼 두른 그들의 휴양처가 있어, 주말이나 휴일엔 친지들이 더 좋아라고 먹거리 싸들고 찾는다 했다. 딸은 그 쾌적한 자연 속에서 엄마, 오빠와 함께 지낼 몇 날을 손꼽으며 함께 가볼 주변의 명소도 골라 두었던가보다.

2년 넘는 동안 코로나로 인해 섬에 갇힌 듯 답답하던 중, 아들딸과 함께하는 시간은 소풍가는 어린이처럼 신이 났다. 사위가 운전하는 차에 타고 그들이 안내하는 맛집에서 색다른 음식을 들며 환담을 나누는 기쁨이라니. 할 수만 있으면 그들과 함께하는 시간이 더는 가지 못하도록 질긴 줄로 꽉 묶어두고 싶었다.

아들은 인터넷 검색으로 양평에서 가볼만한 몇 군데를 점찍었다. 맨 먼저 유명 고찰 용문사로 향했다. 그 절엔 원효대사가 심었다고도 하고, 마의태자가 망국의 한을 나무로 남겼다고도 전해지는 천년

수령의 은행나무가 있다. 오랜 풍상으로 숭숭 구멍 뚫린 천연기념물 제 30호 앞에서 기념촬영을 해둔다. 다음으로는 두물머리 둘레길이며 연꽃으로 알려진 세미원에 앞서, 이름도 생소한 '기흥성 뮤지엄' 이었다. 양평을 드나드는 딸도 그 곳은 처음 방문이라 아는 바가 없다기에 우리는 잔득 호기심을 안고 찾아갔다.

기흥성 뮤지엄은 양평군 강하면 남한강 근처 한적한 곳에 자리하고 있다. 3층 건물 안으로 들어서자 우린 그만 눈이 휘둥그레졌다. 익히 알려진 유명 고적과 유물 등이 어느 만큼의 비율로 축소 제작되어 실물처럼 우리를 맞는다. 국내 뿐 아니라 국외 곳곳의 이름 있는 장소와 실물을 모형으로 만나는 또 하나의 작은 세상이 펼쳐지고 있었다. 무척 다양하고도 이채로웠다.

안내인의 친절한 설명에 귀를 모았다. 기흥성 뮤지엄은 설립자 기흥성 회장께서 50년간 심혈을 기울여 제작한 1,000여 점의 국보급 작품이 순환 전시되는 국내 유일의 모형전시관이다. 이토록 귀한 곳을 이제야 찾다니 어쩐지 미안하고 죄송한 생각이 들었다.

제1전시장인 지하 1층엔 황룡사지9층목탑, 미륵사지9층목탑, 경복궁 등 한국의 전통 고 건축과 구 서울역, 중앙청 등 근대 건축 작품이 빽빽이 들어 있다. 행여 작품에 부딪칠까 조심스럽게 발걸음을 떼었다. 2층엔 세계 초고층 건물, 평양시가지 및 세계 곳곳의 수집품을 전시중이며, 종이접기와 모형제작 강의 등 교육 체험장과 기프트샵으로 운영할 예정으로, 남한강을 바라보며 차를 마실 수 있다.

제2전시장엔 1층 뮤지엄 레스토랑에서 이탈리아 음식을 기본으로 한 퓨전 요리와 와인을 들며, 홀 곳곳에 전시중인 작품과 수집품을 식사하면서 감상할 수 있다. 또한 녹색 정원에서 야외 공연과 조각품을 보며 강변 공원까지 산책도 한다. 본관 옥상의 카페노을은 탁 트인 넓은 시야로, 남한강의 아름다운 모습이 한 눈에 잡힌다. 연인들의 저녁 데이트 장소로도 우주 멋지겠다.

모든 모형 작품은 과거인 동시에 현재이며, 현재를 담아 미래를 기획하는 창조적이고 과학적인 노력의 산물이라 생각 된다. 기흥성(奇興聲) 선생은 1938년 황해도 옹진에서 태어나, 모형제작의 외길을 걸어온 한국모형계의 선구자로 평가받고 있다. 건축, 토목, 자동차, 공장시설, 항공, 선박, 가전제품에 이르기까지 그의 손을 거친 모형은 헤아릴 수 없을 만큼 많다. 60년대 우리나라 최대의 토목공사인 경부고속도로 모형부터 63빌딩, 88올림픽주경기장, 영종도신공항, 평촌, 분당, 일산신도시 개발모형에 이르기까지, 그는 모형을 통해 대한민국 근 현대 역사와 국토개발의 일익을 담당해왔다. 유실되어가는 문화재를 모형으로 복원하는 일 뿐만 아니라, 미래에 일어날 다양한 문제를 예측 대비하는 것도 그의 중요한 사명이다. 그는 국적과 지역을 가리지 않고, 세계로 뻗어가고 있다. 당나라 시안성 복원모형과 남아공 월드컵경기장, 평양 시가지 모형 등의 대작이 그의 손을 거쳤다.

2013년엔 대한민국 문화예술명인에 선정되어, 건축 디자인의 문화발전에 이바지하고 있다. 8순 중반의 연세로 지금도 후학을 기르고 있다. 정직한 장인의 자세로 새로운 가치를 창조하는 일, 모형제작의 꿈을 향한 그분의 노력은 저 남한강물처럼 멈춤 없이 이어지리라.

세상 곳곳엔 이렇듯 놀라운 일을 묵묵히 해내는 보석 같은 분들이 있다. 작은 세상에 커다란 꿈을 담은 기흥성 뮤지엄. 그곳 여러 모형작품들은 신의 솜씨로 빚은 듯 볼수록 감동을 자아냈다. 작품 손상을 피하려 어린이는 보호자의 동행을 요하고 있다. 자라나는 학생들이 이곳을 많이 찾아 그의 장인정신을 본받으면 얼마나 유익하랴. 꿈을 향하여 자기가 하는 일에 혼신의 열정을 쏟는 자는 아름답다. 신념은 기적을 낳고 노력은 천재를 낳는다는 말이 실감되는 뮤지엄이다.

땅거미 질 무렵. 노을빛 물든 남한강을 차창 밖으로 바라보며 처소로 돌아오려니, 찰랑찰랑 마음의 양식이 잔뜩 고인 기분이다. 모든 사람을 위하여 가슴 두근거리는 삶을 살기로 작심한 장인이 있어, 우리 모두가 행복하다. 멀리 가지 않고도 여러 명소와 유물 등을 실물과 진배없는 모형으로 한꺼번에 볼 수 있었다니.

아침 해가 뜨고, 저녁에 지는 해를 함께 보며 기쁨을 누리던 아들딸은 또 저희들 둥지로 경쾌히 떠나리라. 기흥성 뮤지엄의 감격을 간직하고서….

"애들아, 너희도 능력에 불을 붙여 자신의 잠재력을 극한까지 발휘하며 살아라."

황혼의 어미는 기도로 중얼댄다.

유두(乳頭)의 반란

배정화

20대 초반 대구 J회사에 취직이 되었다. 고향 친구 정현이가 옆집 자취방을 구해줘 외롭지 않은 사회생활 첫발을 디딘다. 자취방은 협소했다. 정원이 넓어 꽃들이 만발해 예뻐서 거주하게 된다. 입사 동기였던 박현주와 친해 늘 붙어 다녔다. 2년 될 무렵 주인집 동생이 군제대로 D회사 입사 시험 치려 누나 집에 자주 와 있었다. 마루 지나면 거실이라 부딪히게 되면서 1년 동안 련(蓮)을 짝사랑했다고 고백을 받는다.

어느 날 미국에서 온 사돈이 영화관람 데이트 신청을 한다. 노랑머리 사돈, 미국 생활이 궁금해 데이트신청을 수락했다. 심야 통행금지 시간을 놓친 것도 한참 후에 알게 되었고 계획을 짰다는 것도 후에 알게 되었다. 한 둥지에 자주 부딪히게 되면서 자연스럽게 가까워지게 되었고 결혼을 해주지 않으면 죽겠다고…. 못 먹는 술을 먹고 방문 앞에 쓰러지곤 한다. "정말 죽을까?" 겁이 났다. 집착이 남달라 결혼만은 하지 않으려 했었다. 그러나 끈질긴 동정애로 하는 수 없이 숙명 같은 결혼을 성당에서 하게 되었다. 연애시절 여전했던 집착은 의처증으로 변했고 인내심으로 버틴 2년을 시달리고 보니 한계에 봉착하게 된다. 이별을 요구했다. 차라리 이혼하려면 같이 죽기를 원했다. 할 수 없이 모든 것을 내려놓기로 했다. 빈손으로 탈출해야 해방과 자유를 찾을 수 있을 것 같아 고심 끝에 결심했다.

가출한 지 며칠이 지났다. 아장아장 걸으며 품에 안기던 아이가 눈에 밟혀 미칠 것만 같았다. 이유식으로 간간이 젖을 물렸건만…. 그마저 아이가 빨지 못하니 젖이 불어 유두 통증이 생겨 잠을 이룰 수가 없었다. 젖을 말리려 약을 복용하며 흡입기로 시도했지만 시원하지가 않았다. 아이가 빨아야만 견딜 수 있을 것 같았다. 하지만 그런 이유로 돌아가고 싶지 않았다. 아니 참아야 했다. 하나를 포기한 대신 또 다른 하나가 나를 채우기 위해서 기다리는 중이라는 압박이 가슴을 눌렀다. 고통이 서너 달이 이어지니 머리가 아파 터질 것만 같았다. 참기 힘들어 병원 의사에게 상담을 요청했다. 사람 입으로 빨아주겠다고 내원하란다. 의사에게 차마 유두를 내미는 것이 부끄러워 포기하고 말았다.

서예 강사이던 동생은 서실을 운영한 언니를 도우며 어머니를 모시고 모녀끼리 행복한 나날이 시작되었다. 통증 완화를 위해 유두 마사지하는 딸을 물끄러미 바라보더니 어머니가 틀니를 뽑는다. 오물오물 빨기 시작했다. 시원히 빨지를 못해서 감각이 없었다. 그래도 포기하지 않고 유두를 내밀며 시원하길 기다렸다. 시간만 흘러갔다. 이튿날 아침 밥상을 받아놓고 엄니는 밥을 먹지 못하고 있었다. 딸이 마음 아파할까봐 표현을 안 하고 있었다. 유두 마찰로 입술이 불어터져 있었다. 딸의 고통을 함께 나누려고 애를 쓴 모성애의 사랑은 더욱 깊어만 갔다. 언니가 소식을 듣고 대신 빨아준다 하여 유두를 내밀었다. 시원하게 빨지만 젖이 나오지 않는데 침이 고이니 젖인 줄 알고 연신 침을 뱉고 있다.

아이의 생일이 돌아왔다. 엄니 몰래 방 한구석에 쪼그리고 앉아 케이크를 붙들고 하염없이 눈물을 뿌린다. 두고 나올 수밖에 없는 것은 빈손이었고 아이를 치켜 올리며 입으로 소변을 받으며 애지중지하는 아빠를 생각했다.

아이 그리움을 떨쳐버리려 서학 공부를 몰입하게 된다. 몸을 혹사해야 잠시나마 잊고 지낼 수가 있었다. 20대부터 다시 시작했던 서학이 아이 그리움을 달래는 유일한 낙이 되어갔다. 어제도 오늘처럼 변함이 없는 일상인데…. 어느덧 40여 년 세월에 묻혔건만 아직도 아장 걷는 세 살 아가의 모습이 뇌리 꽂혀 그때의 반추에 머물고 있다.

집 앞에서 놀던 아이가 잠깐 사이 보이지 않아 아이 이름을 부르며 쫓아 다녔다. 울던 아이를 보고 미장원에서 보호하고 있었던 것이다. 미친 듯이 품에 와락 안긴다. 눈물을 뿌리며 아이 뺨을 때렸는데 아이는 울지 않고 엄마를 달래주듯 고사리 손으로 뺨에 흐르는 눈물을 닦고 있다. 아이를 상사(想思)하지 않으려 애써 지우는데 몸부림의 세월 시간에 멈춰 버렸다.

피나는 노력에도 지팡이 없이 일어서기 힘든 사회 구성 속에서 운좋게 행운이 따라줬다. 인덕과 스승 복이 있어 예술의 끈을 이어받는다. 그러나 배신과 사기를 몇 번 당했던가?

순탄한 삶이었다면 예술작업에 혼을 바치지 않았을지도 모른다. 호사다마(好事多魔)는 늘 따라다니는 벗이 되고 있었다. 배고파야 맑은 령(靈)이 붓끝에 들어와 작품을 만들어준다. 멀고 긴 가파른 언덕을 넘고 골이 깊은 능선을 넘어서야 했다. 고분(孤憤)한 삶을 견뎌낸 원동력은 아이 덕분이었다. 가출하게 만든 원인은 남편이었지만 그것은 나의 운명이지 결부로 연결하고 싶지 않다. 기억의 영상들을 심사(心思)의 지우개로 지워버렸기 때문이다.

가출하면 개고생이다, 각오했지만 살벌한 사기 천국으로 변질되어 가는 사회. 모순을 보며 돈 욕심으로 양심에 먹칠한 그들을 볼 때 돈으로 살 수 없는 경험들이 나를 키우게 했으니 개고생 한 것이 행운이 되어 돌아왔다. 값진 체험과 경험으로 참 인생을 깨달고 배운다.

포기하지 않고 용기 있게 일어선 자가 개천에 용 난 사람이 아닌가? 시련의 아픔 세월이 유두의 반란을 잠재웠다. 개천에 엎어져 자빠지던 용이 서서히 기지개를 펴려 꿈틀거린다.

나무 할머니와 김남택 신도비

조한금

우리 집 옆에는 몇 아름의 정자나무가 서 있다. 삼동갖은 몸매에 웅숭깊은 귀티 하며 사방으로 아름답게 뻗은 원형의 가지가 여인의 몸매처럼 그리 예쁠 수 없다. 나는 수시로 그의 품에 들 때마다 "나무 할머니!" 하고 부른다. 늘 푸근하고 정겨워 진짜 외할머니 같다. 그 옆으로 정자가 있고 그 옆에 우리 집이 나란히 있어 나는 이를 묶어 3종 세트라 한다.

외국에 나가 있는 고등학생인 외손녀 클레어가 서너 살 적에는 아비 사업 잘되게 해달라고 '할머니 나무' 앞에서 앙증맞은 고사리손을 모았고, 그 어미는 나무 둘레에 막걸리를 부으며 '나무 할매'의 영양도 챙겼다.

이 느티나무는 군에서 보호하는 보호수 20호로서 '수령 350년'이란 표지석이 세워져 있다. 1982년이라 쓰여 있으니 40년이 지난 지금은 만 390세인 셈. 나무 둘레에 스테인리스 울타리를 멋지게 두르고 서 있는 땅 위의 모습만큼이나 땅 밑으로도 웅장하게 뿌리가 뻗어갔을 터이니 400년의 노구를 지탱하려면 수분이며 지하의 면적도 그만큼 확보하고 서 있으리라.

그런데 3년 전, 마을 안길 가꾸기 사업으로 정자나무 둘레에 플라스틱 판자로 마루를 깔았다. 그 위에 탁자를 겸한 벤치를 빙 둘러놓고 나무 앞쪽엔 운동기구도 서너 대 설치해 공원으로 만들었다. 마을 사람들뿐만 아니라 오가는 길손 누구라도 정담 나누며 음식도 먹을 수 있는 공간이 조성되어 쾌적한 환경이 더할 나위 없이 좋다. 그러나 나무뿌리에는 빗물이 들어가지 않아 해롭다는 판정으로 마루를 뜯어내야 한다니 결국 사람들의 생각이 짧았음을 자인하게 했다.

정자나무 둘레의 청소는 노인 일자리의 몫이다. 매월 며칠씩 품매는 노인들은 7, 80대로 그중 한 할머니는 윗마을에서 정자나무까지 불편한 걸음으로 내려왔다 올라가기 힘들다며 하루 일당을 포기했단다. 딱하다. 83세인 그녀는 몇 년 전 시난고난 아프던 영감님과 사별했다. 여니 때처럼 자고 일어나 아침 준비해놓고 밥 먹자고 침대로 가보니 침대 밑으로 떨어져 이미 숨져있더라고 했다. 혼자서 얼마나 황당하고 당황했을지 이게 농촌 노인들의 현주소다. 일제 강점기에 태어나 어려서 해방을 맞았고 6·25전란 후의 흉년과 보릿고개까지를 넘느라 학교는 문턱에도 못 가본 채 늙었다. 신문물의 낯섦에 매사 주눅 들어 사는 지금 세상이 얼마나 겁나고 답답할지. 부모에겐 극진히 효도했으나 정작 본인은 늙고 병들어 있어도 다섯이나 되는 자식 아무도 곁에 없다. 그 세대를 일컬어 '말초' 세대라 한다. 부모에게 효도했던 마지막 세대요, 자녀에게는 효도 못 받는 처음 세대라는 뜻이다. 옛말에 한 부모는 열 자식을 거느려도 열 자식은 한 부모를 섬기기 어렵다고 했던가.

노인들은 국가에서 주는 국민연금과 노령연금, 거기에 노인 일자리의 수입까지 합하면 혼자서 먹고살기는 넉넉한데도 몸에 밴 절약 정신은 자신만을 위해 선뜻 돈을 쓰지 못한다. 게다가 혼자 먹자고 만들기 귀찮다며 대충 때우니 부실한 섭생은 인지장애가 와있는 지금 좀 전의 일도 기억 못해 자꾸 딴소리다. 그런데도 자식들의 방문을 극구 사양하는 것은 치매 판정받는 순간 요양원에 보낼까봐 매사를 또래의 이웃집 할머니에게 의지해 산다. 그러잖아도 최근 3년 사이에 돌아가신 70세 이상 남녀 노인이 여덟 분이나 되니 마을의 노인회장을 맡은 나로선 그분의 고독사가 늘 염려된다.

외지 출타했다가 돌아올 때면 나는 티맵에 우리 집 주소 대신 '김남택 신도비'를 친다. 그러면 정자나무 앞에서 목적지에 다 왔으니 안내를 종료한다고 네비가 말한다. 대체 김남택이 누구지? 혁혁한 전공을 세우고 전사한 이 마을 출신 군인쯤 되나? 늘 궁금했었다. 그런데 그 궁금증이 장수문화원에서 '스토리텔링' 공부 중에 풀렸다. 장수를 2덕 3절 5의의 고장이라고 한다기에 2덕이 누구를 칭하냐고 물으니 백장 선생과 황희정승이란다. 귀촌한 지 십수 년이 지났어도 장수의 역사에 대해 아는 게 없고 또 일러주는 사람도 없었다.

정신재 백장(靜愼齋 白莊) 선생은 고려말의 공민왕 때 대제학을 지낸 성리학자로서 이성계가 조선을 건국하고 벼슬을 내렸으나 조선 창업에 참여할 수 없다고 거절하였고 이방원이 또 벼슬을 내려도 마다한 죄로 장수로 유배된 분이라는 것. 황희 정승 또한 양녕대군을 내치고 충녕을 세자로 책봉하는 일에 반대한 죄로 남원부 장수현으로 이기 했던 분으로 정신재와 방촌을 2덕이라 일컬으면서도 그 발자취에 대해 범군민적으로 기리는 행사 하나 없다. 오직 논개만을 내세운 장수는 그동안 무엇을 했는가 싶었다. 그리고 김남택 신도비가 오래전부터 우리 집 옆 정자나무 뒤쪽에 세워져 있어도 60년 살았다는 마을 사람들조차 누군지 모른다고 한다.

손재 김남택(遜齋 金南澤) 선생은 백장의 손녀사위로 목은 이색에게서 수학했으며 조선 초기의 세종조에서 예조 판서를 지낸 함창김씨의 중시조라고 했다. '신도비'라 함은 임금이나 고관의 무덤 앞이나 무덤으로 가는 길목에 세워 죽은 사람의 공적을 기리는 비석을 말한단다. 황희정승과는 세종조에서 같이 벼슬을 지낸 유학자로서 8살 위인 방촌 황희(厖村 黃喜)정승이 김남택 판서를 칭송하는 시조

'군자가 天意를 체득하고 哲人은 사기를 살폈도다. 만약 시우의 윤택이 있다면 만물은 스스로 빛나리라.' 할 만큼 친한 사이였다는 것.

장수는 6가야 이전의 '장수가야' 유적지이며 조선 중기까지 귀양 온 선비들이 많은 후학을 양성한 선비의 고장이었음을 이제라도 군민에게 알려 자라나는 아이들에게 자긍심을 심어야 할 것이다. 아직 미발굴된 가야유물과 기발굴된 철기들, 출토된 말 편자며 발굴 복원한 삼봉리 고분의 왕릉도 함께 2덕 3절 5의의 발자취를 유네스코세계문화유산으로, 또 4백 년 이상 된 각 면의 고목이며 고인돌 등의 유적을 찾아내 세계자연유산으로 등재되도록 힘써야 한다. 그러면 세계 최고의 유산을 골고루 보유한 멋진 문화의 고장 장수가 될 것이다.

오래된 나무는 그늘을 만들어 많은 이를 그 넓은 품 안에서 쉬게 한다. 나도 나이를 먹고 보니 그동안 보이지 않았던 내 모습이 보인

다. 젊은 날 사랑으로 품어야 했던 많은 이들을 옳고 그름의 잣대로만 쟀다. 그 단계를 넘어야 도달하는 곳이 넉넉하고 너그러움의 사랑이라는 품인 걸 그땐 몰랐기에 우리 아이들 성장기에 너무 엄했던 어미였음을 미안하게 생각한다. 치솟아 오르려고만 했던 젊은 날의 경쟁심을 다 내려놓은 지금에야 낮은 곳이 보인다. 고은 시인의 시 「그 꽃」처럼….

내려갈 때 보았네/ 올라갈 때 보지 못한 그 꽃

그대를 사랑하기엔

박정미

젊은 날의 추억은 그리움을 선물로 안겨준다. 노년의 그리움을 아는 듯 소담스레 만개한 긴기란의 꽃향기가 상큼하다. 겨울만 되면 거실 앞 베란다에는 추위에 약한 화초들이 자리다툼을 하며 옹기종기 모여 따뜻한 봄날을 기다리고 있다. 사계절 꽃이 피고 지는 제라늄 분홍꽃과 빨간꽃도 다정하게 어우러져 조화롭다.

나는 이 화초들과 정분이 났다. 혹여 어디 아픈 데는 없는지, 목말라 하지는 않는지, 하루에도 몇 번씩 눈을 맞추며 애정 어린 마음으로 지켜본다. 예쁘고 생기 넘치는 화초들은 내 젊은 날의 모습을 보는 듯 정겹고, 싱싱한 화초들은 학창시절 다정했던 친구들 모습을 연상케 한다. 인생의 소중한 추억들이 그립던 어느 날, 지인이 보낸 동영상을 열어보았다.

영화 '로마의 휴일' 명장면들과 명배우들의 열연을 짧게라도 감상할 수 있어 좋았다. 한 장면 한 장면이 오버랩 되는 그때 그 시절 우리들의 애창곡 '노노레타, 노노레타, 빼라마르띠, 노노레타(당신을 사랑하기엔 내 나이가 너무 어려요)' 이태리의 예쁜 소녀 가수 질리오라 칭

게티는 피아노 반주에 맞춰 청순가련한 목소리로 노래한다. 아련한 추억들이 다가와 눈시울을 뜨겁게 적신다. 나한테도 아직 이런 감성이 살아 있었나? 잊고 산 줄 알았던 그리움이 파도처럼 밀려와 내 젊은 날의 얘기를 들려준다. 가슴에 촉촉이 젖어 드는 눈물은 세월이 가져가 버린 젊고 발랄했던 그때를 보상받고 싶은 눈물이었을까? 어느 작가는 "눈물이 난다는 것은 그만큼 내 삶을 사랑 한다는 증거라고, 왜 사냐고 묻는다면 아름다운 눈물 한 방울을 흘리려고 산다."고 했다.

1960년대 중반부터 유행했던 이 노래는 당시 선풍적인 인기곡이었다. 그때 우리는 가수의 감성까지도 흉내 내며 따라 부르기를 좋아했다. 학창 시절 나에겐 친한 친구 두 명이 있었다. 우리는 셋이서 죽을 때까지 지금 이 모습, 이 우정 변치말자고 굳게 약속했다. 우리는 여중・고등학교를 같은 동네에 살면서 껌딱지처럼 붙어 다녔다.

말희라는 친구는 중학교 때부터 전교생 중 한 명만 뽑는 음악장학생 이었다. 또 한 친구 연이는 전교 학생회장을 했다. 말희는 초등학교 때부터 방송국에서 주최하는 콩쿠르대회에서 항상 대상을 받았다. 무대에서 노래하는 그의 모습은 예쁜 인형 같았다. 연예인 기질이 다분한 친구였다. 당연히 남학생들 선망의 대상이었다. 더군다나 딸 부잣집 넷째 딸 막내여서 언니들을 따라 하다 보니 또래보다 훨씬 조숙했다.

연이는 공부를 잘했지만 나를 부러워하기도 했다. 나는 다른 과목은 부진했지만 영어수학 성적만은 항상 내가 우수했다. 그렇게 우리는 학창 시절을 보냈다. 우리들의 취미는 노래 부르기, 음악 감상,

영화 보기였다. 영화를 보고 난 후에는 일부러 동네 좁은 골목길을 걸으면서 느낌을 얘기했고, 주인공들의 명장면을 회상하며 주인공이 되기도 했다. 달밤엔 적막한 쉼터에 모여 앉아 가곡과 팝송 부르기를 좋아했다. 셋이서 작은 목소리로 화음을 맞춰 아는 노래를 하염없이 불렀다. 물론 그때도 우리들의 애창곡은 어김없이 '노노 레타'였다.

두 친구하고는 여학교 졸업과 동시에 이별하게 되었다. 그들은 직장을 구해서 상경했다. 열심히 돈 벌어서 야간 대학이라도 가겠다는 그 꿈을 이루기 위해 서울 생활을 했다. 말희는 고3때 국문법 담당 S대 출신 총각 선생님과 우리 두 사람에게만 공개하고 비밀 열애를 했다. 서울 생활 2년 후 그 선생님과 결혼한다는 소식이 왔다. 연이도 열애 중이라고 말희를 통해 들었다. 22살 어린 나이에 결혼한 말희의 첫아이 돌 무렵에 나는 서울 가서 예쁘게 잘사는 신혼의 모습을 보았다. 그런데 이듬해 말희 어머니는 청천 벽력같은 말희 사망 소식과 장례를 치르고 왔다는 비보를 전해 주었다. 나는 너무 황망해서 한동안 넋 나간 사람처럼 살았다. 우리는 한때 '운명아 비켜라. 내가 간다.'를 주술처럼 말하기도 했는데, 둘째 아이의 잘못된 임신 때문에 중절 수술 중 마취에서 깨어나지 못한 의료 사고였단다.

말희는 결혼 날을 잡아놓고 고향에 내려와 잠시 머물렀다. 그때도 우리는 매일 만나 수다를 떨었고 서울 생활 이야기를 많이 했다. 그때 말희는 결혼 결정을 할 무렵 지인과 함께 역술인을 찾아갔는데, 역술인은 대뜸 하는 말이 이 결혼 절대 하면 안 된다고 극구 반대하더란다. 만약 결혼하면 3년 안에 사별 아니면 이별이라고 예언했단다. 그 이야기를 듣고 나와 우리 언니는 너무 두려워서 결혼을 취소하라고 간곡히 말렸다. 하지만 말희는 흘려들었다. 이미 돌아설 수 없는 언약 때문에 말려도 소용이 없었다.

역술인은 연예계로 나가면 대성한다고 했고, 결혼하려면 좀 더 능력 있는 상대를 만나라고 했단다. 결혼 3년 만에 이 무슨 변고란 말인가? 꽃다운 나이 24살에. 연이도 23살에 결혼했다. 연이가 서울에서 살 때 우리는 만나기만 하면 말희가 보고 싶다고 울었다. 연이는 30년 전에 미국으로 가족과 함께 이민 가서 살다가 작년에 세상을 떠났다는 소식을 들었다. 다정했던 두 친구는 안타깝게도 저세상으로 떠났다.

나는 두 친구보다 늦은 나이 26살에 외가 친척 오빠의 중매로 결혼했다. 아주 평범한 가정을 이뤄 50년이란 인생여정을 함께 살아가고 있다. 올해 금혼을 맞아 아들네와 함께 동해안의 겨울바다를 여행하며 여유로운 즐거움을 누렸다. 내 삶을 돌이켜 보면 부족하지도, 넘치지도 않은 아주 평범한 삶이었다. 가장 평범한 하루가 가장 행복한 하루이듯이 나의 평범한 삶이 감사하고 또 감사하다.

노을은 아름답지만 아쉬움을 남기고 떠난다. 이젠 다정했던 친구들은 떠났지만 우리들의 우정은 노을빛 그리움으로 남아있다. 지금은 나를 행복하게 반겨주는 이 화초들이 친구가 되어 날마다 눈 맞춤을 하며 산다. 부르다 보면 젊어지는 노래 '노노레타, 노노레타, 빼라 마르띠, 노노레타' "당신을 사랑하기엔 내 나이가 너무 어려요."가 아니라 "이젠 그대를 사랑하기엔 내 나이가 너무 많아요."이지만 이 노래에 대한 낭만 감성만은 여전히 그대로이다.

모과를 꿈꾸는 가을

공화순

모과의 빛깔은 가을에 딱 맞는 색을 띤다. 노랑이라고 하기엔 뭔가 부족하고 연둣빛 감도는 황색이라고 해도 꼭 맞는 색깔은 아니다. 지난가을 모과는 내게 큰 위로가 되었다. 베란다에 가지를 가까이 뻗고 봄부터 겨울까지 수시로 변화하는 모습을 보여줬다. 어룽어룽 봄기운이 키 작은 풀꽃들을 피우고 나면 모과의 가지에도 푸른 싹이 돋는다. 잎이 먼저 활짝 펼치고 움츠렸던 꽃봉오리도 수줍게 속을 연다. 내가 좋아하는 산호색으로 초록 잎 사이에 숨듯이 드문드문 피어 있는 꽃잎은 수줍은 색시 같다. 잎에 비해 적은 꽃잎은 과하지 않아서 사람들의 시선도 지나치기 일쑤다.

어느 결에 꽃잎이 무성한 초록 잎 사이에서 보이지 않으면 작은 초록의 열매가 달린다. 여름이다. 비에 젖고 바람에 견딘 열매는 몸을 불리며 잎 사이에서 쥐죽은 듯 붙어 있다. 어쩌면 기특하기도 하지. 유독 푸르고 무성한 모과 잎 사이에서 점점 커지는 열매를 보며 긴 여름을 나도 함께 견뎠다. 올해는 유독 우울감이 잦아 절반 이상을 아무 일도 못 하고 흘려보냈다. 코로나 바이러스로 도서관 문은

닫혔고 일도 끊겼다. 그런 내게 모과가 들어왔다.

가지에 몸을 박고 비바람을 이겨내는 모습이 의연하다. 힘을 내야지. 서둘러 인문학 동아리를 시작하고 책을 읽기 시작했다. 그렇게 여름을 무사히 보낼 수 있었다. 가을이 되자 제일 먼저 화살나무가 빨갛게 타오르고 벚나무에 단풍이 들기 시작했다. 하지만 모과나무는 꿈쩍 않고 여전히 초록을 뽐내고 있다. 아직 무성한 초록 잎 사이로 말간 연둣빛의 커진 열매가 잘 있다며 얼굴을 보여준다. 아, 벌써 저렇게 커졌구나. 나도 여름내 읽은 책들을 부지런히 쌓아 올렸다. 그리고 금세 모과는 다른 빛깔을 띠기 시작했다. 나무들은 겨울준비로 한창이다. 잎을 덜어내고 헐렁해진 가지 사이로 겨울이 성큼 오는 듯했다.

모과나무도 만반의 겨울 채비를 서두르는 듯, 무성했던 초록 잎들이 뒤늦게 물들기 시작했다. 그리고 열매는 달덩이처럼 불어 가지에서 환하게 빛난다. 이제 부끄러운 듯 숨어 있던 모과의 모습이 아니다. 보란 듯이 가지에 우뚝 솟아 당당하다. 아, 저 위용! 유난히 올해 더 실하고 고운 빛깔을 자랑하고 있다. 잦은 비바람에도, 코로나 바이러스에도 아랑곳없이 황금빛으로 빛나는 열매를 바라보며 감격에 젖는다. 봄부터 가을까지 지켜봤던 모과나무가 노력도 하지 않고 늘 좋은 것만 바랐던 내 욕심을 깨우친다. 부끄럽다.

이곳에 사는 내내 늘 그 자리에 있던 나무인데 올해 유독 가까이 다가왔다. 내 가까이에 늘 있어서 소홀했던 것들이 어디 이뿐이랴. 무엇보다 시시각각 변화하는 모습으로 많은 것을 깨우쳐준 모과에게 고마운 마음이 크다. 우울할 때 위로가 되고 뽐내려 하지 않는 모습에서 겸손함을 배운다. 지금까지 남들에게 조금은 베풀며 살아왔다고 생각했는데 갈 길이 아직 멀다고 느끼게 해준다. 아니, 어쩌면 이런 생각을 갖는 것조차 오만한 것이리라. 모과의 한해살이를 통해 인간의 삶을 바라보게 된다. 아무리 발버둥 쳐도 모든 것은 자연의 순리를 거스르지 못한다. 모과는 초록 속에서 꽃을 피우고 가지에 몸을 깊이 박고 단물을 덜어내며 비바람도 단단히 버텨냈다. 늦가을 잎들이 다 지고 나서야 비로소 달처럼 환하게 빛났다. 나도 이 자리에서 기꺼이 시간을 받아내야지. 때가 되면 익을 날도 오겠지. 올해 더 유난히 모과의 빛깔이 눈부시다.

길, 그 경계에

한 정 희

먼발치에서도 줄이 꽤 길다. 양손을 움켜쥐고 달음박질이지만 제자리걸음이다. 숨이 턱까지 차고 다리가 제멋대로 논다. 서둘렀건만 또 밀려나게 생겼다. 간격을 두고 줄 꽁무니에 엉거주춤 매달린다. 안도의 숨을 쉬면서도 불안하기는 매한가지다. 꼼짝없이 기다리는 수밖에.

뜬금없는 마스크가 화젯거리다. 한두 장도 구하기가 하늘의 별따기란다. TV서는 약국 앞에 늘어선 인파의 영상을 연신 내보낸다. 때로 자리다툼을 벌이는 풍경도 비친다. 게다가 지방 우체국까지 달려가 간신히 다섯 장을 구했다는 친구의 귀띔이다. 강 건너 불 보듯 하다 몸이 단다. 뜬금없는 '코로나19'가 마스크 주가를 올리려는 모양이다.

마침 일주일에 두 장씩 마스크를 판매한다는 보도다. 그런데 지난번에 이어 오늘도 줄이 버스정류장을 점령했다. 춘분이 코앞인데 바람은 왜 그리 쌀쌀맞은지. 계절이 겨울과 봄 지경에서 오락가락 하나보다. 바람모지에 맨 끝으로 매달린 내 모양새가 날씨만큼이나 심란하다. 고작 마스크 두 장 때문에 이 난리를 치다니.

시내버스가 정류장에 멈출 때마다 승객들이 진풍경을 내다본다. 그 표정을 쉬 읽을 수 없지만 동병상련이라 믿고 싶다. 다만 버스의 안과 밖으로 구분 될 뿐이다. 생소한 이 상황에서 얼른 벗어나고 싶지만 외려 내 앞에서 마스크가 동이 날까 걱정이다. 또 한 끗 차이로 허탕 치느니 숫제 포기하고 싶다. 하지만 선택의 여지가 없다. 마스크는 필수다.

그새 사람이 늘어 꼴찌를 면했다. 설마 내 차지는 오겠지. 그때 내 뒤의 젊은 여자가 슬며시 빠져 약국으로 향했다. 하마터면 나도 따라나설 뻔 했다. 뱃심 좋게 새치기 한 줄 알았는데 되돌아와 대뜸 "아휴, 간당간당 하네." 하고 한숨을 쉰다. 아마 간을 본 눈치다. 예상대로 나는 어중간하니 경계에 걸친 게 분명하다.

경계. '사물이 어떠한 기준에 의하여 분간되는 한계' 그러고 보면 우리는 평생 경계에서 서성이는 지도 모른다. 어머니와의 끈 탯줄이 끊기고 자궁 밖으로 떨어지는 순간 무수한 선을 넘나들어야 하는 숙명과 마주치는 것이다. 그때의 첫 울음은 모름지기 세속과 대응하려는 웅변이자 본능 일게다.

삶의 정체가 선이요 경계다. 정규직과 비정규직, 임대인과 임차인 등 다양한 사회적 대칭에서 삶을 영위한다. 차별과 불공평한, 구분된 경계에서 처절하게 몸부림친다. 학연과 지연에 밀리고, 권력과 금수저에 의해 금 밖으로 내쳐진다. 사방에 걸림돌이 늘비하다. 하여 내 의지와 상관없이 갑과 을로 분류되고 만다. 그때마다 상대적 박탈감으로 흔들리고 추락한다. 결코 공평하지 않은 부조리한 현실이다.

선은 불편한 진실이다. 때로 삶의 바탕이자 버팀목이 되기도 한다. 목숨 걸고 치열한 경쟁을 하는 경우도 없지 않다. 자신과 가족을 위해 끊임없이 도전해야 한다. 혹 터무니없이 경계를 무시하고 야망을 쫓다보면 상대를 짓밟을 수밖에 없다. 하여 지름길을 택할 수도 있다. 그렇다고 확고한 자리나 신분상승이 보장되는 것도 아니다. 길이 아님을 감지했을 때는 이미 화살이 시위를 떠난 뒤다. 끝내 인간성을 회복할 수 없는, 업(業)을 짓고 만다. 그것은 불문가지다.

TV드라마 한 장면이 떠오른다. 아버지가 이혼 한 딸에게 그 연유를 묻는다. 서슴지 않고 '성격 차이'라고 한다. 차이, 형체가 없는 마음의 차이는 내적 결함 즉 벽이요 경계다. 인간사에는 어떤 형태든 벽이 존재하기 마련이다. 그렇다고 모든 벽이 부정적일 수만은 없다. 어쨌든 벽은 상황에 따라 허물어야 한다는 생각이다. 부실한 벽을 무조건 떠받힌다 하여 능사가 아니다. 새살이 돋으려면 옹이를 과감히 도려내야한다. 겉으로 드러난 경계 못지않게 마음의 벽도 경계해야 함이다.

대인 관계도 결코 무시 못 한다. 막역한 사이라고 분별없이 나서면 낭패를 당하기 쉽다. 관계가 흔들리면 틈이 나게 마련이다. 또한 나와 다르다 하여 입에 올리는 것은 외려 자신의 결핍을 드러냄이다. 적어도 사람대접을 받으려면 타인의 작은 허물을 눌러보고 적당한 간격도 필요 하느니. 마음을 경계하고 성찰해야 함은 오롯이 자신의 몫이다.

얼마 전 서넛이 차를 마시다가 무안을 당했다. 한심한 것은 한마디 대거리도 못했다. 내 잘못을 시인한 꼴이 돼 여러 날 분한 마음이 가시지 않았다. 그러던 차 문득 '아'라고 말한 것을 상대가 '어'로 들을 수도 있겠거니 싶었다. 마주 앉아서도 소통이 안 되고 장애가 발생한다는 것을 실감했다.

요즈음 시력을 비롯해 모든 감각 기능이 부쩍 떨어졌다. 음식 간도 들쑥날쑥 한다. 아이돌 노래는 정신사납고 도통 알아들을 수가 없다. 의사는 대뜸 나이를 들먹인다. 이제 그의 선을 벗어난 게다. 지하철서도 관심 밖의 존재다. 하나같이 스마트 폰에 열중하거나 이어폰을 낀 채 깊은 사유에 들었다. 손잡이에 매달려 흔들릴 때마다 되레 그들에게 폐가 될까 민망하다. 젊음과 나이 듦. 그 경계에서 자꾸 쇠해지는 나를 부여잡는다.

눈에 보이지 않는 선. 시도 때도 없이 인간사에 끼어든다. 그러나 삶의 정확한 잣대는 없지 않은가. 행과 불행의 구분은 마음에서 짓는 것. 명백한 것은 선, 경계는 절대 붙박이가 아니라는 게다. 하여 우리는 늘 '고도'를 기다리지 않는가!

무사히 약국을 들러 나서자니 뭇 시선이 따라온다. 그들과 나의 명암이 엇갈린다. 뜻하지 않은 바이러스와 마스크 대란까지. 결코 하찮은 것은 없을진대 평소 사소한 것들을 홀대한 것 아닌지. 그간 무심히 맞은 일상이 중함을 알게 됐다. 이런 때일수록 서로경계를 늦추고 상생해야 하지 않을까.

마스크 두 장, 그 온기가 온몸으로 스민다.

3.

가을날의 환상

아, 엄마

심봉구

정말입니다. 엄마를 생각하는 것은 고통스러운 일입니다. 칠순 나이인 지금도 그렇습니다. 도대체 엄마를 어떻게 사랑하는지 방법도 모르고 살았습니다. 겨우 예순을 살고 가셨는데 서로 살갑게 마주한 기억이 없습니다. 곰곰 생각하면 그렇게 된 연유를 찾을 수는 있겠습니다. 조부모님은 병자년 대홍수에 숟가락 하나 건지지 못하고 깊은 산골로 들어옵니다. 아버지 나이 열세 살이었답니다. 화전민 생활이 시작된 겁니다. 세월이 흘러 허접한 집에 땅뙈기도 제법 일궜지만, 여전히 찢어지게 가난합니다.

그런 집의 팔 남매 맏이에게 엄마가 시집온 것입니다. 열악한 환경에 자식 둘을 연달아 잃지만, 실컷 울 수도 없습니다. 고모, 삼촌들 시집 장가보내고 분가시키느라 뼈 빠지게 고생합니다. 아버지가 삼척 시멘트 공장에 취직하자 자식들을 데리고 수구재를 넘어 산골을 탈출합니다. 그런데 아뿔싸, 둘째인 나를 할머니에게 맡기고 맙니다. 엄마 젖을 놓지 않으려는 형 때문에 나는 좁쌀죽만 먹고 할머니 쭈그렁 빈 젖을 물고서야 잠잤답니다. 그게 사단이었습니다. 삼척 단칸방 사정도 딱하여 할머니도 나를 남기라고 허락한 겁니다. 그렇게 국민(초등)학교 졸업할 때까지 조부모님과 셋이 살았습니다.

엄마는 한 해 두 번 정도 나를 만나러 산골로 옵니다. 검정 고무신, 낙하산 양말, 공책, 연필 따위를 가지고 옵니다. 그윽한 눈으로 한참 동안 나를 바라볼 뿐 다정한 말도 없습니다. 나도 미칠 듯 엄마가 보고 싶었지만, 덥석 안기지도 못합니다. 산골 아이의 습성이기도 하지만 할머니의 눈치가 보입니다. 엄마와 할머니가 다툴 때도 있습니다. 빈약한 곳간 곡식을 뒤져 이것저것 챙겨가려는 엄마의 행동이 화근입니다.

6·25전쟁 끝난 지 얼마 안 된 시점이니 모두 어렵고 심성도 각박할 때입니다. 체구가 자그마한 할머니는 연신 구시렁대지만 결국은 덩치 크고 한 성깔 하는 엄마가 이깁니다. 엄마가 언덕 아래로 내려가면 슬픔이 어린 가슴을 짓누릅니다. 그때부터 할머니는 혀를 차며 엄마 흉을 늘어놓습니다. 나는 몹시 듣기 싫어 괜히 지렁이만 꼬챙이로 자꾸 굴리며 괴롭힙니다. 생각해보니 개미도 괴롭혔습니다. 미물만 만만하니까요. 죄받았는지 나는 자라지 않고 꼬챙이같이 자꾸 말라갑니다. 꾀죄죄한 얼굴엔 허연 마른버짐이 가득합니다. 반찬이라고는 된장 한 가지. 감자 박힌 좁쌀밥을 소화하기엔 너무 허약한 아이였습니다. 하지만 지독한 외로움과 그리움이 어린 심신을 삭정이처럼 마르게 했음을 아무도 모를 겁니다.

컴컴한 새벽, 할아버지의 기침과 독한 담배 연기가 손잡고 공습하면 어린아이도 일어나야만 합니다. 할머니는 소죽을 끓일 것입니다. 손주가 밥을 먹는지 마는지 상관없이 그분들은 곧 휑하니 산으로 밭으로 갑니다. 따라가 밭가에 앉아 있으면 따가운 햇볕에 너무 괴롭습니다. 빈 오두막집에 혼자 있는 게 그나마 낫습니다. 벌과 나비가 날아다니는 모습은 일상이니 전혀 흥미롭지 않습니다. 큰 풍뎅이가 방안에 들어와 왱왱거리고 파리 떼가 시신인 줄 알고 끈질기게 달라붙으니 낮잠을 잘 수도 없습니다. 우두커니 앉아 있으면 문지방 가까이 구렁이가 스렁스렁 기어갑니다. 기겁하여 낡은 문을 닫고 오돌오돌 떨 뿐입니다.

어느 해 초여름 오후, 느닷없이 엄마가 왔습니다. 어떻게 만났는지 모르겠지만 지게를 진 남자와 함께입니다. 인삼을 팔러 다니는 사람이었습니다. 가느다란 뼈에 가죽만 남은 자식의 몰골이 안타까워 인삼 장수를 데리고 온 것입니다. 햇보리 퍼주고 푸른 이끼 덮은 인삼을 받으려는 순간 할아버지가 마당에 들어섭니다. 눈치를 챈 할아버지의 벽력같은 고함이 연거푸 찌렁대고 벌건 얼굴로 엄마가 쩔쩔 변명하지만 소용없습니다. 장수는 보릿자루 팽개치고 인삼을 거두어 순식간에 달아납니다. 풍비박산입니다. 엄마는 한참 동안 눈물을 펑펑 쏟고 일어나더니 요기도 않고 돌아갑니다. 나는 미칠 것 같았습니다. 엄마가 더 미웠습니다. 이런 사단을 만든 게 엄마라고 여겼기 때문입니다. 울고 떠난 엄마도 참 불쌍합니다. 뒤뜰로 돌아가 울면서 또 미물들을 괴롭힙니다.

그해 겨울, 벌건 저녁노을이 걸린 수구재를 만삭의 엄마가 내려옵니다. 울고 떠났던 엄마가 차가운 땅거미를 밀며 설설 기어서 내려옵니다. 삼척 읍내 다섯 식구가 사는 됫박만 한 방에서 해산할 수는 없기에 어쩔 수 없이 산중 우리 집에 온 것입니다. 이틀 후쯤 출산

할 줄 여겼을 겁니다. 살얼음이 깔린 수구재에서 그만 넘어져 아픈 배를 부여안고 기어온 것입니다. 저녁도 못 먹고 엄마는 식은땀을 흘리며 산통을 꽉 깨뭅니다. 상황을 판단한 할아버지는 십 리 떨어진 삼촌 집으로 피신합니다.

겨울밤 생살을 찢고 날뛰던 엄마의 산통은 바람벽을 뚫고 날아가 감나무 마른 가지에 걸려 몸부림칩니다. 일곱 살 내 그림자는 희미한 등잔불 저 켠에서 문고리를 붙잡고 바들바들 떱니다. 얇은 할머니의 실루엣만 동동거리고 가쁩니다. 도저히 엄마 같지 않은, 단말마의 몸부림 같은 길고 긴 신음의 시간이 하염없이 흐릅니다. 비릿한 냄새가 확 풍기고 미끈한 액체가 발바닥을 적실 때 기어이 참았던 울음을 꿀럭꿀럭 토하고 말았습니다. 그때 엄마도 사산으로 끝을 냅니다. "지지배다." 낮고 축축한 할머니의 말 한마디가 아련합니다.

새벽 퀴퀴한 어스름 속에 마주친 그 무엇, 죽음. 아무도 울지는 않았습니다. 할머니는 호미를 챙겨 들고 아장걸음을 끌고 새벽을 털며 불룩한 망태를 지고 나갔습니다.

엄마는 가슴을 풀어 젖을 짜고, 깡마른 내 손을 끌어 마시라 합니다. 퀭한 눈망울, 엄마의 애원이 무서워 부들부들 떨며 사발을 듭니다. 둥둥 떠 있는 그 무엇, 여린 죽음. 그만 사발을 놓치고 엉엉 웁니다. 엄마도 꺼억꺼억 웁니다. 문풍지가 무섭게 떨었습니다. 기껏 두어 평 공간에서 생긴 일입니다.

그날 밤 그 처절한 살풀이로, 내 삶의 고비마다 가시덤불 치워준 뜨거운 핏줄 세 여자. 아, 구천 어디메쯤 가 있을까요. 몹쓸 사춘기 시절에서야 잠깐 엄마와 살았습니다. 짜증내고 속만 썩이다가 아주 헤어졌습니다. 심신의 고갈로 엄마는 쉰 넘어서부터 병치레가 심했습니다. 추석날, 병석에서도 애타게 기다린 듯 물끄러미 나만 쳐다봤습니다. 돌아가겠다고 하니 갑자기 엄마는 경련을 일으켰습니다. 난 생처음으로 엄마를 안았습니다. 곧 눈을 감고 털썩 손을 놓으시더군요. 고맙다는 말도, 사랑한다는 말도 한 번도 못 드렸는데 말입니다.

천의(天意) 조화

윤옥희

아름다움이란, 사람이 보고 느끼며 사랑하기에 아름다운 것, 그중에도 인간의 꽃이 첫째라고 하겠다. 다른 사람들이 말하는 것을 들으며 배우고, 글을 읽으며 성장한다. 그래서 글쓰기의 '왕도'는 좋은 글을 열심히 읽고 본받아 쓰는 것이다. 좋은 작품들을 쓰는 비결에 관해서, '영국 과학 소설작가, 아서 클라크'는 나는 열심히 쓴다. 글이 열심히 쓰여 지지 않을 때는, 열심히 읽는다고 했다. 어떤 학생이 '라이너스 폴링'에게 좋은 아이디어를 얻는 비결에 대해서 물었다. 노벨상을 두 번이나 받은 폴링은 대꾸했다. 많은 아이디어들이 있는데 나쁜 것은 버린다. 그렇다. 작가는 많이 읽고 많이 써야 한다. 아름다움의 적절한 말 '모국어'의 중요성 왕도는 실제로 가는 것은 쉽지 않다. 남의 글을 읽는 것은 힘들고 스스로 글을 쓰는 것은 더 어렵다.

아름다움이란 하늘에서 내린 천의(天意) 조화 사람보다 더 아름다운 조화는 이룰 수 있는가? '인간은 남자와 여자가 분별하고' 사람은 먹어야 살아가는 조화를 이루는 것이다. 먹을거리란 식량 중에도 제일의 곡식 '쌀과 보리'가 있다.

쌀과 보리는 인간의 식량에 제일 비중을 차지하지만 만남의 조화도 인간의 아름다움에 비유되어있다. 남녀를 구분하듯이 예사롭지 않은 것을 증명해준다.

나는 자랄 때 할머니의 말씀 중에 사담(私談)으로 듣던 이야기 중 "여자는 눈꽃이요, 쌀밥같이 보드라워야하고, 남자는 보리밥처럼 거칠어도 된다."라고 하시며, 쌀과 보리에 성품이나 자라는 과정에도 비유의 말씀을 하시면 고개를 숙이고 앉아 들었던 기억을 되살려본다.

벼(쌀 · 米)와 보리와의 궁합에 대하여 신기하고 재미있는 남과 여(男女)에 대한 이야기를, 쌀은 여성의 성질을 지니고 있으며, 보리는 남성의 성질을 지니고 있다.

그러므로 벼에는 수염이 없으나, 보리는 거친 수염을 품 내고 우쭐댄다. 그리고 쌀밥은 보드랍고 감미로워서 보기에도 반질한 마음을, 먹기가 좋으나. 보리밥은 거칠고 우직하여 쌀밥처럼 달콤하지 않다. 조물주의 섭리는 참으로 오묘하고 조화롭다.

'물과, 불'은 서로 상극이면서도 둘이 만나지 않고는 아무것도 이룰 수 없게 섭리해 놓았다. 그와 같이 여성과 밭은 화성(火星)이며, 남성과 논은 수성(水性)인데, '남성인 보리는 화성 여성인 밭에서 생육하고' 여성인 벼는 수성 논에서 생육한다. 이는 곧 남녀 간에 서로 다른 이성이 없이는 정상적인 삶을 영위하기를 할 수 없음을 보여준다.

또한 흥미로운 것은 여성인 벼는 어릴 때부터 성장한 묘판에 그대로 두면 제 구실을 제대로 못함으로 반드시 남성의 집인 논으로 옮겨 심어야 한다. 보릿고개 봄철인 모심는 날이면 '묘판의 모 시집보낸다' 하며 잔칫날이었다. 남자들은 모를 뽑아 물이 잔잔한 논에 줄을 대고 한 포기씩 옮겨 심으며 흥타령 노래 가락과 함께 모판의 모를 조금씩 나누어 한 포기씩 옮겨 심어야한다.

집안의 여자들도 들에 밥을 내 보내고 이웃 간의 정담을 나누며 못밥 잔칫날이었다.

그와 반대인 남성인 보리는 싹이 난 바로 제자리에서 옮기지 않고 계속 자라며 살아가게 된다. 이들의 생태는 여성은 시집가서 살아야 정상적인 여자구실을 할 수 있고, 남성은 성장한 자기 집에서 살아가는 것이 원칙인 성장임을 일깨워 주는 조화로움이 아닐까?

'여성들의 가장 큰 비애(悲哀)가 시집가는 일이라고도 할 수 있으나, 그것은 조물주의 깊은 뜻에 의한 섭리임을 깨달아야 할 것이다. 옛 시대에는 간혹 아들이 없거나, 재물이 많으면 딸자식을 내 집에 두고 사위를 맞아들여 살게 하는 부모들을 볼 수 있었는데, 이렇게 되면 딸은 여자의 본분을 지키기를 제대로 할 수가 없으며, 사위도 또한 남자의 구실도 떳떳함을 제대로 할 수 없게 되었다.

'벼와 보리' 어릴 때는 똑같이 고개를 숙이지 않으나 보리는 익어도 고개를 숙이지 못하는 천성이 있지만, 만약 고개를 숙인다면 쓸모없는 쭉정이라 입에 오르내린다.

여성은 나이가 들고 교양이 있어 속이 찬 쌀의 몸이 불어나면, 스스로 자신을 낮추는 미덕을 갖게 되며, 이런 여성들은 품성을 갖춘 예절, 숙녀로 현모양처라 할 수 있다. 그렇듯 여성인 벼는 익을수록 고개를 숙이듯 나이든 여성들은 남성들의 천성(天性)을 통해 이해하게 되므로 머리를 숙이듯 이해하고 참아준다. 여성의 그런 성품 덕분에 가정에 평화가 있고 변함없는 부부의 애정을 지킬 수가 있다.

여물을 시간이 지나도 고개를 숙이지 않고 서있는 벼 이삭인 것은 체통을 지키지 못한 여인과 같고, 보리는 고개를 숙인 것은 제대로 여물지 못한 쭉정이 남성에 비유 한다. 또한 고개를 숙일 줄 모르는 연인, 속이 차지 못한 경우가 더러는 있음도 가화(家禍)의 바탕은 아내에게 달려있다. 남편을 굴복 시키려는 생각이나 맞서려는 생각보다, 잘 익은 벼가 머리를 숙이듯이 미소와 애교로 부드러운 무기를 사용한다면 아내에게 굴복하지 않을 남자는 아마도 드물 것이다. 조물주(造物主)의 이치를 깨달으며 벼는 수염은 없으나 꽃은 아름답다.

껄끄라운 보리의 수염은 남자의 건용하고 우직한 체통이 있지만 벼의 꽃은 한낮의 햇볕에 아주 잠깐 확 피었다 지는 것, 부지런한 농부도 활짝 핀 벼꽃은 태양의 기를 받아 순간적으로 볼 수가 없다고 하였다. 땅과 같은 모성애의 꽃.

아름다움이란 것, 수염이 하얀 할아버지 손자들 거느리고 전답을 돌아보는 논두렁 고개 숙인 벼, 책을 들고 달빛에 글을 읽는 문학소녀, 무엇이든 배우려고 앞장 서는 그런 사람, 세상에 제일 아름다운 벼꽃은 농부의 눈에 보이지 않는 아름다움이요. 초가을 달빛에 글 읽으니 낭랑한 '천의 조화' 수염이 하이얀 목석같은 남정네 세상에서 제일 아름다운 쌀의 꽃!

*2021년 가을 '서해갯벌' 들에 고개 숙인 벼를 바라보며!

삼베 향기

김익래

올여름 더위는 유난하다.

아내가 삼베 홑이불을 꺼냈다. 매년 여름 꺼내는 이불인데도 그 시골스러운 삼베향이 해가 갈수록 짙게 느껴진다. 이불자락을 끌어올려 코끝에 대어본다. 어머니의 향기다. 듬성듬성한 삼베 한 올 한 올에서 어릴 적 기억이 배어 나온다. 돌매미 소리가 한창이던 한여름 대문 앞 감나무 그늘 밑에서 치자 물로 베 메기를 하시던 어머니, 고추잠자리가 서성대던 초가을 곡간 옆 베틀 방에서 해질녘까지 북을 놀리던 어머니, 밤눈 내리는 한겨울 등잔불 아래서 삼베 옷감 다듬던 어머니, 도화지 없는 풍경화에 삼베 향기가 방안 가득 퍼진다.

6·25남침이 발발했던 1950년 그 시절, 당시 대여섯 살이던 나는 여름이면 마을 어귀에 저수(貯水)시설로 만들어 놓은 포강(물웅덩이)에서 또래 네댓 명과 거의 매일 물장난을 치곤 했다. 포강 뚝 언저리 진흙 둔덕에 맨 엉덩이로 미끄러져 내려가다 풍덩 빠지는 그 재미는 한여름 무더위를 날리는 유일한 피서였다. 당시 그 나이의 사내애들은 여름철이면 물놀이할 때뿐만 아니라 구슬치기나 딱지치

기할 때, 논두렁 메뚜기 잡을 때도 언제나 발가벗은 채였는데 유독 나만이 늘 삼베 팬티 차림이었다. 어머니는 내가 집에서든 물놀이할 때든 어디를 가든 여름철 내내 삼베 팬티를 입혔다. 그 시절 그 삼베 팬티의 잔상(殘像)은 늘 가슴 속에 머물며 어린 시절 고향마을과 어머니에 대한 감성의 샘을 퍼 올리곤 한다.

내가 초등교를 다닐 때나 고등학교 다닐 때도 여름철이면 변함없이 우리 집안 곳곳은 온통 삼베 천국이었다. 우리 다섯 남매는 물론 온 가족의 삼베적삼, 삼베고쟁이, 삼베속옷 거기다가 삼베홑이불, 삼베베갯잇 등등, 만지는 것 보이는 것이 온통 집안에 삼베였다. 어머니는 이 많은 삼베를 짜기 위해 어떻게 매년 길쌈해 내셨을까. 그 거칠거칠한 삼베를 이렇게 부드러운 옷감으로 다듬질하시기까지 얼마나 힘드셨을까. 크고 작은 그 많은 가족의 옷들을 어떻게 혼자 손수 지으셨을까. 나는 지금까지 어머니의 이런 일상에 대해 단 한 번도 관심이나 물음을 가져본 적이 없었다. 그저 우물에는 물이 있고 감나무에는 감이 열리듯 어머니도 삼베도 아주 당연한 존재로 여겼을 뿐이다.

어머니가 1945년에 나를 낳으셨으니 내가 어머니와 함께한 세월은 50여 년이다. 그나마 내가 고등학교를 졸업하고부터 고향을 떠났으니 어머니의 숨결을 곁에서 들었던 시간은 20년이 채 안 된다. 그 20년마저 철모르던 유아기와 짜증과 반항과 투정으로 어머니의 마음을 상하게 했던 사춘기 시절이 전부였다. 어머니가 어떤 존재인지 깊이 생각해본 기억이 없었다. 그저 늘 숨 쉬는 공기 같은 존재였고 목마를 때 마시는 물 같은 분, 밤마다 덮고 자는 이불 같은 존재였을 게다.

그해 여름도 무척 더웠었던 것 같다. 여름방학을 맞아 첫 휴가로 고향을 찾았다. 사관생도 복장이 여름 시골길에 영 어울리지 않았다. 마을 어귀에 들어서니 어릴 적 물놀이하던 그 포강이 장마가 막 끝난지라 흙탕물로 가득 차 있었다. 주변이 많이 다듬어져 옛 모습이 아니었다. 발가벗고 미끄럼 타던 그 진흙 언덕도 보이질 않았다. 대장간을 지나 도랑을 건너니 아니나 다를까. 감나무 밑 그늘에 삼베에 풀을 메고 있는 어머니의 모습이 제일 먼저 눈에 들어왔다. 잡은 손이 많이 거칠어지셨다. 바로 옆 우물가에서 물 한 그릇 떠주시는 어머니의 눈가엔 반가움이 넘쳐흘렀다. 난 그 얼굴에서 난생처음으로 어머니가 참으로 예쁘다는 걸 느꼈다.

왜 나는 그동안 어머니의 예쁜 얼굴을 알지 못했을까, 나르시스였나. 어머니가 예쁘셨는지 못 생기셨는지 키는 큰지 몸매는 어땠는지 관심 가져본 적이 없다. 어릴 적 삼베 옷감 팔려고 시장 가실 때 면경 앞에서 동백기름 머리에 바르실 때 언뜻 본 기억이 전부인 것 같다. 어머님 얼굴은 그저 여느 어머니들과 같은 얼굴일 뿐이었다.

"어머니, 연지 찍고 시집올 때 정말 예뻤겠다. 그치?"

"얘가 더위 먹었나 보다. 얼른 옷 벗고 엎드려라. 등목하자."

그날 저녁, 마당에 모깃불 피워 놓고 강판에 감자를 갈고 계신 어머니 옆에 누워 엄마 냄새에 흠뻑 젖을 수 있었다. 단정히 빗은 머리에 가로 꽂은 은비녀, 도톰한 이마, 깔끔한 삼베적삼, 조선시대 여인 같은 그 모습에서는 꽉 찬 석류 알 같이 빼곡히 쌓아온 알곡 같은 삶의 냄새가 배어 나왔다. 그 냄새는 한(恨)과 인(忍)으로 곰삭은 어머니 삶의 향기로 다가왔다.

집 앞 텃밭 끝자락 목화밭에서 덜 익은 목화꽃망울을 몰래 따먹던 그 목화꽃이 어머니의 손을 거쳐 우리 식구 겨울철 따뜻한 솜이불이 되었다는 것도, 초여름 누나들이 광주리 들고 부지런히 따오던 뽕잎, 등잔불 밝히고 새벽 공부할 때 옆방에서 사각사각 뽕잎 갉아 먹던 그 누에고치가 명주 옷감이 되어 우리의 학비가 되었다는 것도, 빗줄기 속에서도 눈발 속에서도 끼고 지키시던 그 수많은 장독대, 장독들이 우리 가족의 건강지킴이었다는 것도, 어디 그것뿐이랴. 끝이 없다. 도대체 어머니의 하루는 몇 시간이었을까. 어머니의 손은 몇 개며 몸은 몇 개였을까.

어머니는 1997년 10월 아버님과 76년을 해로하시고 아버님이 먼저 떠나신 지 엿새 만에 아버님을 따라가셨다. 두 분을 보내드리던 날 어머님이 손수 지으셔 입으신 삼베 수의는 마치 어머니의 인생을 대변이라도 하고 싶은 듯 황금색 향기를 짙게 뿜어냈다. 가시는 길 고이 감싸 내세에는 편안하게 모시려는 혼이 담긴 향기였다. 나는 그 삼베 향기에 비로소 뒤늦게 철이 든 자신을 발견하고 울컥 울음을 쏟아냈다.

삼베 이불을 머리 위까지 끌어 올려 온몸을 덮었다. 엄마 냄새가 이불속 가득하다. 엄마 품속이 이런 것이었든가. 아늑하다. 포근하다. 스르르 눈이 감긴다.

봉닭

남복희

시간이 있거나 뭔가 시들할 때 속 깊은 친구 찾듯 새로운 전시관을 찾는다. 얼마 전부터 관심이 있는 색채화가 김종학과 분청사기로 작업혼이 증명된 윤광조 도예가의 합작전시 오픈 날이어서 사간동에 위치한 갤러리 두가헌엘 갔다. 왕실 도서관처럼 생긴 조용하고 고풍스런 2층 건물이었다.

전시실 1층 중앙 오픈상차림에 쑥송편과 돼지머리 편육, 막걸리, 김치가 커다란 물빛도자기 접시에 풍성하게 담겨있었다. 지면으로만 알고 있던 박관장이 모습을 나타냈다. 단발 커트 머리에 큰 눈, 부드러운 몸매와 어조, 특히 연보랏빛 상의와 긴 검정 스커트가 인상적이었다. 인사를 나누고 있는데 윤광조 도예가님이 특유의 환한 모습으로 음식을 권한다.

1~2층에 전시된 작품은 50점에 가깝다. 화병에 설악의 여름을 담고 네모진 도판에 가을들녘, 수세미, 설악백호, 황소머리, 말, 금계 등을 그리고 원형도판에 들풀, 민들레가 자연미를 물씬 풍기는 전시작품들이다. 작품을 천천히 보면서 평소에 관심 있던 닭 그림을

보았다.

순진한 눈과 자신을 봉황으로 착각하는 네 벼슬이 왕관처럼 뚜렷하고, 페티코트처럼 꽁지를 부풀린 닭의 모습에 순간 빠졌다. 20x23.5센티의 작은 적점토 판에 귀얄, 대나무 칼로 음각, 투명유로 처리한 '봉닭'은 붓질 사이로 편한 회색이 보인다. 자연스러운 바탕에 소박하고 천진난만함이 어우러진 한국적인 도화 작품이었다.

김화백과 윤광조 도예가님이 '일대일'로 만나 한 사람은 흙을 굽고 한쪽은 쇠못이나 대꼬챙이, 철사 등으로 도판 위에 드로잉하거나 부조로 붙였다. 강한 개성과 외곬 기질이 비슷한 두 사람의 공동 작업한 결과물은 소박하면서도 해학적인 한국전통의 멋과 풍류를 느끼게 한다. 풍류는 고달픈 현실 생활 속에서도 마음의 여유를 갖고 우아하게 삶을 즐길 줄 아는 멋스러운 정취다.

두해 전 가을에 미술 이미지 교실에서 경주 도덕산에 위치한 바람골을 찾은 적이 있다. 외진 곳에서 30년 넘게 작업을 하고 있는 바람골 도인 윤광조님은 첫인상이 부드러운 할머니 모습이었다. 은발을 하나로 묶은, 그러나 눈은 빛이 났다. 손수 만드셨다는 황토방에서 20명 가까운 미술 애호가들에게 작품 할 때의 마음가짐을 '머리는 하늘에 두고 발은 현실에 꼭 붙이라'는 말로 들려줄 때는 건강한 도인으로 비쳐졌다.

자연에서 진정한 자유를 얻고자 하는 그분은 도자기 한 점을 위해 절을 찾고 3천배를 하며 정신을 집중하였다. 심혈을 기울여 흙의 소리를 듣고, 불의 온도까지 알아차리는 데 30년이라니! 예술가의 삶이란 이런 거구나, 하며 깨달음이 많았다.

우연인지 올해 6월과 9월에 방문한 어린이병원에서 설악산 풍경을 네 점이나 봤다. 원색의 힘 있는 김종학 화백의 그림이었다. 희망과 건강한 자연의 모습을 어린이 병원으로 가져온 분의 안목이 높다. 어렸을 적 많이 보아온 수저집이나 방석, 베갯모 등에 청, 홍 노랑 등 오방색 비단실로 자연을 수놓은 민화를 연상하게 된다.

두가헌 전시회에서 만난, 어린이 그림 같고, 금방이라도 뛰쳐나올 것 같은 생동감과 엉덩이 부분을 부풀린 패티코트 차림들, 그리고 그 안에 많은 열매와 이야기가 있는 것 같은 봉닭과의 만남은 우연이 아닌 것 같다. 자신을 상상의 새인 봉황의 수컷으로 생각하고, 그러나 날지 못하는 현실에 적응하며, 언젠가 한번 힘껏 날아보려는 봉닭이 남 같지 않다.

형제가 적은 나는 세 자녀에, 다섯 손자까지, 넘치는 열매를 받았다. 선물이다. 하지만 마음이 울적할 때, 뭔가 새로운 결정을 할 때나 마음가짐을 새롭게 할 때엔 곧잘 미술관을 찾는다. 그림과 대화하면서 쉼을 얻는다.

이번에는 두가헌에서 순진함과 화려함, 꿈으로 가득 찬 봉닭과의 만남으로 의미 있는 쉼을 얻었다. 힘내기다. 다시 시작이다.

통일호 입석

신형식

요즈음에도 통일호 입석표로 짧은 여행을 즐기고 있다. 통일호 입석여행은 내 사회적 위치와는 잘 어울리지 않는다고 생각한다. 그러나 가끔 새마을호 특실 좌석에 앉아서 하는 여행보다 통일호 입석여행을 더 좋아하고 있다. 통일호 열차 칸을 좌석 없이 여행하면 많은 것을 생각할 수 있어서 좋다. 이렇게 통일호 입석으로 여행을 즐길 수 있는 것은 아직은 두세 시간을 견딜 수 있는 튼튼한 다리가 있기 때문이다. 나는 강의를 즐겨하기 때문에 강단에서 정신없이 두세 시간 강의하여도 피곤함을 못 느낀다. 통일호 입석표는 대개 춘천역에서 구하게 된다. 한림대 춘천 캠퍼스에서 일하다가 갑자기 만나고 싶다는 사람이 연락하면 나는 청량리역 근처를 약속장소로 정한다. 대개는 청량리역 앞 롯데백화점 4층 식당가가 약속장소가 된다.

춘천역에서 청량리역까지 입석으로 오는 동안, 지나간 철로를 돌아보며 내 과거 인생행로를 회상하는 일은 컴퓨터 이메일 시대에 추억어린 연애편지를 다시 꺼내 보는 감정과 비슷하다. 동행자가 있을 때, 이들의 행동을 관찰하는 것도 재미있다. 이들은 대체로 권력형,

재력형, 기회포착형, 고통분담형, 체념형 동행자 등으로 나눌 수 있다. (1)권력형 동행자란 통일호 여객전무를 만나서 자기가 이런 사람이니 특히 철도청에 높은 분을 잘 아는 사람이니까 좌석이 생기는 대로, 우리에게 알려주어야 한다고 여객전무에게 통보하는 사람이다. (2)재력형은 어떻게 우리가 통일호에서 입석으로 청량리까지 가야만 하느냐고 주장하면서 당장 내려 택시를 타고 청량리까지 가야 한다고 주장하는 사람이다. 가끔 이런 지인들의 주장에 이끌려 택시를 타고 오는 적도 있다. 대개 춘천에서 청량리까지 택시를 타고 오면 7만 원 정도 지불해야 한다. (3)기회포착형은 대개 안절부절못하며 1호 객차로부터 8호 객차까지 열심히 빈자리를 찾아다니는 사람이다. (4)고통분담형은 열차 안에서 만나는 지인들로서 '신박사님이 어떻게 입석으로 갈 수 있단 말이오'라고 말하면서 자신이 앉아서 가고 있는 좁은 좌석에 어떻게 해서라도 꾸겨서 껴앉아 같이 가자고 하는 사람들이다. (5)체념형은 나 같은 사람들로서 입석표를 가졌으니 좌석은 쳐다보지도 않고 입석여행 그 자체를 즐기는 사람들이다. 내가 좋아하는 기차의 맨 뒤 승강구에서 신문지를 깔고 앉아 지나간 철로를 물끄러미 바라본다. 종이박스를 만드는 골판지가 구해지면 금상첨화격이다. 이런 시간을 얻으면, 나의 모든 사회적 지위, 재산, 명예를 다 벗어버리고 내 기본 인간 자체로 회귀하게 된다. 나도 이 시점에 오기까지 얼마나 많은 통일호 입석여행을 하였던가…! 기차 입석여행을 즐겨하는 내 인간성엔 마조키스트(masochist: 被虐待症)기질이 있는 것 같다. 마조키스트는 자기 자신이 괴로움을 당할 때 쾌감을 느끼는 일종의 정신병적 상태이다.

내가 마라톤대회에 선수로 나가서 어렵게 종착점까지 가는 것이나, 히말라야 안나푸르나 지역 트레킹을 즐겁게 하는 것이나, 종종 늦은 밤이 될 때까지 병리학 연구에 몰두하는 것들이 모두 이 마조키스트의 기질이 표출되는 것이리라. 마조키스트의 반대는 새디스트(sadist: 加虐待症)인데 남에게 괴로움을 주면서 자기는 즐거워하는 사람들이다. 대개 전쟁을 좋아하던 나폴레옹이나 히틀러 같은 사람들이 이에 속한다고 하겠다. 또한 춘향전의 변학도도 춘향이를 고문하며 즐거워 하니까 새디스트라고 하겠다. 피학대증과 가학대증은 대상이 누구이냐는 것만 다를 뿐 근본적으로는 같은 정신기전에서 나온다고 한다. 기차의 맨 뒤에서 신문지를 깔고 앉아서 깊은 상념에 잠겨 본다.

어떤 때는 '남들은 다 좌석표로 편한 인생길을 가고 있는데, 나는 왜 고생스럽게 입석 인생길을 가야 하는가' 하는 원론적인 엉뚱한 생각도 해보게 된다. 청량음료를 마시고 난 후에 느끼는 아주 시원하고 상쾌한 청량감! 그 기분을 내 인생길에서 느낄 수 있는 청량리역도 얼마 남아 있지 않다고 생각하고 있다. 비록 입석표지만 교통체증도 전혀 없고 지름길로 통하는 궤도 위에서 달리고 있다는 생각에 즐겁기만 하다. 또한 이런 고행(?)을 버틸 수 있는 건강한 신체가 있음에도 감사하고 있다.

아침 이슬

홍승만

부서질 듯 영롱한 물방울을 받쳐 이고 밤새 내려와 앉았다. 풀잎, 꽃잎, 나뭇잎 위에 알알이 맺히고 얹히어 투명한 미소를 보낸다. 고인 큰 물방울은 작은 깨우침을 준다. 반짝이는 구슬 속 뭉쳐진 아름다운 에너지가 내게 전해온다.

스치는 바람결에 혼자 흔들리는 풍경소리, 고요가 깃든 산사의 아침이 열린다. 아침 준비로 텃밭을 찾는 동자승의 바짓가랑이에 풀잎 이슬이 어김없이 인사를 한다. 흠뻑 젖은 바지 자락에도 아랑곳하지 않고 태연하다, 허공을 떠도는 온갖 슬픔과 서러움을 품에 안고 풀잎에 맺혔다가 가벼운 발걸음에 부서져 흔적 없이 사라져가는 짧고 연약한 삶, 풀잎 위에 이슬을 '맺혔다'라고 표현하는 이유이기도 하다. 그래서 생을 다하지 못하는 생명체의 삶을 이슬처럼 사라졌다고 표현하는가 보다. 새벽이슬에 발을 적셔 본 자만이 깨우침을 얻는다는 말이 있다. 아침 이슬에서 회귀성(回歸性)의 섭리를 얻는다.

우물가 나팔꽃 위에도 이슬이 맺혔다. 그 영롱함으로 희망의 미소를 보낸다. 한때 억압에 매여 아프던 시절, 사람들은 진주보다 더 고운 맑고 투명한 아침 이슬을 희망의 노래로 부르기도 했다.

내 맘에 설움이 알알이 맺힐 때 아침 동산에 올라 작은 미소를 배운다.

자연으로부터 받은 은혜로 빚어진 투명한 구슬 덩이가 찌들은 영혼을 달래주리라며 응원하는 노래이다. 못내 떨쳐버리지 못한 한도 품었으련만 긴 밤 지새우며 차가운 바람 지문으로 씻어 내고 진주보다 더 고운 반짝이는 이슬방울이 되어 꽃 위에 얹혀 작은 미소를 보낸다. 아침 이슬만이 보여 주는 경이로움이다

미세한 액체 분자가 한데 모인 것을 '고였다'라고 표현한다. 온 세상의 사랑을 품으로 안아 주려는 넉넉함이 넘치는 연잎 위 고인 물방울, 이슬처럼 연약하다는 대명사를 부정이라도 하듯 바둑알의 단단함처럼 보이는 투명체, 쉽게 깨어지지도 사라지지도 않을 것 같다.

새벽 나들이 발걸음에 부서져 흐트러지고, 동녘에 떠오르는 엷은 빛살에 말라 작아지다가 품고 있던 모든 것을 날려 보내는 아주 짧은 생이 아니던가. 헌데 연잎에 고인 아침 이슬은 한낮의 따가운 햇살을 받고도 조금씩 작아지기는 해도 이슬방울이 품고 있는 투명한 아름다움은 저녁 무렵까지도 눈길을 모으게 한다. 마치 이슬을 처연하다고 말하지 말라는 경고의 메시지를 보여주듯이 말이다.

세상에 작고 힘 약한 모든 것을 향해 뭉치라는 외침이기도 하다.

구름 품에 안기지 못함을 원망도 했으련만 뒤처진 아쉬움으로 허공에서 밤을 지새우다가 찬바람을 맞아 이슬방울 되어 맺힘으로, 얹힘으로 지친 이들에게 용기와 희망을 안겨주는 이슬. 작은 것의 소중함이 나를 일깨워준다.

옛꿈 · 1

정정근

고교 때 내 꿈은 아나운서가 되는 것이었다.

졸업을 앞둔 11월, 학교에서는 우리 비진학반 아이들에게 등교 대신 어디로든 실습을 나가라고 했다. 급우들 얼굴이 밝지 않았다. 오라는 데도 없지만 가고 싶은 곳도 없다는 것이다. 그러나 학교방송 아나운서를 하고 있던 나는 설렘으로 역전동 언덕 위의 하얀 집 'KBS ○○방송중계소'로 적어냈다. 당시 ○○시에는 아직 개국한 방송국이 없었고, 시내 각 기관에서는 고교 비진학반 학생 1명씩을 실습생으로 받아주는 제도가 있었던 듯하다.

많지 않은 직원들은 모두 친절했다. 내가 학생신분이어서 그랬겠지만 자기들 업무를 한 가지라도 더 가르쳐주려 했다. 나는 내가 배우고자 하는 것과는 상관없는 일이어도, 호기심 가득한 눈으로 선생님선생님 해가며 귀에 담았다. 불혹의 엔지니어출신 소장님은 매 시간마다 콜사인, "여기는 ○○방송중계솝니다. H L C H"를 직접 해보라거나, 틈틈이 방송용 멘트를 써 보라거나, 스튜디오가 비는 시간이면 정식 아나운서한테 교육을 받게 하거나, 오래된 뉴스 뭉치를 꺼내주며 읽는 연습을 하라하셨다. 멘트가 건질 것이 없다며 줄을 좍좍 긋고, 뉴스 연습하는 것을 유리창 저쪽에서 리시버 꽂고 듣다가, "내가 할 줄은 몰라도 들을 줄은 안다 아이가. 학교방송아나운서라면서 그게 뭐꼬!" 하며 야멸차게 나무라셨다. 무안하고 수삽하여 몸 둘 바를 몰랐다. 직원들조차 고개를 숙이고 키득거렸으니 죽을 맛이었다.

학교에서는, "실습 나간 곳에서 허락하고, 너희도 원하면 방학 때도 나가라."고 했다. 급우들 대부분은 방학 전까지만 하겠다고 했다. 그곳에 취직이 될 것도 아니고 급료를 주는 것도 아닌데 뭣 하러 방학까지 저당 잡혀가며 사환노릇을 하느냐는 것이었다. 내가 나가는 곳에는 또래의 남자 사환이 있어 궂은 일 잡일은 그가 다했다. 나는 직원들 책상을 닦고, 꽃병의 물을 갈아주고, 찌든 주전자를 윤이 나도록 닦아 보리차를 끓이고, 방문하는 손님들한테 차 대접을 했다. 볼우물까지 지어가며 그렇게 학창시절 마지막 방학을 보냈다. 보수는커녕 수업료를 내고 다니라 해도 고마울 지경, 아나운서는 내게 직업 이상의 희망이요 활력이었다.

조심스레 꺼낸 제안을 소장님은, "정양이 방학 때도 나오면 우리야 좋지. 보수를 못 줘서 미안할 뿐. 극장에서 연소자입장 표 보내오면 그거나 줄까. 허허허." 하시며 흔쾌히 응해주셨다. 졸업 후 시내 모처에 취직이 되어 서무 일을 보고 있을 때는 일요일 아침 대중음악, 수요일 저녁 클래식방송을 1년 가까이 맡겨주시기도 했다. 15~20분의 짧은 방송이었지만 소중하고 즐거운 추억이다.

포항이 고향이라시던 소장님. "개를 잡으려면 소도 잡을만한 칼을 준비해 놔야 한다. 개나 잡을만한 칼은 자칫, 닭밖에 못 잡을 수 있다."던 말씀은 나에게 금과옥조(金科玉條)다. 꿈을 이루지도 못했고, 다른 일에서도 그렇게 살지 못하고 있지만 반백년이 훨씬 지난 지금까지 잊을 수 없는 조언이다.

특별한 선물

이용섭

오늘은 우리 부부의 결혼기념일이다. 며칠 전 아들 녀석이, 저녁에 외식을 하자고 했다. 겉으로는 자기가 대리로 승진하여 한 턱 내는 거라지만 우리 두 사람의 결혼기념일을 챙기려 한다는 걸 안다. 아들의 나이가 서른셋이니 아내와 내가 결혼한 지 34주년이다. 서른에 결혼했으니, 혼자 살아온 날보다 아내와 함께 살아온 날이 더 많다. 새삼 놀라운 마음으로 아내에게 어떤 선물을 할까 하다가, 예와 달리 글을 선물로 준비해보자는 마음으로 글 문을 열어본다.

고등학교 1학년 때 성당 학생회에서 처음 알게 된 아내는, 같은 학년 깡패(?) 여학생이었다. 주관이 분명하고 자기주장이 강해 주임신부님이 붙여준 별명이었지 싶다. 성당청소, 야유회, 불우이웃돕기 봉사 등 학생회 활동에 관한 의사결정 대부분은 그 여학생이 제안하는 대로 이루어졌다. 오죽하면 주임신부님이 "야, 이 바보 같은 녀석들아, 그래 남학생 여럿이 저 여학생 하나를 못 당한단 말이냐!"며 공개적인 면박을 줄 정도였으니.

그런데 깡패같이 고집스런 여학생이 따뜻한 마음까지 지녔다는 것을 알게 된 계기가 있었다. 함께 학생회 활동을 하던 내 친구 K가 예비고사(지금의 수능시험)에서 실수하여 서울지역 본고사 응시점수에 미달했다. 소식을 전해들은 그 여학생은 매우 안타까워하며, 위로와 함께 격려의 말을 전해주라는 것이 아닌가. 그때 나는, 차라리 내가 낙방하여 위로받고 싶다는 생각이 들 정도였다.

13년간 친구로 지내다 정이 들어 결혼을 전제로 사귀던 어느 날, 그녀가 일기처럼 쓴 편지를 보내왔다. '오늘 아침, 시든 꽃을 뽑아 쓰레기통에 버리려다 도로 꽃병에 꽂았다'라는 구절이 마음에 와 닿았다. 하찮은 것에조차 사랑의 마음을 가진 사람이라면 함께 행복한 가정을 꾸려갈 수 있겠다고 확신하였다.

1985년 결혼식 날도, 오늘처럼 목요일이었다. 늦깎이로 입사해 연수를 마치고 지점으로 부임해 간 지 두 달이 막 지난 때였다. 그 당시 내 선임은 43세가 되도록 과장 승진을 못한 만년 대리 K씨였다. 그런데 K대리는 신입사원인 내가 보기에도 업무에 열심이지 않았고 일처리 역시 미숙해 보였다. 그런 그는 내가 1주일의 결혼 휴가를 신청하자 축하의 인사 대신 '나는 우리 아버지 돌아가시고 닷새 만에 출근했다'며 압박을 주는 것이 아닌가.

신혼여행 내내 K대리의 말이 마음에 걸렸다. 하여 오늘처럼 목요일 결혼식을 마치고 서울로 올라와 1박, 제주도로 건너가 2박, 울산의 처할머니 댁에서 1박을 한 후, 양가 어른들에게 잘 다녀왔다는 인사도 못한 채 닷새 만인 월요일에 서둘러 출근했다. 짧고 숨 가쁜 신혼여행이었지만 아내는 회사 새내기인 내 입장을 이해해서인지 불평 한마디 하지 않았다. 몇 년 후 내가 대리로 승진하면서 본사 발령이 나자 K대리는 갑자기 친절하게 굴었고, 나중에 같은 과장으로 있다가 차장으로 먼저 진급하였을 때는 잘 부탁한다며 공손한 태도를 보이기까지 하였다.

결혼생활 3개월 만에 임신을 한 아내는 매우 기뻐했다. 그러나 그 기쁨은 얼마가지 않았다. 결혼 후 처음 맞는 조부님의 기일, 아내는 혼자서 장을 보아 본가로 갔다. 내가 아직 신입사원인데다 밥 먹듯이 야근하는 회사 분위기 때문이었다. 아직 부엌일이 서툰 아내는 어머니를 도와 음식 장만을 하다가 기름이 흘러 미끄러운 바닥에 넘어졌다. 별 일 아니라고 여긴 아내는 제사차례와 뒷설거지까지 마치고 다음날 오후 늦게야 돌아왔다. 이튿날부터 하혈을 하던 아내는 3주째 되던 날 아침, 아랫배를 부여잡고 고통을 호소했다. 급히 병원으로 갔으나 태아의 반응이 감지되지 않았고…. 이렇게 첫 번째 생긴 아이는 우리 곁을 떠나갔다. 유산 이후 아내는 TV 속 아이만 보아도 눈물을 흘렸고, 나는 애써 모른 척하며 채널을 돌려야 했다.

그렇게 다시 1년이 지났을까 갑자기 아내가 갈비탕이 먹고 싶다고 했다. 임신을 눈치 챈 장모님은 장인어른이 사온 크고 좋은 고기로 한 솥 가득 갈비탕을 끓여 주셨다. 평소 식사량이 많지 않아 '이슬만 먹고 사는 여자'라며 놀림 받던 아내는, 며칠간의 입덧 후 갈비탕은 물론 삼계탕까지 거침없이 먹기 시작했다. 기다리던 아이는 출산 예정일을 며칠 지나, 정확히 내 생일에 태어났다. 무려 26시간의 진통이었으므로 내가 안도의 숨을 쉬는 사이, 분만실 문을 열고 아들임을 확인한 장모님은 뛸 듯이 기뻐하며 축하해 주셨다. 그날 아내는 미역국을 끓여주며 생일축하를 하는 대신 '아들'이라는 큰 선물을 안겨주었다. 그러던 아들의 백일잔치를 준비하다 보니 이번에는 아내의 생일이 아닌가? 그렇다면 아내와 나는 정확히 100일 차이! 이번에는 내가 '아들의 백일'을 아내의 생일축하 선물로 준 셈이라며 함께 웃었다.

20여 년을 주부로 지내다 몇 년 전 간호사로 재취업한 아내는, 얼마 전에 퇴직한 내게 '그동안 가족을 위해 수고했으니 이제는 쉬면서 하고 싶은 일을 하라'며 수필공부를 권하였다. 그런 아내는 오늘 새벽 깊이 잠이 든 내가 깨지 않도록 조심스럽게 채비하여 출근을 한 것 같다. 저녁 가족식사 때, 지난 34년 동안 살뜰하게 챙겨준 아내에게 고맙다는 뜻이 담긴 특별한 선물, 바로 이 글을 선물할 생각에 괜스레 가슴이 뛴다.

"여보, 고맙소. 사랑하오!"

꿩 잡기

박정분

고향집 주변에는 새들도 많고 뒷동산에는 고라니를 비롯한 동물들이 많이 살았다. 동물 중에서도 산토끼와 꿩은 헤아릴 수 없을 정도로 많았다. 우리 형제들은 꿩이랑 참새를 많이 잡았다. 참새는 망태기 안에 쌀겨를 뿌려놓고, 작은 막대기를 지지대로 세운다음 새끼줄을 길게 늘어뜨린다. 그때 참새가 먹이를 찾아 들어가면 바로 새끼줄을 잡아당겨서 생포하면 되는 것이다. 참새를 잡는 방법은 너무 단순해서 어린막내 동생도 잘 잡았다. 그런데 꿩을 잡으려면 먼저 싸이나(사이안화 칼륨)를 콩에 넣고 봉해야한다. 그 콩을 꿩이 쉽게 주워 먹을 수 있도록 잘 만드는 게 첫 번째 임무다.

시골이기 때문에 올무와 쥐덫은 늘 준비되어 있지만, 칼날과 비슷하게 생긴 뾰족한 날이 너무 위험하다. 그래서 도구를 사용하지 않고 콩을 사용하는데 동네사람들 대부분이 이 방법을 쓰기 때문에 간혹 다른 사람이 뿌린 콩을 먹고 우리 산으로 날아와 죽을 때도 있다. 그건 마치 복권에 당첨된 기분이 든다. 꿩은 봄에 보리밭이나 우거진 풀숲에 새끼를 많이 낳았다. 새끼를 봄에 낳기 때문에 겨울이 되면 통통하게 살이 붙는다. 꿩은 통통해서 덫이나 올무에 잘 걸리기지만, 그 올무와 덫이 위험해서 잘 사용하질 않았다. 체구가 작은 나도 덫에 걸려서 여러 번 고생한 경험이 있다. 그래서 싸이나(아이안화 칼륨)를 넣은 콩을 뿌려놓는데 꿩을 잡으려다 가족들을 잡을 뻔했다. 오랜 세월이 흐른 지금 생각해도 너무 너무 끔찍하고 아찔한 순간이었다.

우리 집은 다른 작물보다 콩을 많이 심었다. 콩은 두부를 만들거나, 콩나물로 기르기도 하고, 또 다른 잡곡이랑 같이 밥에 넣어 먹으니까 많으면 많을수록 좋았다. 우리들은 그 귀한 콩을 한 알 한 알 단면을 면도칼로 긁어내고 흠집을 내어, 그 흠집에 싸이나 한 방울을 떨어뜨린 다음, 그 자리는 양초를 녹여서 촛농으로 바른다. 촛농을 바를 때도 촛농의 양을 잘 조절해야 한다. 가끔 촛농을 두껍게 바른 것이 있으면 꿩은 귀신같이 알아차리고 도망을 간다.

머리가 영리한 꿩의 종류는 암컷 까투리와, 수컷 장끼로 나뉜다. 장끼는 빛이 화려하고 곱지만, 까투리는 암갈색을 띠며 화려하지는 않다. 수컷의 화려함은 아마도 암컷을 유혹하기 위해서 암컷들이 좋아하는 화려함으로 장식하는 게 아닌가 하는 개인적인 생각이다. 이처럼 암컷과 수컷은 생김새부터 완전히 다르다. 그리고 꿩의 새끼는 꺼병이라 부르는데 병아리보다도 훨씬 귀엽고 예쁘다. 꺼병이의 머리에는 병아리와 다르게 갈색으로 된 두 줄이 있다. 마치 다람쥐처럼 보인다.

닭 목에 속하는 꿩이 우리 남매들보다 더 똑똑한데, 우리 남매들이 그 똑똑한 꿩을 잡겠다고 나선 것이었다. 영리한 꿩은 싸이나가

들은 콩을 이리저리 굴려보다가 그만 확 달아나기를 반복한다. 꿩이 어쩌다 실수로 콩을 먹고 죽으면 우리가 복을 받은 날이다. 가끔 그렇게 운수대통한 날이 있기 때문에 꿩 잡기 놀이는 멈추지를 못했다. 꿩이 보기에도 위험한 줄 알고 안 먹은 그 싸이나가 든 콩을 오빠가 깜빡하고, 두부를 만들려고 골라놓은 콩 자루에 넣고 말았다. 그때 오빠는 초등학교 6학년이라 싸이나의 위험성을 전혀 알지 못하고, 동네형들이 꿩 잡는 방법을 가르쳐주는 대로 만든 게 전부였다.

며칠 뒤 어머니가 두부를 만들려고 바삐 움직였다. 두부를 만들 때마다 콩을 한 말씩(7kg) 만들었다. 한말이나 되는 콩을 두부로 만들려면 시간이 꽤 걸린다. 먼저 불린 콩을 맷돌에 갈아야 하는데 한 말을 맷돌에 갈려면 두어 시간은 족히 걸렸다. 한 국자씩 떠 넣고 맷돌에 갈아야 하는데, 내가 어려서 그런지 어머니가 돌리는 맷돌 구멍에 국자로 콩을 넣어드리기도 힘이 들었다. 그렇게 갈아놓은 콩물은 가마솥에 넣고 끓여서 보글보글 뽀얀 거품을 뿜어내며 끓은 콩물은 새발처럼 된 나무를 고무 통 위에 올려놓고 베로 만든 자루에 퍼 담아서 국물을 짠다.

콩물을 다 빼낸 비지는 찌개를 만들거나, 다른 반찬을 만들 때 쓰려고 따뜻한 방 아랫목에 놓아둔다. 그리고 짜낸 콩물을 다시 가마솥에 넣고 중불로 끓여가며, 간수를 국자에 넣고 가마솥 가장자리부터 살살 붓기 시작한다. 그러면 순두부가 만들어지느라 작은 덩어리가 생긴다. 그게 바로 순두부다. 순두부를 먼저 떠내고 나머지는 네모난 틀에 퍼붓는다. 사각으로 되어 있어야 물기가 빠진 두부를 자르기가 편하다. 물을 빨리 빼려면 두부위에 도마를 얹어 놓으면 된다.

어머니가 골라놓은 콩만 있었으면 이렇게 맛있는 두부가 완성되어야 한다. 그런데 오빠가 생각 없이 싸이나가 든 콩을 넣는 바람에 잘 끓은 콩물에 간수를 아무리 넣어 봐도 콩물은 전혀 엉키지를 않았다. 오히려 처음에 갈아놓은 콩물처럼 보였다. 눈치 빠른 어머니가 큰소리로 오빠를 불렀다.

"준희야? 너 며칠 전에 꿩 잡는다고 만들었던 콩 남았다더니 그 콩 어디다 뒀니?" "건너 방문 앞에 둔거 같은데 왜요?" "왜요라니?" 어머니는 날선 목소리로 오빠 등짝을 냅다 후려갈겼다. 금지옥엽이던 오빠를 어머니가 그렇게 때리는 건 처음이자 마지막으로 본 큰 사건이었다. 그 광경은 내게도 큰 충격이었다. 어머니는 "이것 좀 봐라. '왜요'라는 말이 나오나?" 한 말이나 되는 콩은 그렇게 버려졌다. 버려진 콩을 바라보던 오빠도 망연자실했다. 그 사건으로 인해서 재미있고 스릴 넘치던 우리들의 꿩 잡기 놀이는 막을 내렸다.

그날 두부가 만들어지지 않아서 천만다행이지 만약 그 콩이 두부로 만들어졌더라면 아마 우리 가족들은 끔찍한 사고를 면치 못했을 것이다. 그때를 생각하면 지금도 다리가 후들거린다. 나는 싸이나가 그렇게 위험하다는 걸 성인이 되어서 알게 되었다. 지금도 두부를 보면 태어나서 처음으로 어머니에게 등짝을 얻어맞으며 잔뜩 겁에 질려있던 오빠의 그때 모습이 떠올라서 웃음이 절로 나온다. 정말 끔찍했던 일이지만 모두가 무사했기 때문에 추억으로 남아있다. 시간을 되돌려서 그 시절로 돌아갈 수 있다면 얼마나 좋을까? 부모님이 많이 그립고 보고 싶은 날이다.

사라져 가는 것은 아름답다

- 나의 소장품 배지와 열쇠고리

임익홍

70년대 초반부터 모으기 시작한 배지와 열쇠고리가 상당수 되었다. 산행이나 여행을 할 때 사서 모은 것이다. 그것을 소장품으로 생각하고 있지는 않았다. 소장품이라고 하면 간직할 값어치가 있거나, 소중하게 여길 만한 물품으로 보아야 하는데 배지와 열쇠고리는 그러한 종류의 것으로 생각되지 않았기 때문이다. 이러한 생각이 바뀌게 된 것은 10여 년 전 '문학의 집 서울'에서 주관한 소장품 전시회를 보고서였다.

소규모로 문인 몇 사람의 소장품이 나와 있었다. 어느 문인은 일제강점기에 발간된 초간본과 문예지 등을, 다른 문인은 부채와 만년필 등을 내놓았다.

그러나 특별하게 내 눈에 띈 것은 50여 점의 배지와 열쇠고리였다. 그것이 값비싼 물품이 아니더라도 소중하게 간직하면 소장품이 되는 것이라는 새로운 생각을 하도록 했다.

그것들은 남편이 유럽의 공관에서 여러 해 근무했는데, 그때 모은 것의 일부라고 했다. 그 전시회를 보고 나서 내가 보관 중이던 배지와 열쇠고리를 꺼내 보았다. 배지는 300여 점이 넘었고, 열쇠고리도 그에 못지않게 상당수가 되었다.

배지를 모으기 시작한 것은 그것에 대한 특별한 관심이 있어서가 아니었다. 어쩌다 여행을 하게 되면 그곳에 있는 특산품이 눈길을 끌곤 했지만 선뜻 살 수 있는 형편은 안 되었다. 기념품으로 값싼 배지를 사게 되었고, 해가 지나며 그 수량이 많아지면서 관심도 가지게 된 것이다. 등산을 좋아하는 사람은 모자에 여러 개의 배지를 붙이고 다니며 산행 경력을 뽐내기도 했다.

80년대 말쯤 해서는 모은 것이 200여 개는 넘었을 것으로 여겨졌는데, 어느 때부턴가 관광지에서 배지가 눈에 띄게 줄어들었다. 값이 싸기 때문에 많이 팔렸을 것이지만, 새로운 제품이 만들어지지 않으면서 그 이상 관심을 끄는 상품이 되지 못했다.

80년대에 들어서 아파트 생활이 급격히 늘어났을 뿐 아니라 자가용을 가지는 사람도 많아졌다. 직장에 출근하는 사람은 여러 개의 열쇠를 고리에 끼워 철렁거리며 가지고 다녔다. 이에 다른 사람의 것과 구별하기 쉽게 문양이 있는 열쇠고리를 사용했다. 배지에 비해 비싸지만 저가의 물품으로 부담이 적었다. 그렇다고 그것을 적극적으로 수집을 해야겠다는 생각은 별로 없었다.

2000년대 중반, 나이가 들어 직장을 퇴직하고 나니 자연 산행을 많이 하게 되고, 국내외 여행도 자주 나가게 되었다. 국내뿐 아니라 외국의 관광지에서도 배지는 거의 찾아볼 수 없었지만, 열쇠고리는 손쉽게 살 수 있었다. 외국의 것은 그 지역의 특성을 잘 나타내는 것이어서 눈길을 많이 끌었다. 이렇게 모은 것들은 값이 나가는 물품은 아니지만 여러 해 동안 여러 곳에서 모은 것들이어서 정이 많이 들어 있었다.

2000년대 후반에 우리 집 아파트 열쇠를 전자식으로 바꿨다. 식구마다 가지고 다녀야 했던 열쇠가 없어지고 머리에 키 번호만 입력해 두면 되었다. 사무실 열쇠도 카드로 바뀐 지 오래되었다. 자연 열쇠 꾸러미가 없어졌고, 열쇠고리도 필요 없게 되었다. 열쇠고리는 실용품에서 장식품으로 바뀌었다.

관광기념품으로도 열쇠고리 대신에 마그네틱 장식품이 나오기 시작했지만, 관광객들의 관심을 많이 끌지는 못하는 것 같다. 여행 중에 이것저것 사 모으기는 했지만 앞으로 얼마나 더 모을지는 모르겠다.

열쇠고리가 열쇠고리로서의 역할이 없어져 그 존재 가치를 잃어 갔지만, 그래도 명맥을 유지할 수 있었던 것은, 이름 있는 작가들이 전통 문양의 품격 있어 보이는 작품들을 생산해 놓았기 때문이다. 그러나 이것마저도 대중화가 되지 않아 시들해졌다.

배지와 열쇠고리는 이제 사라져 가고 있다. 사라져 가고 있어 더 아름다운 추억의 소장품으로 남게 될 것이다.

분장한 슈퍼히어로들의 패션쇼

박연숙

나는 이번 패션쇼의 디자이너다. 그리고 슈퍼히어로들 피규어는 나의 분신이다. 남성성과 여성성, 전통과 현대, 서양과 동양, 과거와 현재 미래까지도 아우르는 패션으로 그럴싸한 모습은 화사하고 품위 있어 사랑스럽다. 슈퍼히어로들은 패션쇼 할 준비를 마치고 곧 워킹 할 자세이다. 후텁지근한 날씨에 짜증도 안내고 모두 설레는 마음을 가다듬고서.

수년 전 살랑거리는 가을 오후, '스타워즈' 마블 '어벤져스' 영화에 빠져 혼자 토이 저러스 여러 곳을 며칠 다니면서 보이는 대로 피규어들을 사서 모았다. 캡틴 아메리카, 헐크, 아이언맨, 로봇태권브이, 아이언맨, 스파이더맨, 다스베이더, 그레이트 마징가, 스톰트루퍼 2개. 배트맨, 슈퍼맨, 토르 그리고 '겨울왕국'의 주인공 엘사와 안나. 얼마 전에 해외 직구한 제우스까지…. 와! 모두 15명 대가족이다.

슈퍼히어로들의 권력과 힘을 부드러운 천과 장식으로 새로운 감각의 패션으로 그들을 어떻게 분장시킬 것인가. 보듬으며 기뻐할 상상을 하며 궁리를 했다. 이곳이 어설프고 답답하지만 한 식구처럼 친근하게 여기도록 몇날 며칠을 가까이 하면서 밀어를 속삭이기도. 처음엔 낯설지만 식구가 되어 나의 손길에 점점 익숙해졌다. 마음을 조금씩 여는 듯하여 심장을 품고 진심어린 고뇌를 털어 놓기도. 고향을 떠나서도 의젓한 너희들. 부족하지 않게 과하지 않게 K-팝 아이돌 그룹 의상처럼 한국 전통 장식과 한복 천을 이용하여 파격의 미와 데페이즈망(Depaysement)으로 세계적인 관심과 경탄을 탐하면서.

서점에 가서 패션잡지를 훑어보고 세계패션쇼 영상과 백화점에 의류 코너에도 여러 번 가보고. 동대문 시장을 수없이 다니면서 한복 천과 장식할 용보, 다양한 색술 등을 샀다. 얼마 지났을까. 무언가 번뜩 지나가는 의상 컨셉이 뇌리에 스쳤다. 바로 이거야. 이거지. 우선 대수머리를 쓸 다스베이더에 색동천을 이용해 부츠도 디자인하고 로봇 태권브이는 떠구지머리를 씌우고 파격적인 색띠 치마를 입힌다. 바람둥이 제우스에겐 면사포를, 캡틴 아메리카에게는 가체머리와 짧은 튜튜치마를, 헐크에게는 전모와 마스크를, 안나는 남장차림으로 군사의 전립을 씌웠다. 스톰트루퍼는 조바위 쓰고 아이언맨은 색동족두리를, 토르는 주립을 쓰고 금색방울 줄로 치마를 장식한다. 호사스런 화사한 옷을 너희들한테 입힌다. 해학적 미의식의 고품격 옷을 입힌다. 파격의 유희처럼. 시적인 모호함으로 기발하고 근사하지 아니한가.

도어를 열자 옆으로 길게 앉아있는 국내외 관람자들의 큰 환호로 함성과 갈채소리가 보인다. 그럴듯하게 분장한 슈퍼히어로들과 그 커다란 사진에 눈을 떼지 못한다. 통념을 깨트리는 반전과 이분법적 분별 의식을 해체한 것, 낯선데 낯설지 않은 것에 놀란 눈으로 만지

듯 훑어본다. 나는 패션쇼에서 마지막에 등장하는 디자이너처럼, 당당히 들어가 관중을 본다. 생각에 잠긴 분홍 꽃의 리본이 잠시 흔들리며 환희의 눈물을 닦아준다. 분장한 히어로들을 둘러보고 힘과 권력의 남성성에 부드러운 천으로 감싸주고 장식한 그들은, 서로 차이를 인정하고 조화상생 한다는 말을 속삭인다. 대견하다. 자랑스럽다.

방송에서는 달 궤도선 다누리는 BTS '다이너머트' 노래 싣고 달나라 여행가고 또 달 착륙 후보지도 살펴본다고 한다. 나라와 나라사이의 권력과 힘의 갈등이 종식되어 지구의 평화가 황금들판처럼 물결치는 그날을 애타게 그려본다. 그들은 신선한 충격과 인류에게 전하는 따스한 메시지로 평화의 메신저다. 슈퍼히어로들의 서로 끌어당기는 어떤 큰 에너지로 새로운 비전의 전율이 온다. 패션쇼는 진행 중이다.

*'분장한 히어로들의 고품격 해학' 2022년 경인미술관 박연숙 개인전

다시 걷기로

이창우

봄비가 제법 내린다. 우산을 쓰지 않고도 걸었던 시절은 희미한 기억으로만 있다. 오늘부터 걷기로 했는데 이 비가 그치기를 기다리는 일은 다시 멈춘다는 것이기도 하다. 새 터전으로 옮기면서 오래전 서가에 숨죽이며 있던 책 한 권의 제목에서 묘한 그리움을 건져낸다.

까마득한 그리움에 접촉하기 시작한다. 되돌아보니 코로나19 시절 '사회적 거리두기'와 '생활 속 거리두기'가 편안하게 내 일상에 놓이는 것은 홀로 있음이 편해 두르던 방어막이 원인이었다. 이제 변명의 여지가 있어서는 안 될 말은 미루기만 했던 걷기다.

방어막은 필요 없다. 내 자리에서 굳건하게 버티는 동안 쌓인 내 안의 힘을 절로 느낀다. 나이 듦이 주는 자연스러운 말 건넴은 건강함을 가리키는 안부 인사가 되기도 한다. 외부로부터 오는 변화가 지금 이 자리에 있는 나를 자각하게 만든다. 괜한 심술이 난다.

내 기억 속에 장항이라는 지명은 높이 솟은 굴뚝을 가진 장항제련소 뿐이었다. 이곳은 세월을 바꾸어가지 않은 채 그 시절에 딱 멈춰 있다. 지금 내가 살아있음을 살갗의 감각으로 만나는 순간이 절실하다. 나는 땅의 기운에 응답하기로 한다.

한걸음 내딛기로 한다. 어스름 밖으로 나가 평소 도로를 지나는 자동차로 스친 그 길 뒤로 나 있는 또 다른 작은 길을 만나기로 한다. 우적우적 자연인으로 살아가려 이곳에 머문다. 잿빛 하늘 너머 숨어있는 빛의 존재가 어김없이 아침을 열어줄 것을 믿는다.

오늘로 살아날 것이다. 자연스러운 공기의 떨림으로 전해지는 비릿한 바다 내음이 푸르게 가끔은 흑백으로 이어진 하늘과 만난다. 내일은 또 다른 빛으로 어김없이 열릴 것이라는 설렘을 품고 살아가는 나는 분명 살아 있다. 슬그머니 내려앉은 어두움도 편안하다.

나의 걷기는 순례가 아니다. 내가 머문 이 공간이 맞닿은 땅 언저리를 느껴보기 위함이다. 순례가 다른 차원으로 향하는 통로가 되기도 한다면 혼자 걷기는 현재를 만끽하는 일이다. 나와 이 세계, 이 순간을 고스란히 품고 나아가는 일이다.

걷기는 현재와 친근해지는 일이기도 하다. 빈둥거리는 자신과 조우하면서 이 사회에서 결코 허락하지 않는 시간을 낭비할 자유를 누리는 일이다. 빛 바라고 낡은 빈 건물들과 담벼락에 벽화로 덧칠해 가며 장항의 쇠락을 끌어안고 묵묵히 버티어낸 사람이 있다.

이십 대 중반 홀로 산행은 스스로를 치유할 용기와 인내의 한 가지 방법이었다. 자유롭고 싶어 하는 스스로를 위한 몸짓. 정상에서 만나는 해방감과 이 세상이 정지된 듯 작은 움직임도 없는 고요와 평화. 바람에 반응하는 나무들의 속삭임. 다시 그것이 내게로 천천히 온다.

지나온 세월은 발이 따라 잡을 수 없는 속도감이 필요했던 시기였다. 하루가 눈 깜짝 할 사이 지나갔고 가족과 사회 공동체를 오가며 너무 많은 일이 일어나고 사라지고 했다. 도로 위에서 자동차 엑세레이터를 밟으며 달리던 스치는 풍경은 단편적이며 순간이었다.

스스로에게 잘 버티며 지나왔다고 토닥이는 다 큰 어른인 내가 그 시절에만 유효한 기억을 윤색하고 내 중심으로 그럴싸하게 말한다. 삶을 살아낸 것에 특별한 이유는 필요하지 않다. 혼자이지 않은 사람은 없기에 어떻게든 살아낸 지금, 남아있는 날을 지켜보는 일도 괜찮다.

나는 이제 화려한 외출, 아름다운 사치를 누리고 산다. 굳이 정상이 필요 없는 나를 붙들고 있는 이 땅과 연애를 하기로 한다. 십 대 동네 골목길을 하얗게 누비던 그 시절이 내 삶에 존재했음을 지운 내 몸이 다시 열렬하게 사랑을 원한다.

망각으로부터 긴 터널을 빠져 나와 다시 길 위에서 나를 보호하던 겉옷을 풀어헤친다. 낡은 옷을 벗자 따스한 기운이 서쪽 바다로부터 온몸으로 파고든다. 솔바람이 적당히 스미다가 지나가는 옷처럼 소나무 숲길을 지나 해변을 혼자 걷는 나는 느리게 살아 있다.

지금 여기 송림산림욕장 해찬솔 길에서 이어지는 바다 위로 펼친 산책 데크 너머로 두어 척 작은 배가 송림항에 정박해 있다. '우리의 첫 철학 스승은 우리 발이다.' 내가 잊고 있던 루소의 한 문장이 나를 깨운다. 다시 걷기로 한다.

개미의 교훈

김은성

개미의 종류도 여러 가지가 있는데 오늘 본 개미는 아주 작다. 제 몸보다 큰 하얀 밥풀 하나를 물고 어디론가 가고 있다. 음식 냄새를 맡았는지 같은 종류의 개미들이 모여들었다. 한 마리가 먹잇감을 물고 가는데도 빼앗으려고 덤벼들지 않는다.

동물의 세계에서는 한 마리를 잡아오면 더 힘센 놈이 빼앗아 가기도 한다. 약한 자는 강한 자에게 먹이가 되는 '약육강식'의 세계다. 그런데 개미에게는 오히려 질서와 순리가 있다. 한 마리가 먼저 보고 물고 가는데 빼앗으려 하지도 않고 자기들도 무엇인가를 열심히 찾아다니고 있다. 수고하지 않고 공짜로 다른 놈의 것을 탐내지를 않는다.

도시락을 펼쳐놓고 밥이 입에 들어가는 것보다, 나와 친구는 신기하여 개미가 어디로 가나 주시하고 있었다. "저것 좀 봐 다른 놈이 교대해 가잖아." 해서 보니 다른 한 마리가 나타나서 물고 가는 것이다. 있는 힘을 다해 물고 간 개미는 기진맥진한 것 같다. 임무 교대다. 잘록한 허리와 가느다란 다리로 하얀 밥풀떼기 물고 가는 게,

마차에 하얀 짐을 실고 가는 것 갔다. 그 세계에서도 가족이 있는지 어떻게 연락이 되었는지, 어디로 가져가는지 신기했다.

부지런한 사람을 가리켜, 개미같이 열심히 일만한다고 하는 말이 있다. 개미는 부지런함의 상징임을 누구나 다 알고 있다. 개미와 베짱이 관한 이야기도 있는데, 개미는 쉬지 않고 먹잇감을 물어다 저장해놓아, 하얀 눈 덮인 겨울이 와도 양식 걱정이 없다. 베짱이는 여름에 시원한 나무그늘에 앉아 노래만 부르다가 겨울이 오면 먹을 양식이 없어서 개미한테 얻으러 간다는 이야기가 있다.

옛말에 큰 부자는 하늘이 내지만, 작은 부자는 부지런하면 삼시 세끼 밥은 굶지 않는다는 말도 있다. 전에는 의식주만 해결되면 걱정이 없었다. 차츰 산업화가 진행되고 문명의 발달이 한계점에 이른 현대인들은 빵 한 덩어리 보다는 영혼을 사모하는 마음, 진실과 순박함이 절실하게 필요한 시대인 것 같다.

올해는 코로나19 때문에 봄, 여름, 가을이 순식간에 지나가고 있는데, 나이 먹은 노년층은 면역력이 약하니 바깥출입을 삼가는 게 좋겠다고 했다. 또 전염될까 봐 밖에 나가지 않고 지낸다. '방콕'만 하고 있으니 정신도 육체도 무기력해지고, 약해진 다리는 더 힘이 없어서 걸음 걷기가 힘들었다.

등산을 매일 다니며 걷는 것을 생활화하는 친구가 동네 뒷동산에 올라가자고 했다. 그래서 자그마한 배낭 속에는 물 한 병과 간식거리를 넣고 따라나섰다. 내가 헉헉거리며 힘든 것 같으면 의자에 앉아 쉬었다 가자고 하고 가파른 데 오를 때는 손을 잡아주면서 내 수준에 맞추어 걸었다. 고마운 일이다. 연 3일을 다녔더니 어깨가 아프고 몸살이 조금 났지만 친구한테는 괜찮다고 했다.

봄에는 노란 개나리와 진분홍 진달래꽃이 온 산야를 장식했다. 구청 산림과 에서 조성을 잘해 놓았고 운동 기구도 있어 시민들 산책하기에 좋았다. 집근처 뒷동산이 이렇게 좋은 것을 산에 와보기 전에는 몰랐다. 꽃에 파묻혀 사진도 찍고 코로나의 두려움도 잠시나마 잊곤 했다. 며칠 다니다보다 보니 몸에 기운이 생기고 발걸음도 가벼워졌다.

3개월마다 가는 병원에서도 여의사가 피검사 결과가 전보다 좋아졌다고 해서 등산한다고 했더니 "역시 운동밖에 없어요." 하며 "당뇨관리를 잘하네요." 하며 용기를 주었다. 식사 시간이 지나면 당이 떨어지니까 김밥과 과일을 싸서 다니다가 나중에는 집에서 먹는 밥 그대로 가져가서 한적한 곳 의자를 찾아 앉아 나물 반찬에 싸온 밥을 먹는 중에 밥풀이 떨어진 것이다.

그때 날렵한 개미가 떨어진 밥알을 물고 가는 것을 보았다. 개미가 작기도 하지만, 하얀 밥풀이 더 커보였다. 그래서 그 옛날에도 어른들과 산에 가서 음식 먹을 때는 먼저 '고수레'하며 싸온 것을 조금 던지는 것을 보았다. 이것은 인간과 동식물도 공존하며 살아야 하는 생명존중의 정신일 것이다. 인간은 만물의 영장이지만, 하찮은 미물인 개미한테서 교훈을 얻는다. 참 지혜로웠다.

장소

오수지

3주 동안 미국에 다녀왔다. 미국무성 IVLP(International Visitors Leadership Program)프로그램에 참가하여 'Promoting Media Literacy Through Education'이라는 주제 하에 아시아 태평양지역의 16개국에서 선발되어온 16명의 참가자들과 의미 있는 시간을 보냈다. 프로그램이 끝나갈 무렵이 되자 3주의 빡빡한 일정이 버거웠던 듯 모두들 귀국하면 무엇을 제일 먼저 하고 싶은지 얘기하기 시작했다. 대부분 귀국하면 가장 먹고 싶은 음식 쪽으로 이야기는 흘러갔다. 3주 동안 나와 가장 가깝게 지냈던 인도 친구 Minal은 아침의 따뜻한 생강차가 그립다고 했다.

Minal을 생각하면 인도 Kolkata대학의 연구실에서 생강차를 마시며 하루를 시작하는 모습이 그려진다. 음식은 각자의 존재를 각인시킬 수 있는 좋은 대화 주제임이 분명하다. 내게도 같은 질문이 주어졌다. 그러나 나는 그리운 음식이 떠오르지 않았다. 워낙 아무 음식이나 잘 먹어서인지 3주 동안 한국음식을 한 번 밖에 먹지 못했다는 것이 별 문제가 되지 않았다. 내게는 다만 그리운 장소가 있었다. 동료들이 “What do you miss the most?”라고 물었을 때, 나는 “What I miss the most is a place.”라고 답했다.

이런 질문이 오가는 상황은 이전에도 있었다. 대학생 시절 친구 몇 명이 모여 앉아 집에 불이나면 무엇을 가장 먼저 챙겨 나올 것인지를 이야기 한 적이 있다. 지금이야 핸드폰이나 노트북 하나 들고 나오면 모든 게 복구 가능하니 그런 화제가 시시할 수도 있겠지만, 당시만 해도 통장, 도장 등을 비롯하여 일기장, 사진첩 등이 거론되며 제법 진지한 대화가 이어졌다. 그때도 나는 ‘장소’를 얘기하고 싶었다. 그러나 내가 말하고자 했던 것이 그때의 대화 분위기와는 조금 다르다는 생각에 내 얘기를 꺼내는 게 망설여졌던 기억이 난다.

당시 내가 살던 집은 어머니와 아버지가 직접 설계하시고 지으신 집이어서 아이들이 많던 우리 가족에게 최적화된 집이었다. 아래층엔 거실, 식당, 안방 등 가족이 함께하는 공간이 있었고, 2층에는 딸 넷 각자의 방 4개와 아버지의 서재가 나란히 놓여있었다. 2층 마루에서는 아버지가 소중히 가꾸시던 단정한 잔디밭 위로 우아하게 가지를 뻗은 잘생긴 백일홍 나무가 내려다 보였고, 조금만 눈을 들면 대문 밖 언덕 위에 커다란 밤나무가 보였다. 방에서 공부하다 쉬고 싶으면 마루 소파에 나와 앉아 한동안 마당을 쳐다보곤 했다.

너무 켜져 버린 미래에 복잡하던 마음은 따스한 햇살에 풀어졌고 어느새 나를 따라 슬그머니 마루로 나온 동생들과 우스운 얘기로 깔깔대다보면, 그렇게 힘든 하루만도 아니었다는 생각에 다시 공부방으로 꾸역꾸역 들어갈 힘이 생겼다. 나는 그 장소가 그립다. 창문 가득 들어오는 햇살 속 반짝이는 이파리들과 일렁이며, 서로를 향하던 웃음이 위로로 변하던 그 순간, 그 장소는 '내게로 돌아오는 문'이자 '세상으로 나가는 문'이었다. 하나의 문을 열면 사물과 정황의 경계가 모호하고 수많은 암호들로 가득 찬 알 수 없는 세상이 펼쳐질 것이지만 다시 돌아갈 문을 알고 있기에 미지의 무게가 만만해보였다. 그래서 웃을 수 있었다. 만일 내게 아직도 무엇인가를 웃으며 바라볼 마음의 힘이 있다면, 그건 아마 네 명의 아이들을 포근하게 품어주던 그 장소가 내게 준 선물일 것이다.

지금 살고 있는 집도 옛날 그 집을 생각나게 한다. 내가 살고 있는 곳은 아파트 3층인데 거실에서 가깝게 내다보이는 아파트 정원이 나의 앞마당이다. 아기자기하게 조경이 잘 되어있는 그 곳에는 나의 거실을 향하고 있는 세 그루의 자작나무가 있다. 그 이파리들이 바람에 반짝이는 모습은 어린 시절의 밤나무에 비할 수 없을 정도로 연하고 부드럽다. 2006년 새로 지은 이 아파트로 처음 입주했을 때, 자작나무들은 부실해 보였다. 너무 여려서 잘 자랄 수 있을까 걱정되었다. 그러나 12년이 지난 지금, 제법 풍성한 가지와 이파리들을 품고 아름답게 서있다.

당시 중학교 2학년, 초등학교 5학년이던 나의 두 아들이 많은 통과의례를 치러내며 12년을 살아낸 모습과 같다. 거실에 앉아 정원을 바라보며 자작나무 세 그루와 인사를 나누는 것은 나의 큰 즐거움이다. 그들은 나를 기쁘고 평화롭게 해준다. 비가 후드득 떨어지기 시작하면 나무는 어떤 모습일까 궁금해 창문을 연다. 아침 햇살이 환하게 들어올 때도, 저녁노을이 낮고 겸손하게 찾아올 때도 어김없이 나의 시선은 그곳을 향한다. 의젓하고 사랑스럽다. 내가 안아 주어야 할 것 같은데 나를 안아 주겠다 한다. 이제 이만큼 컸으니 걱정 마시라고도 한다. 수줍게 웃으며 손 흔드는 자작나무 이파리의 노래가 가볍다. 내게 남아있는 날들도 가볍게 느껴진다. 남아있는 날들이 가벼워진다는 것, 많은 것들을 떠나보내고 이제는 표표히 나부낄 수 있다는 것, 그리하여 지금은 어떤 결심도 부담스럽지 않고, 또 내가 이쯤에서 아무것도 아닌 그 무엇이 된다 해도 그 여파가 그리 치명적이지 않으리라는 것. 그것은 내게 역설적인 기대로 희망을 갖게 한다.

'장소'는 단지 물리적 공간이 아니다. 그것은 물질과 정신이 연결되는 곳이다. 나의 존재가 시작되고 확인되는 곳이다. 내가 느끼고 사물을 인식하는 출발점이자 나의 세계이다. 미국에 있는 3주 동안 영어만 사용하면서 나는 완전히 다른 사람이 되어야만 했다. 사용하는 언어가 다르다는 것은 다른 사람이 되는 것과 같다. 놀라는 모습도 다르고, 잘 모르겠다고 말하는 몸짓도 다르고, 장난치는 눈빛도, 감탄과 함께 섞여 나오는 한숨도 평소 내가 하던 것이 아니다. 그래서 쉽게 피곤해 진다. 하루 종일 그렇게 지내다 일정이 끝나는 오후 5시가 되면 빨리 내가 되고 싶다는 생각밖에 들지 않았다. 내가 될 수 있는 가장 안전하고 확실한 방법은 '나의 세계'에 들어가는 것일 터인데, 그것이 내게는 '나의 장소'에서 가능한 일인 것이다. 그래서 3주간의 연수 끝에 그렇게도 그리웠던 것은 음식이나 다른 게 아닌 바로 그 '장소'이었던가 보다. 무거움을 웃음으로, 아쉬움을 다시 가벼움으로 치환하는 비밀스런 문의 향기가 누설되는 그곳. 그 장소를 향한 본능적인 그리움은 나의 삶을 향한 사랑이기도 하다.

30여 년의 세월이 지나 어린 시절 동생들과 함께했던 그 장소는 사라졌지만 여전히 내 마음에 남아 애틋함을 안겨주고 아늑한 힘을 주듯이, 지금 내가 사랑하는 이곳 또한 그 실재와 상관없이 내게는 영원히 존재하는 장소가 될 것이다. 지금 저기 햇살 속에 서 있는 나무들은 단지 그냥 서 있는 것이 아니라 나의 인생 순간순간의 기억의 실체로 존재하고 있는 것이기에, 내가 어디에 있든지 내 생각은 이곳에 몽상적으로 거주하며, 이곳에서 숨 쉬고 느끼고, 또 어떻게든지 살아갈 힘을 얻고 있을 것이다.

보고 배우며 즐겁게

서혜경

나는 평소 메모를 한다. 주로 메모지, 노트, 핸드폰, 컴퓨터를 사용한다. 그런데 여기저기 적어 놓고 필요한 자료를 찾을 때는 시간이 걸린다. 또 다른 사람들과 공유하고 싶은데 그러지 못하는 경우도 더러 있다. 그래서 방법을 생각해봤다. 제일 쉬워 보이는 것은 블로그였다. 그리고 요새 트렌드가 어떤지 궁금해 학습관에서 수업을 듣게 되었다.

수업은 생각보다 어려웠다. 『된다! 네이버 블로그 &포스트』라는 교재로 강사가 실습과 함께 가르쳐주셨다. 블로그는 만들어진 지 벌써 25년이 되었다고 한다. 이제까지 '개인이 원하는 내용을 올리고, 다른 사람들이 댓글을 다는 것' 정도로 이해하고 있었다. 그런데 이 수업을 들으니 '블로그의 운영목적, 목표, 대상 설정하기' 등, 좀 더 체계적이고 어려운 내용을 다루고 있었다. 세상에 쉬운 건 없나 보다.

수업의 내용 중 제일 중요하다고 느낀 부분은 본문을 잘 쓰는 5가지 원칙과 9가지 문장술이다. 5가지 원칙 중 인상에 남은 건 '글의 주제는 처음과 끝 양쪽에 모두 담는다'와 '문장은 간결하게 쓴다'

이다. 잘 읽히는 글을 쓰는 9가지 문장술 중 눈에 띄는 것은 '필자' 보다는 '저'라는 일인칭 표현을 사용하다'는 것이다. 간단하게 작성하면 될 것 같은데, 나름대로 규칙 같은 것이 있었다.

강사에게 다른 사람의 사진을 사용할 수 있는지 궁금해 질문을 했다. 강사는 사진 찍힌 분의 동의 후 올릴 수 있다고 알려주셨다. 아는 사람의 사진과 글을 사용하고 싶었지만, 전화나 메일로 일일이 여쭤봐야 하는 등의 복잡한 일이었다. 쉽게만 생각했던 것이 원칙과 규칙을 따져야 한다.

블로그에서 통계 수치로 다른 사람들이 어떤 내용을 보러 찾아오는지를 알 수 있다. 몇 명이 방문했는지, 무엇을 봤는지, 어떤 시간에 몇 명이나 봤는지, 성별・연령별 분포도 알려주고, 댓글은 달았는지, 순위는 얼마나 되는지 등등의 자료가 제공된다. 내 블로그에 효원공원에 있는 월화원을 주제로 글을 올렸다. 그러나 인터넷으로 월화원을 검색해보니 내가 작성한 글은 찾기 힘들었다. 이미 여러 사람이 많이 올렸고 좋은 자료도 많아 내 글은 노출되지 않았다. 이와는 반대로 미용 수업에 관한 내용을 올렸더니 필요한 누군가 매일 들어와 읽고 있다.

또한 블로그는 유연한 면이 많다. 필요한 정보를 올려놓으면 핸드폰이나 인터넷이 가능한 PC 등에서 볼 수 있다. 시간이 지나면 언제 어디서 뭘 했는지를 볼 수도 있고 내용을 바꿀 수도 있다. 추억을 남기는 재미도 있다. 처음에는 작년에 찍은 분당의 꽃무릇을 올렸다. 사진을 보다 보니 즐거워 거기에 10년 전 선운사 꽃무릇도 올렸다. 누가 보지 않아도 자신만이 아는 기억을 남기고 또 그 기억으로 즐거움을 다시 느끼는 것도 좋았다.

나는 강사의 의견으로 '보고 배우며 즐겁게'라는 문구를 타이틀에 추가했다. 강사가 원하는 복잡한 내용을 넣지 못했지만, 나의 현재 상태를 그런대로 표현했다. 블로그는 나를 여러 가지로 도와준다. 내가 가진 자료나 기억의 한 부분을 가족, 친구, 또는 누군가와 공유할 수 있다는 면이 좋은 것 같다. 게다가 다른 사람들의 이야기를 블로그를 통해 들을 수 있어 좋은 소통의 수단이 될 수 있다.

블로그를 시작한 지 4개월 정도 됐다. 남편은 처음 만들었을 때부터 구독자였고 지난주엔 동생들한테도 구독 요청을 했다. 앞으로 한 주에 2개의 글을 꼭 올려봐야겠다. 다른 사람들의 소소한 얘기, 즐거운 얘기, 알아야 할 얘기 등도 궁금하다. 나에게 도움이 되고 또 누군가에게 도움이 되었으면 좋겠다. 블로그를 통해 세상을 '보고 배우며 즐겁게' 살고 싶다.

물왕저수지의 겨울

정정연

서울에 처음 올라와서 가까이 지내던 친구가 있다. 풋풋하고 어려웠던 때였다. 몇 십 년을 소식도 없이 지내다가 가까이 지내는 친구가 소식을 전해주었다. 가끔 전화만 하고 만나지는 못했다. 어느 날 이제 얼굴이나 가끔 보면서 살자고 했다. 목감에 산다고 하면서 그곳에 오면 아름다운 물왕저수지가 있고 초가 보리밥집과 커피와 빵이 맛있는 단골 카페가 있으니 오라고 했다.

집 앞에서 버스를 타고 안양에 가서 목감 가는 버스로 바꾸어 타고 가기로 했다. 안양 어디에서 갈아타야 하는지 몰라 지나는 사람에게 물어서 탔다. 알려준 정거장에 내려서 전화하니 친구가 나왔다. 몇 년 만이야! 만난 지 사십년도 더 된 것 같다. 옛날 이십대 그 모습을 얼굴에서 찾으려니 마스크를 쓰고 머리 스타일도 바뀌어서 눈으로 더듬거렸다. 이십대 그 친구의 모습은 갸름한 얼굴에 단정히 빗어 넘겨 하나로 묶은 머리, 생기발랄한 모습이었다. 세월이 너무 많이 흘렀다. 길에서 만나면 모르고 지나갈 것 같았다.

집으로 가자고한다. 남편이 일 년 전 갑자기 세상을 떠났다고 했다. 혼자 사는 집이 정갈한데 차가워 보였다. 남편 돌아간 충격이 얼마나 컸던지 밤에 환청이 들렸다고 한다. 일어나 거실로 나와 남편이 없다는 것을 확인하고 도로 들어가 눕기를 여러 날밤, 밤잠을 못자서 먹기 시작한 술이, 술을 먹지 않으면 잠들지 못했다고 했다. 시간이 약이던가 얼마의 시간이 흐르니 '내가 이렇게 살면 안되지' 아이들이 엄마 걱정하는 소리가 귀에 들리더란다. 지금은 오전에 세 시간 정도 일도 하고 물왕저수지 돌며 운동도 한단다.

그 친구는 집에서 무척 반대하는 결혼을 했다. 남편을 만나러 나가는 것을 부모들이 감시를 할 정도였다고 했다. 그래서 더 애틋해서 이별이 힘들었을까 아이들 셋을 기르며 열심히 일하면서 사업도 했지만 별로 성공하지 못했다고 했다. '잊혀지는 것이 얼마나 고마운지' 시간이 흐르니 알 것 같다고 말끝을 흐린다. 친구는 천천히 혼자 사는 법을 터득하고 있었다. 다행히 한길 건너 친한 친구가 살고 있어 외로움을 많이 덜어주는 것 같았다.

집을 나와 초가보리밥집에서 점심을 먹고 저수지를 돌았다. 친구는 어느 때는 저수지를 돌다 주저앉아 엉엉 소리 내어 울기도 했단다. 저수지는 꽁꽁 얼어 썰매를 타면 될 것 같았다. 바람이 얼음 위를 돌다 놀란 듯 달아난다. 마른 갈대가 아무 일도 없었다는 듯 서걱거린다. 한낮 햇살이 온기를 더하니 걷는 사람들이 제법 많다. 빨간 옛날 기와집이 외삼촌집이라고 하면서 덕분에 목감을 알게 되었다며 이사 온지 이년 되었단다.

저수지가 훤히 잘 보이는 카페에 자리를 잡았다. 인숙이 그 친구가 앉아있던 그 자리다. 얼마나 많은 슬픔을 혼자 앉아 삭였을까!

가슴이 저릿하다. 남편이 그리우면 찾아와 혼자 앉아 있는 시간이 많아 단골이란다. 머지않아 호수가 녹고 버드나무 우듬지에 연두 빛이 내려앉으면 친구는 더 열심히 걷고 활기차게 살 것이다. 나는 그때 물왕저수지를 다시 찾을 것이다. 잊히는 것에 대한 감사함을 느끼며 새봄을 걸을 것이다.

가을날의 환상(幻想)

박정숙

코스모스 핀 언덕길을 두 연인(戀人)이 간다. 어디로 가는지….

소슬한 바람 불어 낙엽 흩날리는 이 가을날에 두 연인이 가는 까닭은 무엇일까? 귀밑머리 스쳐가는 가을바람의 달콤한 속삭임에 이끌려서 일까? 아니면 오색의 수를 놓아 흩날리는 낙엽의 손짓에 유혹돼서일까?

오색찬연(五色粲然)한 황홀경 단풍 물들어 있는 산과 들도 아닌 끝없는 벌판길을 두 연인이 간다. 바람결에 날리는 나뭇잎과 메마른 갈대의 노래 속에 코스모스 하늘거림만 있는 길이다. 가을의 산과 들은 온통 단풍 물들어 현란한데 코스모스 핀 언덕길을 가고 있다. 손을 맞잡아 다정하게 가는 것도 아닌 그렇다고 사랑의 속삭임이 있는 것도 아니지만 두 연인은 한 걸음 한 걸음 발걸음 옮겨 어디로인지 가고 있다.

또옥 또옥….

소슬한 바람결에 들국화 향기가 한결 더 진하게 스며오는 어느 가을날 석양 길에 그날의 정경(情景)이 홀로 앉아있는 내 가슴에 여울져 아련히 떠오르고 있다. 들판 멀리 아스라한 언덕길을 가고 있는 두 연인들, 가을의 신명이 들려서 일까? 다정한 속삭임 말 한마디 않고 걷고만 있다. 어쩌면 사랑의 화신이 연무(戀舞)하며 한 폭의 그림을 그리는 것과도 같다.

석양에 물든 코스모스 언덕길을 갈 곳도 목적도 없이 그저 하염없이 가고 있는 연인들, 가을의 여신처럼 우수어린 눈망울을 먼 하늘에 보내며 석양 길을 가고 있다. 그 모습이 슬픔을 안고 가는 연인들 같아 보이지만 그래도 가을의 신명에 잡혀 어디로인지 가고 있다 생각된다.

가을의 연인들, 슬픔을 안고 가는 연인들, 까닭모를 서글픔이 가슴속 깊이 밀려드는데 그 때 당신들은 나에게 아무것도 없다 하였지요. 가을앓이 서글픔도 그 무엇도 다 말이요. 그러나 나에게는 오히려 당신들의 그런 모습이 가을의 신명에 잡혀 가고 있는 것 같아 슬프게만 보였다오.

낙엽 지는 공원 벤치에 홀로 앉아있는 나의 얼굴을 스치는 차가운 가을비가 당신들의 슬픈 사연이려니 하고 생각자니 더욱 쓸쓸하고 처량한 마음이 드는구려. 소슬(蕭瑟)한 가을바람 나뭇잎 흩날리는 공원의 벤치에서 나 홀로 당신들의 슬픈 사연 그림을 그리며 앉아 있다오. 당신들은 황혼 길 인생의 허무라는 것을 너무나도 절실하도록 나에게 안겨주면서 가고 있다오.

슬픔을 안아 가는 연인 가을의 연인들아! 왜 어이 슬프고 허전한 내 이 마음도 품어 안아 떠나가고 있소? 당신들의 슬픔만을 안고 떠나간들 이렇게 찬비 내리는 가을날 공원의 벤치에 홀로앉아 당신들을 생각지 않아도 되련만, 나는 그 슬픔에 젖어 이렇게 애타도록 헤맨다오. 가을의 연인들아! 찬비 내리는 이 가을날 우리들의 지난 가을 한 날을 그려보는 것은 허무한 일이라 하겠소만 그러나 못 잊도록 그리워져 당신들을 생각해 그려보았다오.

머-언 산, 그 산위로 파란하늘이 있고 그 하늘이 맞닿은 아스라한 코스모스 언덕길을 두 연인이 간다. 파란 가을하늘 그 하늘 속으로 가을의 연인들이 가고 있다. 사랑의 화신으로 연무하며 한 폭의 그림을 그리면서 사라져 가고 있다.

4.

우아한 밥상

차창 밖의 그 사람

구 추 영

다시 새봄이 돌아왔다. 봄꽃의 화신(花神)들이 뿌려 놓은 꽃들은 봄의 전령사들이다. 봄꽃들의 화려함에 눈이 부신 아침이다.

10년 전 그때도 초봄이었다. 그날은 출근 시간이 평소보다 늦어 부랴부랴 집을 나섰다. 아파트 출구를 나서자마자 삼거리 신호등에 빨간색 불이 들어왔다. 머피의 법칙처럼 차는 달리다가 신호등이 있는 곳마다 멈추게 된다. 더군다나 내 앞의 시내버스는 거북이처럼 느릿느릿 달린다. 버스에 타는 승객들은 오늘따라 더 많은 것 같고 정차하는 시간도 길어 보인다.

횡단보도가 있는 신호등 가까이에 왔을 때 내 앞을 달리던 시내버스는 놀리듯이 노란색 신호를 통과해 달아나고 내 차는 미운 빨간색 신호에 잡혔다.

'에이! 저 버스만 아니었으면 신호에 안 걸릴 수 있었는데….'

마음이 급하니 괜한 시내버스에 화풀이를 해댄다. 횡단보도 신호등에 초록빛이 켜지자 기다렸던 사람들이 우르르 건널목을 지나간다.

'어머나!' 횡단보도를 건너는 사람 중에 키가 훤칠한 사람이 내 눈에 '확' 들어왔다. 초등학교 시절에 읽었던 '키다리 아저씨'가 떠올랐다. 그보다 더 내 눈에 들어온 것은 남색 정장 상의 포켓을 장식한 행커치프였다. 단 몇 초 동안의 짧은 순간에 신기루처럼 영국 신사가 뚜벅뚜벅 걸어가고 있었다. 멍하니 걸어가는 그 신사를 보고 있는데 뒤에서 '빵빵'거리는 소리가 들렸다. 정신을 차리니 벌써 신호등에 파란불이 들어와 있었다.

며칠 뒤 아침 출근길에 횡단보도 앞에 서 있는 그분을 또 보게 되었다. 이번에도 배색이 잘 된 색깔과 무늬로 세련미 넘치는 행커치프를 하고 있었다. 검은 테 안경에 손에는 노트북 가방을 들고 말쑥한 정장 차림으로 서 있었다. 패션 감각이 보통이 아니다. 패션 감각이 뛰어나고 스타일이 좋은 사람은 대인관계에서 상대방에게 좋은 인상을 준다. 중년의 나이에 작은 액세서리로 이미지 메이킹 하는 모습이 신선해 보였다.

'멋쟁이 저분은 뭐 하는 분일까?' 차 안에서 지켜볼 수 있는 잠깐의 시간이지만 왠지 궁금해지기 시작하였다. 나름대로 그분의 직업을 상상해 보기도 하였다. 아침 출근길에서 가끔 마주치는 그 신사는 소녀처럼 상상의 나래를 펴게 해주었다. 차 안에서 나만이 멋쟁이 신사를 바라보는 재미가 쏠쏠하였고 눈 호강까지 하는 날이 여러 번 있었다. 어떤 날에는 딸인 듯한 여학생과 나란히 웃으며 건너고, 또 어떤 날에는 부인과 손을 꼭 잡고 걸어갔다. 한량처럼 외양만 가꾸는 사람이 아니라 자상한 가장으로 보였다.

어느덧 몇 달의 세월이 지나고 가끔 나 혼자만 즐기던 즐거움을 접어야 했다. 바쁜 출근길에 이 도로는 신호등이 많고 편도길이라

차가 많이 막혔다. 그래서 거리는 좀 멀지만, 시간이 덜 걸리는 윗길로 다니기로 하였다. 그렇게 십 년 동안 출퇴근길은 윗길로 정해져 있었다. 그런데 다니던 윗길도 주변에 도로가 확장되고 이동 차량이 늘어나 복잡하였다. 그래서 몇 달 전부터 다시 아랫길로 내려오게 되었다.

그날도 내 차가 신호등이 있는 횡단보도 앞에서 멈추고 있을 때였다. '앗!' 십 년 전 그 멋쟁이 영국 신사가 횡단보도를 지나고 있는 것이 아닌가!

눈치 없는 신호등은 곧 초록색으로 바뀌었다. 그분은 길을 건너 인도로 걸어가고 있었다. 나는 고개를 돌려 서행을 하며 운전대를 잡았다. 꽃샘추위로 겨울 외투를 입어 손수건은 볼 수 없었지만 중후한 모습은 여전했다. 세월의 무게가 무거웠는지 흰머리도 보이고 야위어 보이기까지 하였다. 무심한 세월은 사람도 데려가니 어쩔 수가 없나 보다.

그런데 최근에는 더 놀라운 사실을 발견하였다. 그날 아침은 내 차가 건널목 신호등을 100m 지나 사거리 신호등 앞에 서 있을 때였다. 길모퉁이 약국 앞 계단에서 열쇠로 셔터를 여는 사람이 있었다. 바로 그분이었다. 궁금했던 그분의 직업이 탄로가 난 것이다. 다시 신호가 바뀌어 서둘러 출발을 해야 했다. 오후에 퇴근하면서 살짝 약국 안을 훔쳐보기로 하였다. 퇴근길에 약국 안을 들여다보니, 정말로 하얀 가운을 입은 키다리 아저씨가 계셨다.

요즘은 나도 모르게 사거리 신호등 앞을 지날 때면 약국 안을 훔쳐보는 얄궂은 버릇이 생겼다. 오늘 아침에는 평소보다 오 분 정도

늦게 집을 나섰다. 약국 앞을 지나치니, 약국 천장에 불이 켜진 LED 조명등이 여러 개 반짝이고 있었다.

'부지런하게 일찍 나오셔서 약국 문을 열어 놓으셨구나!' 그런데 갑자기 '내가 지금 뭐 하는 짓인가!' 하는 생각이 불현듯 들었다. 고의적인 스토킹은 아니지만 나만 차 안에서 남을 훔쳐보는 것이 마음에 걸렸다.

내일부터는 10분 일찍 집을 나서기로 하고 퇴근길도 윗길로 다니기로 마음먹었다.

'키다리 아저씨, 죄송합니다.'

딸이 딸을 낳다

서희정

드디어 할머니가 되었다. 친구들보다 좀 늦게 할머니가 된 나는, 손주 가진 친구들이 기뻐하고 자랑스러워하는 그 기분을 잘 이해하지 못했다. 뭐가 그리 이쁘다고 저리 호들갑을 떠나 싶기도 했었다. 내가 할머니가 되고 보니, 더한 호들갑을 떨고 있는 것 같다는 생각이 들만큼 기쁨과 희열이 크다.

딸아이가 아기를 가진지 꼭 삼십팔 주 육일 째에 나의 손녀 모찌가 천국에서 이 땅으로 이사를 왔다. 이름도 귀여운 모찌, 제 부모가 지어준 태명이 꼭 어울릴 만큼 앙증맞고 폭신폭신하다. 어감에서 오는 느낌처럼, 쫀득하고 맛있어 보이는 팥고물 모찌처럼, 그런 아기를 하나님은 이 땅에 보내 주셨다. 딸아이가 가진통을 하는 것 같다는 소식을 듣고 내 경험을 생각하며 시간이 좀 걸리겠지 했던 것이 진행이 빨리 되어 세 시간 만에 아이를 낳았다는 소식을 들었다. 딸아이가 딸을 낳은 것이다.

세상 이치라는 것이 얼마나 정확하고 재미가 있는지 아홉 달이라는 태중의 시간을 잘 견디어 내고 세상으로 나온 모찌가 신통하기만

하다. 그러나 갓 태어난 모찌는 일곱 시간 만에 동네 병원에서 큰 병원 인큐베이터로 방을 옮겨 코에 기도삽관이라는 고통스러운 과정 후에, 콧구멍에 튜브를 꽂고 호흡을 해야 했다. 세상으로 나오니 숨이 차다. 의사들 소견은 산도에서 태변을 먹은 것이 이유라는 데 간혹 이러한 아이들이 있다고 한다. 어쨌든 모찌는 엄마의 태에서 떨어져 나왔고 병원 인큐베이터에 있음으로 인해 엄마가 산후조리원에서 충분히 쉴 수 있도록 딸아이 혼자만의 시간을 허락해 주었다. 열흘을 떨어져 있고 난 뒤, 간신히 튜브에서 벗어나, 혼자 힘으로 호흡을 할 수 있게 되었을 때, 다시 엄마 곁으로 올 수 있었다.

코로나 시대의 출산 풍경은 우리 시절 아기를 낳을 때와는 많이 달라져 있었다. 국정원 보안을 뚫기보다 더 다가가기가 힘들었다 할까? 비대면이 대세인 시절에 살고는 있지만, 온 가족이 병원 분만실 밖에서 아가가 세상에 나오기를 기다렸다가 함께 기뻐하고 축복하고 했던 때가 그립기까지 하다. 하여튼 이 땅에 보내어진 모찌는 세상으로 나오자마자 전 세계 외할머니 친구들의 기도를 받는 중이다. 우는 아이 떡 하나 더 준다고 했던가? 호흡을 잘 못 한다고, 심장 판막에 구멍이 작은 게 하나 있다고, 심장 쪽의 혈관이 다른 아가들에 비해 작다고, 이렇게 우리 모찌는 기도를 더 해 달라고, 약한 아이 역할을 잘 해내고 있다. 지금 어른들이 해줄 일은 없다고 한다. 그저 지켜보아 주고 기다려 주는 것뿐이라고. 아마도 기도 욕심이 많은 아이인가보다. 천복을 타고나지 않았으면 이렇게 자주 어른들 심장이 툭 내려앉게 하지는 않았을 터이니 말이다.

석 달 전에 나의 건강 상태는 최악이었다. 코로나 오미크론에 감염 후 후유증에서 헤어 나오질 못하여 깊은 우울증 상태에 빠져 있었다고나 할까? 같이 코로나를 겪은 남편도 건강이 안 좋아져서 직전 일 년간 몸무게가 10킬로나 줄고 밥맛도 없어 하고 잠도 잘 못 자는 등, 우리 둘 다 엄청나게 힘이 들었었다. 무기력증과 심한 우울증에 시달리던 나는 그때 깊은 수렁 속에서 죽음까지 묵상했었다. 딸아이가 임신 중이었기에 내가 만약 죽음을 선택하면 그 아이가 어떤 일을 겪을까를 걱정하며 심각한 우울증의 단계를 지나고 있었다. 그때 나를 견디고 버틸 수 있게 한 힘, 모찌의 역할이었다. 살리고 보자! 나도 살고 보자! 그러면서 심한 진통을 두 달 이상 겪은 것 같다.

우리 딸은 첫 아이를 출산하는 것인데 진통을 그리 길게 하지 않았다. 별로 힘들지 않게 쑤욱 아가가 나왔다 한다. 그래도 그 세 시간의 진통 기간이 삼일 같이 느껴지기는 했겠지. 진통을 더 오래 했더라면 모찌가 산도에서 태변을 먹어 큰일이 날 뻔했다는 생각도 들었다. 진통이라는 단어, 영어로 바꾸면 'Labor', 다시 한국어로 번역하면 일, 연구실이란 뜻의 'Laboratory'는 인간이 태중에서 최선을 다해 아기를 키워가는 아기 저장소라는 생각이 드니, 생명과 일, 일과 죽음 사이에 이 산통이란 게 필수 불가결한 과정이란 일임이 깨달아진다. 아프지 않아보고 아픈 사람의 고통을 알 수 없듯이 진통을 겪지 않고는 아기를 세상에 내보낼 수 없다고 생각한다.

딸아이를 혼자 키운 애 아빠에게 모찌가 태어났을 때 전화가 왔었다. 축하한다고. 며칠 전에도 또 전화가 왔다. 모찌가 혈압이 낮아 병원에 데려갔는데 별일 없으니 걱정하지 말라고, 우리가 해줄 수 있는 일은 그저 괜찮아지길 바라며 기다리는 것밖에는 없단 말을 해주며 나를 안심시켰다. 이혼한 전 남편과의 관계도 회복시키는 이쁜 손녀 모찌, 태어나자마자 이 일 저 일로 기도를 시키며 커가는 사랑스러운 모찌, 밝을 예(叡), 강 이름 원(沅)의 예원이라는 그 이름처럼 할미인 나의 어두웠던 삶을 맑은 강물처럼 투명하고 깨끗하게 바꾸어 준 고마운 모찌, 이 아이가 세상의 많은 아픈 사람에게도 맑은 강물로 상처를 씻어주고 아픔을 치유해 주는 그런 아이로 자라나길 바라본다. 모찌를 통해 다시 찾아진 귀한 삶의 의미, 꼭 되어봐야 하는 부모의 역할, 또한 할미의 역할도 잘 해내야 하겠지?

내 주변에는 결혼을 안 했거나, 결혼은 했지만, 자식이 없는 친구들이 있다. 이제는 아이들이 다 장성해서 각자의 환경 가운데 새로운 생명에의 기적과 같은 축복을 경험하는 나이가 되었다. 조부모가 된 할미의 역할을 잘 해내고 또한 손주 가진 기쁨을 지혜롭게 잘 나누어야 하겠다는 생각도 하게 된다. 자식이 없는 친구들, 결혼 생활 가운데 상처와 아픔을 겪고 있는 많은 친구를 위해 말을 자제하고 조심하여 좋은 관계를 이끌어 나가야 하는 예원이 할미의 역할도 잘 해 나가야 하리라 다짐해 본다.

나 자신 엄마의 딸이고 딸이 딸을 낳은 이 시점에서, 역사가 쓰이는 세대의 관계가 이어지는 것이 내 마음속에 들어오니 신기하기만 하다. 진통은 꼭 지나야 하는 과정이고 이 진통을 지나야만 새 생명에의 희열과 희망을 보게 되는 것, 손녀 덕에 또 귀한 공부를 했다. 인생의 돌고 도는 진리를 알게 한 새 생명 모찌가 건강하고 사랑받는 아이로 잘 자라 주길 기도한다.

봄을 캐요

양금애

3월 중순이다. 겨우내 어찌나 웅크렸던지 봄이 되니 밖으로 나가고 싶어 견딜 수가 없다. 배낭을 메고 가까운 뒷산에 올랐다. 아직 이른 봄이라 산은 온통 지난 가을에 떨어진 갈잎으로 덮여있다. 나뭇가지는 벌써 봄을 알아차린 듯 푸른 기운이 감돈다. 이것만으로도 산에 온 보람을 느껴서 좋다.

하산하는 길. 산기슭에 행여 봄을 알려주는 새싹 한 잎이라도 있을까 싶어 숨겨진 보물을 찾듯 두리번거리면서 가만가만 발을 옮겼다. 아니 이것이 웬일인가. 아주 작고 왜소한 꽃이 활짝 피어 있다. 생각 없이 길을 걷다 오랜만에 만난 형제처럼 반갑고 뭉클했다. 이 작은 꽃 한 송이가 나를 이렇게 가슴 뛰게 하다니. 보고 또 보아도 신기하고 반가웠다. 노루귀 꽃들이었다. 그 자리를 뜨지 못하고 행여나 하는 마음으로 주변을 살펴봤다.

기대하는 대로 대대손손 아들딸, 손자 손녀, 증손자까지 거느린 대가족이 살고 있다. 기름진 좋은 터도 아닌 비탈진 계곡, 작은 터에 옹기종기 군락을 이루고 사는 모습이 따뜻해 보이고 옹골졌다. 한

겨울에는 눈과 얼음으로 덮여있었을 자리에서 이렇게 꽃으로 피어나오는 내 마음까지 행복하게 해주다니. 어찌 봄을 알고 다른 꽃들이 피기도 전에 먼저 세상 밖으로 나왔단 말인가. 놀랍다. 나는 물방개가 물위에서 뱅글뱅글 돌듯이 배를 땅에 닿을 듯 몸을 낮추고 동서남북을 돌면서 여러 가지 자세로 꽃의 멋진 모습을 담고 있었다.

내가 하는 짓을 유심히 봤는지 지나가던 남자 등산객이 물었다.

"아주머니, 인삼 캐세요?"

"아니요, 인삼보다 더 좋은 봄을 캐요."

나는 작은 소리로 대답을 했다. 인삼이 좋다한들 봄보다 좋을까. 이른 봄 활짝 핀 노루귀꽃잎에 코도 얼굴도 가까이 대어 보며 흙냄새, 봄 냄새, 새싹 냄새를 맡았다. 아직도 내 기억에 남아 있는 고향의 향기, 밭 언저리에서 피어나는 삘기의 하얀 속살을 씹는 보드랍고 달착지근한 향기를 여기서도 맡게 되다니. 어릴 적 고향 생각에 젖어 한참을 그대로 있었다.

우리가 춥다고 두꺼운 옷 입고 떨고 있을 때 땅속에는 이미 봄이 가만가만 오고 있었나보다. 하지만 그 작고 여리한 싹이 견뎌내기에는 얼마나 힘들고 추웠을까. 북풍한설 찬바람에도 남보다 먼저 꽃을 피우기 위해 언 땅을 헤집고 솟아나오는 용기, 다른 나무들이 잎을 피우기전에 햇빛을 받아보려는 노력, 남모르는 고통을 참아내며 꽃을 피우기까지의 인내를 생각하며 또한 나를 되돌아 봤다. 어찌 세상살이가 호락호락 하던가. 춥고 시려도, 쓰고 짜도 내뱉지 못하고 참고 또 참으며 여기까지 왔다. 그래서 나는 오늘 노루귀꽃에서 봄을, 아니 나를 캐고 있다.

홍매화를 찾아서

조순배

삼월이 되자 여기저기서 지리산 홍매화 이야기다.

몇 년 전 화엄사 각황전 앞에서 만개한 홍매화의 아름다움에 황홀했던 기억이 떠오른다. 그날 많은 사람이 매화나무를 둘러싸고 카메라로 핸드폰으로 사진을 찍어댔다. 마침 그곳에 있던 스님이 홍매화 피는 열흘 동안 삼천 명이 넘는 사람들이 왔다 간다는 말을 했다.

올해도 동네 진사님들이 화엄사에 간다기에 따라나섰다. 다섯 명이 한차를 타고 오후 7시에 출발했다. 화엄사에 도착하니 새벽 1시가 넘었다. 운전하고 온 사람은 피곤하다며 차 안에서 잠이 들고 세 명은 별을 찍는다고 어두운 경내로 들어갔다. 나는 차 밖으로 나와 주변을 서성거렸다.

검은 대밭 숲에서 바람이 불 때마다 들리는 사각거리는 소리는 흡사 귀신의 신음소리 같았고, 댓잎의 흔들리는 그림자는 귀신의 춤사위로 보였다. 늙은 느티나무가 이곳저곳 서 있다. 그 모습도 무섭다. 한참 시간이 흐른 뒤에 별 찍으러 나간 동료들이 새벽 추위에 벌벌 떨면서 돌아왔다. 우리는 차 안에서 쉬다가 날이 밝아질 5시쯤에 경내로 올라갔다.

홍매화는 각황전과 전각 사이에 서 있다. 어둠이 채 가시기 전이라 우리는 더듬거리며 나무의 전부를 볼 수 있는 높은 곳에 자리를 잡았다. 홍매화의 각이 나와야 한다고 자리를 잡기 위해 먼저 온 사람들이 어둠 속에서 보아도 서른 명이 넘어 보였다. 붙박이처럼 한 자리에 한 시간이 넘게 서 있자니 춥고 다리도 아프고 카메라와 삼각대를 버리고 싶어졌다. 하지만 사진은 기다림이라고 했던 어느 분의 말을 떠올리며 꾹 참았다.

이곳은 깊은 산속이고 높은 앞산 때문에 해 뜨는 시간이 30분이나 늦는다고 했다. 7시가 지나서야 해가 떠오르기 시작했다. 이 순간을 놓칠세라 기다리던 사람들은 카메라 셔터를 누르기 시작했다. 그러나 붉은빛만 감도는 꽃봉오리를 바라보며 진사님들은 허탈한 한숨만 흘렸다. 그래도 다시 오기 힘이 드니 찍고 또 찍고 계속해서 찍었다. 나는 언덕을 내려오며 수령 삼백 년이 넘는다는 홍매화를 가까이 바라보았다. 검은 둥치에 검은 가지들, 붉은빛이 돌고 있는 꽃봉오리들. 아쉬운 마음 화엄사 뜰에 남기고 돌아섰다.

집에 돌아와 추위에 떨며 찍은 사진들을 들여다보지만 하나같이 마음에 차지 않는다. 당장이라도 다시 가서 찍고 싶다는 생각이 굴뚝같을 때 마침 사진 동호회에서 화엄사에 간다는 연락이 왔다.

나흘 뒤 홍매화를 향해 또 달린다. 밤11시에 출발해서 도착하니 새벽 4시다. 날이 새려면 아직 멀다. 군데군데 서 있는 가로등을 바라보며 팀장은 밖이 추우니 좀 더 기다리다 나가라고 한다. 마음이 급한 삼십여 명은 무거운 장비를 어깨에 메고 절을 오르기 시작한다.

4시 30분이 되자 운고루에서 목어 치는 소리가 들리고 목어 치는 소리가 멈추자 북소리(법고)가 시작되고 그다음 구름판 두드리는 소리가 들린다. 어둠 속에서 붉은 장삼을 두른 스님 세 분이 한 분 한 분 내려오신다. 잠시 뒤 종각에서 종(범종)이 큰소리로 울리기 시작한다. 북치는 스님의 붉은 장삼 자락이 불빛에 반짝인다. 덩- 덩덩 크게 한 번 작게 두 번 그 종소리가 화엄사를 깨우고 지리산자락을 울린다. 북소리가 끝나자 법당 안에서 스님의 독경소리가 우렁차다. 이런 화엄사의 새벽을 온 몸으로 느끼며 평생을 살았을 홍매를 찾아간다.

어둠 속 언덕에는 많은 사람이 서 있다. 자리를 잡지 못하고 서성이다가 뒤를 돌아보니 어림잡아 백여 명은 되어 보인다. 그들도 밤새 달려왔을 것이며 아니면 전날 와서 이 근처에서 잠을 잤을 것이다.

점점 어둠이 물러선다. 붉은 꽃이 가득 피어있다. 꽃은 붉다 못해 검붉은 빛을 띠고 있다. 새벽 여명에 얼비치는 홍매화의 모습에 사람들은 숨을 죽인다. 찰깍거리는 셔터 소리가 지리산자락의 정적을 자르기 시작한다.

절집의 고즈넉한 지붕 위에 환한 빛이 비치고 묵은 탑들은 생기를 얻는다. 화엄사 경내가 살아 움직이기 시작한다. 빛을 받은 홍매화는 붉은 옷으로 성장한 여인처럼 점점 요염해진다. 그 황홀함에 말을 잃은 것일까. 주위는 침묵이 흐르고 셔터 소리만 들린다.

나는 카메라를 내리고 꽃송이 하나하나와 눈 맞춤을 하다가 엉뚱한 생각을 한다. 옛날 옛적 이 절의 수도승이 한 보살님을 지극히 사랑하여 전할 수도 품을 수도 없는 마음을 홍매 밑에 묻었나. 삼백 년이 넘는 세월 봄마다 검붉게 피워낸 사랑이려니. 나는 오늘 꽃이 아니라 사랑을 찍어가리.

우아한 밥상

신혜경

끼니를 챙겨 먹는 것은 어려운 건 아니지만 결코 쉬운 일도 아니다. 먹지 않으면 건강과 생명이 위협받고, 삶이 힘들어진다. 반면 매끼 무엇을 어떻게 먹을까 메뉴를 생각하고 식탁에 차리는 것은 참으로 번거로운 일이다. 먹고 사는 것이란 한 끼의 식사가 아닌 건강을 먹는 것이다. 배부르게 먹는 것보다 먹는 음식의 영양가도 생각해야 한다. 매끼마다 나는 고민한다. 나의 한 끼는 배가 고파 배를 채우는 것일까. 살기 위해서 먹는 것일까. 맛으로 먹는 것일까. 맛이 아닌 생존을 위함일까. 끼니의 의미를 맛으로 바꾸고, 즐거움으로 바꾸고 건강을 목적으로 먹는다. 그저 끼니를 때우려 하지 말고, 숙제하듯 먹지 말고 축제하듯 즐기자고…. 나의 입맛만을 찾지 말고 어울려 숟가락을 들고 일상의 여백을 즐기며 살려 애쓴다.

매 끼니마다 주신 음식 감사하며 즐기려 하지만 혼밥의 일상은 내 식탁을 부끄럽게 만들 때가 부지기수다. 매끼 진수성찬일 수 없지만 우아한 식탁의 주인공이 아닌 대충 차려진 밥상을 보며 정체성의 혼란을 느낀다. 설거지하는 것이 뭐가 그리 힘들다고 솥과 냄비째 갖다 놓고 먹고 있단 말인가. 기껏해야 접시 두어 개, 국그릇 하나 더 닦으면 되는 것을 반찬 그릇 제대로 챙기지 않은 것이 부끄럽고 초라해져 슬프다. 살아가는데 모든 사랑의 출발점은 자기 자신이다. 나에게서 출발해서 타인에게 전해진다. 사람들은 자기 자신을 사랑할 줄 모른다. 자아도취에 빠진 교만함과는 다르다. 타인에게 하는 칭찬도 자신에게는 인색하다. 나를 진정으로 사랑할 때 온전한 이웃 사랑도 이루어지는 법. 자존감은 스스로 채워 넣어야 한다. 이제부터는 스스로에게도 "사랑해" "고마워"를 외치며 나 자신도, 남도 더 많이 사랑하며 살아가자.

남을 대접하기 위해 개인 접시까지 챙기며 아름다운 식탁을 차리기 위해 고심했고, 수업 시간에는 물론 생활관 실습 통해 강조한 우아한 식탁 차리기는 이론뿐이었던가 한식 반상 예법부터 서양 식탁 식사 예법의 생활화를 얼마나 가르쳤던가. 나이 먹어 귀찮다는 이유로 반찬 그릇 제대로 챙기지 않은 것이, 혼자 먹고 있을 때 별반 생각 없는 나의 게으른 밥상에 대한 수치심, 우아하고 품위 있는 모습 보이지 못한 채 냄비째 식탁에 올려놓고 한 끼 대충 먹는 자신에 대한 홀대의 모습을 반성한다. 하루 2~3회 끼니를 챙기고 사는 동안 저마다의 창의력이 있을 터. 혼밥 일수록 맛있는 음식을 더 맛있게 먹기 위해 최상의 조합이 필요하다. 멋진 조합을 찾는 일은 조금의 수고가 따를지라도 더 만족스럽게 된다. 한 번을 먹어도 더 맛있게 먹기 위한 음식 조합과 식탁 차림에 주목할 필요가 있다.

식기장에 아름다운 고급 식기들, 접시류와 잔들이 가득한데 그저 장식일 뿐 내 식탁을 우아하게 만드는데 무용지물이다. 문득 언니의 말이 또 머리를 스치며 부끄럼이 솟구친다. "너 가정과 선생님 맞아? 학생들에게 이렇게 가르치지는 않겠지?" 업무에 치이고 지쳐 귀가하여 대충 저녁상을 차릴 때, 아침 바쁜 시간에 밥상이 소홀하면 늘상 나를 질책하던 말이다. 대학 강의하는 언니와 달리 우리나라 교육계의 문제점 수업보다 더 과중한 업무에 쫓기며 바쁜 일상을 살다 보면 우아함도 격식도 생략 실리를 추구할 때가 많았다. 반면 언니는 품위 유지를 위해 아무리 바빠도, 토스트 한 조각을 먹어도 예쁜 접시 예쁜 잔에 차와 음료를 담아 개인 매트까지 깔고 식사했다. 토닥토닥 의견 차이로 많은 시간을 다투었고, 겉치레가 아닌 스스로를 사랑하고 대접하라 충고 아닌 충고를 들어야만 했다. 자신을 아낄 때 타인도 나를 소홀히 대접하지 않는다면서…. 외적인 성취를 위해 내면이 무너져 내리고 있는 빈껍데기로 겨우 버티고 있는 내 삶에 대한 경고와 위로의 말이다.

이제 노년기에 접어든 나이, 노년은 생각보다 멋지고 아름다운 인생길이다. 삶의 여정 중에 마음을 비우며 살아가기에 가장 여유로운 시기다. 하지만 육체적으로 쇠락의 시기로 만사 귀찮고 게을러지는 몸과 마음을 다잡기 위해 분발을 촉구한다. 때가 많이 늦었지만, 이제라도 나 스스로에게도 예의 바른 밥상을 차려야겠다. 예쁜 접시, 예쁜 그릇, 예쁜 컵과 예쁜 받침으로 구색 맞추어 나를 대접하련다. 겉치레가 아닌 내면에서 반짝이는 나를 찾기 위해서. 적당히가 아닌 정성스럽고 맛깔스럽게 담고 나를 대접하자. 귀히 여기자. 남을 위해 희생하며 살아오던 나의 삶에, 나의 식탁에 변화의 방향 전환 통해 나부터 품격 있는 사람이 되자.

단순히 먹방처럼 음식에 매몰되지 않고, 배부르게 먹는 것 보다는 음식을 즐기며 끼니 걱정에서 해방된 우아한 삶을 추구하자. 끼니를 때우려 하지 말고 맛있는 음식으로부터 충분히 무너진 마음과 공허함을 달래자. 나이 먹음에 따른 육체의 쇠락을 실감하며, 몸에 좋은 먹거리에 신경 쓰며 가짓수 보다는 질적으로 우수한 영양 섭취, 건강에 예민하지 않아도 좋은 식탁, 혼밥이 외롭지 않은 행복한 식탁을 꾸리며 파이팅을 외친다. 건강을 유지할 질 좋은 식단과, 나이 먹어 흐트러지기 쉬운 식습관 아닌, 우아하고 품위 있는 예쁜 식탁 차림을 선물하자. 계절별 예쁜 꽃과 향기롭고 탐스러운 과일도 빠뜨리지 말자.

위로는 비단 사람에게서만 받을 수 있는 것이 아니다. 매끼를 공급하시며 나의 삶을 인도하시고 생명을 보호하시는 창조주의 은혜에 감사하며 나를 대접하자. 온전한 삶이 되도록 내 삶을 대하는 나에 대해 점검하는 계기 삼고 혼자 먹는 밥상에 가끔, 아니 매일 사치를 부림으로 나를 대접하며 연약함의 어두운 그림자로 가려졌던 내가 아닌 영육이 건강함의 빛이 밖으로 뿜어 나와 외면까지 환하게 빛나는 주위를 환하게 밝히는 사람으로 성숙해지고 싶다. "나를 돌아보고 지금 하는 일에 성의를 다한다면 그 즐거움이 더없이 클 것이다." 맹자의 말씀 속에 나 자신에게 소홀했던 시간을 돌아보며….

에이브러햄 링컨은 "인간은 자신이 행복 하려고 스스로 결심하는 만큼만 행복할 수 있다."고 말했다. 우리는 각자 자기 인생의 주인공이다. 나에게 주어진 인생의 무대에서 멋진 주인공의 삶을 살아내기 위해 백조라는 사실을 기억하며 힘찬 날갯짓을 하련다.

부부 시인과 도토리묵

손수자

5월의 마지막 날 어스름 녘, 강릉 송정해변 쉼터에 문학인 십여 명이 모였다. 발간된 문학지 출판기념회를 마친 회원들이다. 단체 회식이 끝나면 커피숍에 모여 차 한 잔 마시면서 이야기를 나누다 헤어지는 일이 다반사였는데 오늘은 예외다. 누가 먼저 이곳에 오자고 했는지 기발한 발상이다.

여기는 동해안의 명소 경포, 강문, 송정, 안목해변으로 이어진 강릉 해파랑길, 또 오고 싶고 걷고 싶어지는 곳이다. 곰솔밭 오솔길과 푸른 바다, 수평선과 맞닿은 드넓은 하늘. 그리고 바다 냄새와 솔향을 실은 상큼한 바람을 맞으면 뉘라도 실내의 좁은 공간으로 들고 싶겠는가. 모두 쉼터에 마련된 일체형 나무 탁자에 둘러앉으며 낭만적인 분위기라고 기분을 띄운다. 각자의 손에 해파랑 가게에서 뽑아 온 커피와 취향대로 따른 음료수 컵을 들고 건필과 건강을 위하여 건배를 외친다.

삼삼오오 이마를 맞대고 이야기를 나누는 동안 김 시인이 도토리묵을 썰어 접시에 담고 양념간장을 얹는다. 커피를 홀짝이던 내 눈이 번쩍 뜨이고 입안에 군침이 돈다. 도토리묵을 본 남성들이 그냥 있을 리 없다. 가게로 달려가 막걸리를 사온다. 막걸리와 도토리묵은 찰떡궁합이 아닌가. 어둠이 내리는 바다, 그리고 막걸리와 도토리묵과 커피가 분위기를 돋운다. 덩달아 다양한 장르의 문인들 입담이 풍성하다. 화기애애한 이야기가 오가더니 글쓰기 작법에까지 이른다. 철학과 출신의 어느 회원이 현대 문학작품 경향에 대하여 열변을 토한다. 그는 틈틈이 소설 같은 산문을 쓰면서 자기 내면의 바닥까지 드러내지 못해 아프다고 한다. 언젠가는 자신을 산산조각 분해하는 글을 쓰고 싶은데 그때가 언제일지 모르겠다며 양념에 잘 버무려진 도토리묵을 입에 넣는다. 그렇다면 나는 어떤 글을 쓰는가. 드러내기 부끄러운 수필 몇 편을 떠올리며 나도 도토리묵을 입에 넣는다. 목구멍으로 넘어가는 그 부드러운 감촉에 날 서려던 감성이 흐물거린다.

시인의 도토리묵은 쫀득하고 맛이 일품이다. 양념과 어우러져도 쌉싸름하고 떨떠름한 제 고유의 맛을 잃지 않았다. 거기에 더한 감칠맛은 부부 시인의 합작품이기 때문일까. 부부 시인은 가을이 오면 도토리를 줍곤 한다. 그것을 주울 때마다 묵을 맛있게 먹던 사람들의 모습을 떠올리며 손놀림을 재촉한단다. 이들은 이미 다람쥐의 겨울 양식을 축내지 않기로 다람쥐와 약속했다.

그들은 앙증스러운 도토리 안에도 우주가 있다고 여긴다. 도토리는 땅 위에 굳건히 서 있는 참나무에서 하늘과 해와 바람, 밤하늘의 달과 별까지도 품어 영글었다. 거위벌레의 공격을 용케 이겨냈다. 그래서 소중하다. 부부 시인은 그 도토리를 가루로 만들어 묵을 쑤고 양념을 얹어 이웃에게 아낌없이 나눈다. 자연의 혜택에 감사함도 전한다.

부부 시인이 도토리 가루를 만드는 과정은 고되다. 주워온 도토리를 물에 담그고 방앗간에 가서 갈아 온다. 여기까지는 그래도 할만한데, 갈아온 것을 자루에 넣어 치대고 또 치대어 도토리 물을 짜내고 찌꺼기를 버리는 일이 버겁다. 이 일을 수없이 반복하다 보면 몸이 지치는데 마음은 뿌듯하다. 도토리묵을 맛있게 먹으며 즐거워하는 지인들의 얼굴을 떠올리면 새 힘이 솟는다. 큰 그릇에서 며칠 동안 우려낸 도토리 가루를 말리는 과정도 만만찮지만, 뽀얗게 드러나는 가루를 저장하면서 느끼는 충만감이 남다르기에 행복하다.

일 년에 두 번씩 몇 해째인가. 『강릉 가는 길』 출판기념회 때마다 가져오는 부부 시인의 도토리묵에 내가 감동하는 것은 나는 그런 작업을 번번이 실패했다. 어성전 임도를 걷다가 길가에 널려있는 도토리를 한 줌씩 주워 모으면 우리 식구라도 먹을 만큼의 도토리 가루를 만들 수 있으련만, 그 과정을 따르지 못한다. 도토리를 주워다 놓고 이런저런 핑계로 게으름을 피우다 보면 도토리에서 통통한 하얀 벌레가 기어 나온다. 그것을 방지하기 위하여 물에 담가야 한다는 말을 따르다가 썩히기 일쑤다. 자연의 순수한 맛을 지키려면 남다른 노력과 정성과 사랑을 담아야 하는 것을 귀촌한 지 여러 해가 되어서야 깨달았다.

부부 시인은 이미 자연인으로 사는 삶을 터득한 듯하다. 자연에서 취하되 욕심 부리지 않고 다람쥐 등 자연의 식구와 나누며 산다. 안성의 농촌 아담한 마을에 살면서 소소한 일상을 시로 표현한다. 도토리묵도 보글보글 끓이고 뜸 들여 시를 짓듯 쑤었을 것이다. 그들의 시는 담백하다. 진실한 삶이 곧 작품으로 승화한다. 지금 여기 바닷가 탁자 위에 놓인 도토리묵이 부부 시인 여정의 산물인 시(詩)라고 여겨진다.

어느덧 어둠이 깔린 강릉 앞바다, 한기를 느끼는 바닷바람이 오히려 상쾌하다. 계절의 여왕 5월이 작별 인사를 고하려고 서성거린다. 부부 시인이 마련한 도토리묵 접시도 5월을 비운다.

그리운 약손

서주린

나아라 나아라 울 아가 울지 마라
엄마 손은 약손 울 아가 배는 똥배…

모 가수의 텔레비전에서 부르는 노래에 가슴이 아려온다.

유년 시절엔 찬바람만 스쳐도 배가 살살 아프고 잘 체하는 체질이었다. 약재가 귀하던 시절, 배를 아래위로 쓸어내려 주시는 어머니의 손길이 약이었다. 자리에 눕히고는 '엄마 손은 약손, 쑤욱 내려가라.' 하시면서 가락에 맞춰 흥얼거리시면 신기하게도 아픈 배가 가라앉았다.

친구들과의 외식에서 찬 음식을 먹었다. 긴 장마와 폭염으로 기력이 쇠해진 탓인지 속이 거북해오며 배앓이가 시작되었다. 상비한 약을 찾아 먹었으나, 왠지 허전함이 밀려온다. 돌아가신 어머니의 손길은 물론 지난해 타계한 아내의 손길이 못내 그립다.

나는 워낙 허약 체질로서 중학교 졸업 후 외지에서 홀로 자취생활을 하다 보니, 건강상태가 말이 아니었다. 아니나 다를까 입대영장을 받고 논산훈련소에 입소하여 신체검사를 받던 중, 체중미달로 인한 입·퇴소여부를 묻는다. 재학 사유로 입영 연기신청을 하면서 대학졸업을 하면 반드시 군대를 가리라 결심하였던 터라, 강력한 희망으로 입대하여 대한민국 남아로서 국민의 4대 의무 중 하나인 국방의 의무를 마쳤다.

군복무 후 국가공무원으로 속초에서 근무할 때다. 하숙하면서 퇴근 후의 외로움을 동료들과의 술자리로 달래는 시간이 많았다. 술의 종류를 불문하고 들이마시던 시절, 그때도 찬 맥주를 마신 다음 날은 여지없이 배앓이를 했다. 그런 중에 직장 상사의 중매로 혼사가 성사되었다. 안정적인 가정에서 규칙적인 식생활에 건강을 찾기 시작했다. 더구나 위장에 좋다는 약재가 있으면 다 구해다 주는 아내의 정성으로 위장도 기력도 좋아졌음은 물론이다.

고향을 떠나 타지 생활을 하다 보니 명절, 휴가 때만 부모님을 찾아뵙곤 했다. 노쇠하신 어머니가 체증으로 고생하시는 걸 보았다. 그저 소화제 계통의 약을 상비해 드리는 게 최선이라 생각하였다. 살갑게 어머니의 여윈 배를 한 번 쓸어드리지 못했다. 사는 게 바쁘다는 핑계로 병원 한 번 모시고도 못 갔다.

어머니는 어떤 모양새로라도 늘 그 자리에 계실 줄 알았다. 아이들이 어른이 되고 비로소 어머니의 소중함을 깨달았을 때, 그땐 이미 내 곁에 안 계셨다. 내리사랑이라 했던가. 배앓이를 자주 하는 자식의 배를 쓸어내리며, 늘 기도하는 마음 가락으로 자식을 품어내심이 사랑의 온도라는 걸 뒤늦게 깨닫는다.

내 나이 팔순이 넘어서야 어머니 약손의 애틋한 마음을 이해하다니…. 그리운 어머니의 약손을 대신해, 두 손으로 연신 배를 쓸어내리며 '엄마 손은 약손, 아가 배는 똥배'라고 따라 부르며 볼을 타고 흘러내리는 그것이, 바로 그리움과 회한의 눈물이라니…. 저승에 계신 어머님과 아내에게 그렇게밖에 건넬 수 없는 내 마음은 여전히 배앓이 하는 중인 것이다.

시간은 쉬지 않는다

안 태 희

내가 왜 눈물이 날까?

4년 전 일이다. 생소한 이름에 허름한 포장지로 싼 책 한 권이 배달되었다. 본인이 출간한 책도 아닌 외국작가의 인생 에세이다. 의아했다. 주소가 있기에 감사의 뜻을 전했더니 답장이 왔다. 내 수필집 『하늘로 문난 집에 시집보낸다』를 읽고 답례로, 그동안 살아오면서 읽었던 책 중에 기억에 남아 권해드리고 싶어 보냈다는 것이다. 그러면서 설명을 덧붙였다. 아울러 본인은 오래전부터 몸이 많이 불편해서 거동을 잘 못하며 나이도 많다는 것이다.

불편한 몸이라니 인간의 천성인지 마음이 짠했다. 그 후 건강이 회복되기를 바라는 마음에서 두어 번 전화를 했었다. 올해 초다. 자그마한 소포가 왔기에 열어보니 한 권의 책 분량쯤 되는 프린트물이다. 정리된 수필 네 편과 살아오며 필요한 것들을 간간이 정리한 절실한 내용들이다. 건강과 정신적인 것들을 곁들였다.

첫 장엔, 선생님의 전화를 받고 깜짝 놀랐습니다. 잊고 살던 분에게 전화를 받아서 더 반가웠습니다. 목소리를 들으니 건강한 것 같아서 좋았습니다. 저는 올해 95세 일몰이 가까워 옵니다. 글쓰기를 좋아합니다. 수필형식으로 쓴 글 네 편과 인터넷에서 따온 볼만한 내용들을 보냅니다. 회신은 하지 마시고, 손전화로 받았다는 문자만 보내주시면 고맙겠습니다. 이것이 전부였다. 대부분 삶을 돌아보며 메모해 두었던 내용이다.

올해도 또 한 해가 저물고 있다. 문득 그분 생각이 났다. 건강은 회복되었나? 하는 생각에 전화를 걸었다. 사모님이 받는다. 수화기 너머로 그늘진 목소리가 흘러든다. 뜬금없이 "우리 선생님 '자살기도'에 들어갔습니다."

자살이라는 단어만 멍멍하게 들렸다. 무슨 말인지 잘 인식되지 않아 다시 물었다. 뜻밖이라 얼떨떨하다. 이어진 말은 수면제를 먹고 병원에 가서 살렸는데, 또 목욕탕에 들어가 락스를 마시는 바람에 119에 실려 갔었다는 것이다. 습관성 자살이란 진단을 받고, 도저히 다른 방법이 없어 요양원에 입원 중이라는 것이다.

생면부지 남의 남자인데 왜 내가 눈물이 날까? 한 번도 아닌 두 번이나 그를 죽음으로 몰아간 사연이 무엇일까? 그는 왜 그리 살고 싶지 않았을까? 그가 보낸 몇 편의 수필을 통해서 인지된 것은 일제강점기, 한국전쟁을 거치면서도 괜찮게 헤쳐 나왔다고 인정했는데, 고학력에 확고한 인생관과 부지런함으로 성실하게 살았다 싶었는데, 왜 그리 허무하게 무너졌을까? 마음이 무겁다. 앞길을 모르면 한번 살아보고 그 산 답이 어떤 것인지를 알아내고 떠나야 하는 것이 아닌가? 머릿속이 정리가 안 된다. 풀리지 않는 답답함이 오래 남을 것 같다.

그의 글 속에서는 건강하게 장수해야 인간답게 사는 것이라 읊었고, 독서를 많이 하는 사람이 가장 건강한 삶이라 했으며, 백 년의 안목으로 우려낸 삶의 정리는 우직함에 있다 해놓고. 행복해지고 싶은데 행복할 수 없는 삶이라 치더라도 걸어온 길 무참하게 던져버리면 그 책임은 누구에게 있다할 것인가.

전화를 걸었다. 어눌하게 들리는 목소리.

"안태희입니다."

"네, 알고 있습니다."

알고 있다는 말에 말문이 막힌다. 죽음의 문턱까지 갔던 그에게 아직도 내 전화번호가 남아있었다는 증거가 아닌가. 나는 입 속으로 혼잣말을 한다.

'선생님! 100세 시대에 겨우 95세에서 왜 망설이십니까? 가보지 않은 길을 왜 그리 서두르시나요? 오늘부터 100세를 향한 도전을 해보세요. 기대하고 기다리겠습니다.' 허허한 공백이 흐른다. 안쓰럽다. 서두르지 않아도 오래잖아 우리가 다 가야할 길인 것을. 나의 안부 전화가 삶을 포기하고 싶던 그에게 살 용기가 되는 명약이 되었으면 좋겠다.

힘을 빼라

박춘자

요즘 가끔 스크린 골프를 즐긴다. 전에는 스크린으로 치는 것을 별로 좋아하지 않았다. 친구가 함께 가기를 권해도 무슨 맛으로 좁은 방에서 그림에다 골프채를 치냐며 한마디로 거절을 하곤 했었다.

내가 골프를 시작한 것은 퇴직을 하고부터다. 직업상 젊어서부터 골프를 시작한 남편을 보며 비용이 많이 든다는 것을 알기에 남편이 권해도 나와는 전혀 상관없는 일이라고 생각도 안 했다. 나보다 일찍 퇴직한 남편이 한창 유행하던 해외 나들이 골프에 열을 올리고 있는 것에 자극받아 배우기 시작한 것이 20년이 넘었다.

남편 말대로 운동신경이 둔해서인지 처음에는 참 힘이 들었다. 매일같이 연습장에 나가 연습했다. 하지만 연습만 한다고 느는 운동이 아니었다. 실전이 중요했다. 사실 남편 혼자 치기도 버거운 형편에 생각 없이 쫓아다닐 수도 없어 나는 여러 가지 이유를 대고 자주 빠지곤 했다. 그러니 실력이 늘 리가 없다.

당시에 한창 유행하던 회원권을, 큰 돈 안 들이고 해외에 자주 나가서도 골프를 칠 수 있다는 유혹에 거금을 내고 샀다. 한 2~3년은 신나게 동남아시아를 누비며 골프를 쳤다. 그러나 3년도 넘기지 못하고 회사가 부도를 내고 회원권은 휴지조각이 되었다. 그 후에도 어쩌다 보니 야외로 자주 나가지 못했고 실력은 보기플레이(90대 중반 정도)로 끝을 냈다.

나이가 들면서 남편도 골프 치러 야외로 나가는 횟수를 줄이며 요즘은 스크린 골프를 치기 시작했다. 동네에 있는 곳이니 와서 구경만 해보라고 간곡히 권하기에 갔다가 3년 만에 채를 잡아보았다. 처음엔 언제 내가 골프를 쳤더냐 싶게 공이 이리저리 엉뚱한 곳으로 날아가고 거리도 나지 않았다. 126개. 초짜 시절에도 그렇게 많이 친 적은 없었다. 오기가 나서 몇 번을 따라다녀 보니 실력도 늘고 재미도 붙기 시작했다.

문제는 남편과의 싸움이 잦아졌다. 매번 "힘을 빼라" "욕심 부리지 마라" "천천히 쳐라" 등 할 때마다 잔소리다. 어떨 때는 "왜 그렇게 둔하냐?" "생각 좀 하고 쳐라" 등 자존심을 건드리는 소리까지 하니 "안 한다"고 문을 박차고 나올 때도 있었다. 하지만 곰곰이 생각해 보면 다 맞는 말이다. 어깨에 힘을 빼야 잘 나가고 긴 채로 치면 잘 맞으면 멀리 나가지만 실수할 확률이 크다. 한 번에 넣으려고 욕심을 부리면 영락없이 실패다. 또한 골프는 기술도 중요하지만 정신력이 중요한 운동이라고 한다. 기본적인 실력이 있어도 머리를 써서 위기를 돌파하는 능력도 중요하다. 그러니 생각하고 치라는 말도 맞는 말이다. 리듬을 타고 천천히 쳐야 뒤땅도 안 치고 성공적인 샷이 된다. 잘 알고 있지만 그게 어디 쉬운 일인가. 내 마음대로 되지 않는 것이 골프란다.

우리네 인생도 마찬가지가 아닐까 하는 생각이 든다. 며칠 전에 남편이 옛 동료들과 평창에서 골프를 치고 와서 명함 한 장을 내놓는다. 무심히 읽어보니 '오리 참숯구이 집'이라고 쓰여 있었다. 전에 함께 있던 직원인데 IMF 경제 위기 당시 많은 은행원들이 명예퇴직을 할 때 퇴직금으로 평창에 땅을 사 작게 오리를 기르기 시작한 것이 점점 규모가 커지고 음식점까지 하며 크게 성공했다고 한다. 물론 크게 성공할 때까지 어려움이 어찌 없었겠냐만 본인 말로는 음식점까지 하리라곤 꿈에도 생각 않고 그저 편히 노후를 지내려고 했다고 한다. 욕심을 안 부리고 힘을 빼고 서서히 착실하게 살아간 것이 홀인원을 한 것이다.

퇴직을 하면 여기저기서 러브콜이 많이 들어온다. 달콤한 말로 함께 사업을 하자든가, 자기 회사에 임원으로 와 달라든가. 이때 아 퇴직 했어도 잘나갈 수 있겠구나 '나는 잘 할 수 있어' 하고 힘을 주고 시작한 일이 낭패를 보는 예도 참으로 많이 보았다. 눈높이를 낮추고 안전하게 욕심내지 말고 작은 일부터 하면 크게 낭패는 보지 않을 것이라고 생각한다.

어머니가 돌아가신 후, 어느덧 내가 그 자리에 서 있음을 알았다. 얼마 남지 않은 나의 날들을 어떻게 보낼 것인가를 가끔 생각하게 된다. 여기서도 내 스스로에게 다짐한다. 욕심 부리지 말고 힘을 빼라고. 여유롭게 리듬을 타며 남은 날을 보내라고.

지금 티브이에서는 국민가수 경연대회가 한창이다. 모두 잘해보려는 욕심 때문인지 긴장한 빛이 역력하다. 어떤 이는 마이크 잡은 손을 벌벌 떨기도 한다. 난 나에게도 그들에게도 마음을 비우고 힘을 빼라고 충고하고 싶다.

생활은 단순하게, 생각은 높게

서숙자

친구가 주택에서 살다 아파트로 이사한다. 엄청 많은 살림살이를 버렸는데도 집이 좁아 정리가 잘 안 된다고 푸념을 한다. 구닥다리 물건이나 옷을 정리해서 홀가분하지만 아직 버릴 것을 더 찾는 중이란다.

듣고 보니 나도 삶의 방식에 변화를 주어야 할 때가 된 것 같다. 필요 이상의 물건을 갖고 복잡하게 사는 것 같아 이참에 정리하기로 맘먹는다. 없어도 크게 불편하지 않을 가구가 있는지 둘러본다. 쓰기엔 편하지만 자리를 차지하는 원목 거실 탁자가 눈에 띈다. 육각형이어서 특이하고 감촉이 좋아 남편의 연구실에까지 갖다온 탁자를 눈 질끈 감고 버렸다. 아쉽지만 후련함은 이루 말할 수 없다.

답답한 게 또 있다. 방에 두기도 모자라 거실의 세 벽면을 차지하는 책장이다. 책장 두 개와 꽂인 책을 버리는데 며칠이 걸렸다. 아깝다. 책장을 넘기며 마지막으로 함께 할 시간이 필요하다. 책을 버릴 때 가장 아쉬운 것은 작가와 내용과 충분히 감정 교류를 한 후 멀리 보내도 괜찮겠다는 결정을 내리기가 쉽지 않기 때문이다. 더구나 내 힘으로는 들 수 없을 만큼 방대한 사전(事典)들을 버릴 용기가 나지 않는다. 인터넷을 보면 훤히 알 수 있는 내용이 수록돼 있지만 출판된 장정(裝幀)이 소중하다.

어느 인사(人士)가 TV에 나와 말한다. 지인 댁을 방문한 적이 있는데 왠지 편안한 느낌이 들어 이유를 생각해보니 집안에 가구도 별로 없이 단순하고 깔끔하더란다. 그림에만 여백이 있는 게 아님을 깨닫고 자기도 그 후 집안에 가득한 책을 버렸다고 한다. 아마 현재 갖고 있는 책만큼 버린 것 같다면서 버리고 나니 마음이 편안하다고 말하는 표정에 공감이 간다.

우리 집 주방으로 시선을 돌린다. 오래 전 유리잔을 씻다 다친 경험도 있어 선물로 받은 것을 제외하곤 예쁜 유리그릇을 미련 없이 버렸다. 한때 좋아해서 모은 도자기 그릇, 스테인리스 그릇, 몇 년 이상 안 쓰고 있는 냄비며 프라이팬, 잡동사니 플라스틱 찬그릇 등등 위험하고 무거운 것들을 재활용장이나 쓰레기 봉지에 담아 내놓는다. 필요한 분들이 가져간다고 하면 기분이 좋다. 요즘은 손님을 집에 초대할 일도 별로 없고 늘어놓고 바라보며 즐길 때도 지난 것 같다. 그만큼 나이가 든 걸까.

아직 옷장 정리도 남았다. 필요한 이에게 줄 것, 버릴 것, 남길 것, 정감 어린 편지나 카드, 여행 기억을 되살리는 수집품들, 도무지 지금 내 모습이 아닌 듯한 젊은 사진들을 정리하기엔 더 많은 시간이 필요하다. 버리기도, 갖고 있기도 결정하기 어려운 것들이어서 충분한 시간 정을 나눈 뒤에나 이뤄질 것 같다.

정리는 시간이 꽤 걸리는 작업이다. 단순한 대청소가 아니다. 지금부터 여생을 어떻게 살아야 할지를 가늠하고 앞으로 이러한 물건들은 더 이상 필요하지 않을 거라는 생각에 약간 슬픈 작업이기도 하다.

생산과 과소비가 넘쳐나는 시대, 아니 홍수, 전쟁, 산불 등으로 고귀한 생명이 스러져가는 시대, 욕심내서 뭔가 차곡차곡 쌓아놓아야 할 필요가 있는지 성찰해본다. 백화점 쇼핑백을 양손에 들고 즐거운 발걸음으로 귀가한 일이 있다. 하지만 지금은 쇼핑이 힘들다. 미로를 헤매다 온 듯 피곤할 뿐 기쁨이 솟아오르지 않는다면 적어도 그 쇼핑이 결코 정신의 충만을 주지 않는다는 징조가 아닐까. 나이 든 나에게만 해당되는 말인지 잘 모르겠다.

흔히 미국 작가 소로우(H. D. Thoreau, 1817~1862)의 『월든』을 떠올리는 사람이 많다. 그의 생각은 '단순한 삶'에 근거를 둔다. 삶의 복잡함과 육체적 욕망을 멀리 하는 철학 표현이다. 단순한 삶은 정신적 평정을 가져오고 스스로를 정화하는 깊고 높은 생각의 차원에 이르게 한다는 것이다. '단순한 삶, 높은 생각'이다. 숲 속에 수수한 통나무집 짓고 콩 심고 채소 위주의 소식을 하며 어떤 정신적 풍요로움을 얻었는지 책에 쓴다.

'간소하게, 간소하게, 더 간소하게 살라! 제발 바라건대 여러분의 일을 두 가지나 세 가지로 줄일 것이며, 백 가지나 천 가지가 되도록 두지 말라'는 그의 말은 너무 복잡하고 걱정거리가 많은 세상에서 머리가 아픈 현대인들이 음미해 볼 만하다.

오늘도 나는 되뇐다. '생활은 단순하게, 생각은 높게'라고….

내 삶의 값진 향기

황덕수

골든타임. "삐용 삐용" 요란한 경음 소리와 경광등 불빛을 발산하며 꽉 막힌 도로에 모세의 기적처럼 길이 열리고, 그 사이를 뚫고 단 1초라도 빨리 도달하기 위해 달려가는 119앰뷸런스를 보며 안타까워한다. 저속엔 분명 촌음을 다투는 응급 환자가 신음하며 갈 것이다. 하루에도 수없이 일어나는 현상이다. 사고의 유형은 다양하다. 화재, 가뭄, 수해, 태풍, 장마, 산사태, 침수, 감전, 전염병, 건물붕괴, 낙상, 독극물, 폭발, 작업사고, 교통사고, 보행사고, 놀이사고, 여행사고 등 땅과 하늘 바다에서 매순간마다 일어나는 현상을 접하며 산다.

조금 전까지 멀쩡했던 사람이 일순간에 사망자 부상자로 돌변하는 것이 사고(事故: Accident)다. 하루에 수백천 건의 크고 작은 사고가 이 나라 내 주변에서 벌어지고 있다. 보이지도 않는 바이러스(COVID-19)가 우리의 삶을 몇 년째 짓밟아 놓더니, 올여름은 이상기후로 화재・수해・태풍 피해가 이만저만 아니다.

인간이 일생에 한 번도 사고를 당하지 않고 산다면 얼마나 행운일까? 미국의 어떤 학자는 우리가 평생 교통사고를 당할 확률은 50% 이상 즉, 두 명중 한 명은 될 것이라 했다. 현재 상황이라면 우리나라는 그 이상일 것 같다. 얼마나 무서운 경고인가. 내 주변을 돌아보자. 우선 나부터 해당된다. 1년 전 자전거 교통사고는 아직도 후유증과 트라우마가 가시지 않는다. 그 후 삶의 질도 낮아졌다.

가정에서 발생하는 사고를 분석하면 너무나 어처구니없는 사고들이 많다. 조금만 주의와 관심을 기울이면 예방할 수 있을 일인데 무관심과 안일무사의 의식이 사고를 불러일으키는 주요인이다. 하인리히(Herbert William Heinrich)는 '1-29-300'이라는 법칙을 내세워 300번의 불씨가 한 번의 사고로 발생한다는 논리다. 즉, "사고는 우연히 발생하는 것이 아니다"라는 것이다. 운이나 재수 탓이 아니고, 꼭 원인이 있다는 말이다. 딱 맞는 말이다.

그런데, 사고를 대하는 우리들의 보편적 의식은 그 당시 어쩌다 "운이 나빠서" "재수 없어서" "그나마 죽지 않음이 다행이다"란 생각으로 치부해버린다. 그게 문제다. 너무 많은 사고를 접하다 보니 이젠 감각이 점점 무뎌지나 보다. 또한, 불합리한 보험제도로 사고에 대한 가해자의 반성이나 죄의식이 상실되고, 생명존중 의식도 낮아지고 있다.

우리나라 인구 약 5천만 명 중 정부 등급 장애인은 국민의 5.1%(21 정부통계) 약 250만 명이다. 그중 95%는 후천성이고, 5%는 선천성 장애인이다. 등급 없는 실제 장애인까지 합하면 그 숫자는 배 이상 될 것이다.

장애를 지닌 자들은 비장애인보다 활동에 불편하고, 아무리 좋은 시설을 제공해도 정상인만큼 자유롭지 못하다. 누가 그들을 불편하게 만들었는가. 과학 문명을 제대로 활용하지 못해 발생한 우리 모두의 공동 책임이 클 것이다.

누구나 과거 사고 상황을 돌이켜 생각하긴 싫겠지만, 가족 안전을 위해서는 사고 이력을 정리해볼 필요가 있다. 가족 중 누가, 언제, 어떤 사고를 당했는가. 육하원칙으로 사고 데이터를 만들어 보는 것이다. 피해는 어떠했고 현재는 어떤가. 재정리하다 보면 사고에 대한 DNA를 발견할 수 있고 이에 따른 대책을 세울 수 있다. 이 같은 과정은 사고를 미연에 예방할 수 있는 가족안전메뉴얼(Family Safety Manual:FaSaMa또는FSM)이 탄생한다. 이를 토대로 안전생활을 습관화 할 수 있고, 이는 무사고가 보장되어 가족 모두 행복의 길로 가게 될 것이다.

오늘날 현대인은 참으로 많은 과학 문명의 혜택을 누리고 산다. 얼마나 좋은 세상인가. 한 시간에 300㎞를 도달할 수 있는 KTX 열차는 전국을 반나절 생활권으로 만들었고, 인터넷과 스마트폰을 비롯한 각종 IT문명은 상상을 초월할 정도로 세상을 변화 시키고 있다. 본격적으로 상용화된 지 불과 10여 년 동안에 일어난 일이다.

이제 어린이나 노인에 이르기까지 스마트폰을 자신의 분신으로 여기며 사용한다. 그러나 이것들로 인한 피해가 얼마나 큰가. 보행교통사고 경우 62%가 스마트폰 관련이며 그중 절반이 20대 이하다. 편리를 넘어 이제 가장 위험한 생활 무기로 자리매김 하고 있는 것이다. 편리성이 커지면 안전성도 더 좋아져야 할진데 현실은 정반대다. 과학 문명 발전에 따른 편리성은 오히려 안전성을 악화시키고 그 결과 사고라는 피해의 결과를 양산하고 있는 것이다. 문명의 가치는 그것을 어떻게 잘 사용하는가에 따라 결정된다.

그간 우리 사회는 '잘 살아 보자'라는 구호를 외치며 배고픔을 탈피하려고 앞만 보고 살다 보니 '사고쯤이야 으레 날 수밖에….'라는 의식이 팽배하였다. 그러나 이제 경제상위권으로 선진국 대열에 한 발 다가섰다. 제아무리 돈이 많아 잘 산다고 한들 사고공화국의 명예를 지니고 선진국이 될 수 없다. 옛날에 비해 국민안전의식이 높아졌다고는 하지만 여러 지표로 보면 아직도 우리나라는 사고 공화국으로 '안전후진국형' 국가다.

문제는 아직도 안전에 대한 의식이 부족하고, '안전 문맹자'가 너무 많다. 어떻게 행동해야 하는지를 잘 모른다는 것이다. 사고 안 나면 되는 거 아니야!? 맞다. 안 나면 된다. 그러나 현실은 계속 발생한다. 모두 잘 아는 척하며 안전은 관심 밖에 두고 사는 듯하다. 참으로 개탄할 일이다.

과연 우리의 삶에 무엇이 중요한가? 누구나 건강과 돈이라고 한다. 맞다. 그러나 건강을 제아무리 잘 관리하고 돈이 많은들 한순간의 사고에 당할 재간이 없다. 인생이 무너지면 그 어떤 보상인들 사고전과 같을 수는 없는 것이다. 오로지 안전이란 울타리 속에서 건강도 재산도 보장받을 수 있다. 그러기 위해선 최우선 안전의식전환이 절실하다.

행복한 삶이란 무엇인가. 많은 돈을 지니고 병상에 편하게 누어있는 것인가? 결코 아니다. 최근, 인명의 소중함을 깨닫게 하고, 산업재해를 줄여야 한다는 취지로 '중대재해처벌법'이 생기고 안전 관련 책임자 처벌도 강화되고 있지만, 사고는 쉽게 줄지 않고 있다.

우리는 어떻게 살아야 하는가? '안전을 최우선 하는 삶'을 살아야 한다. 늘 의식하고 문제를 찾아 해결하며 살지 않으면, 찰나의 순간 내 삶이 망가질 수 있음을 깨달아야 한다. 우리 인생에 가장 아름다운 '안전꽃'을 피워 그 값진 향기를 맡을 때 행복이 찾아 왔음을 느끼게 될 것이다.

내 몫

이 명 지

신문에서 한 일용직 건설노동자의 글을 읽고 먹먹한 감동이 밀려왔다.

> 내가 일하기 전 누군가는 나의 길을 준비하고 있다. 철근공이 들어가기 전 목수가 터를 잡고, 목수가 일하기 전에 먹줄을 놓는 사람의 수고가 있어야 한다. 나의 역할을 다해야 다른 사람이 일하기 편하다.

건설 현장에서도 이렇듯 내가 걸어온 삶에도 누군가가 길을 내고, 그전에 돌을 고르고 눈물로 닦아온 삶이 있지 않았을까? 그렇게 만들어진 길을 내가 걸어왔다는 생각이 들었다. 지금의 내가 나 혼자로 만들어진 인생이 아니듯이 말이다.

요즘은 내 삶에 촘촘히 들어찬 많은 이들을 생각하게 된다. 좋은 인연이었던 사람들은 나를 신명나게 했고 세상을 아름답게 보게 하고 인간에 대한 신뢰를 주었다. 하지만 악연이었던 사람은 인간에 대한 불신과 두려움, 그리고 깊은 상처를 남겼고 세상이 만만치 않다는 뼈아픈 교훈도 주었다. 돌이켜보면 그 모두가 내게 피가 되고 살이 되었음을 부인하지 못한다. 하지만 사람은 누구나 고통스럽거나 상처받는 것을 원치 않는다. 내 앞에 맞닥트렸으니 어쩔 수 없이 견뎠을 뿐이다. 후일 그 고통이 약이 된다고 해도 당장은 피하고 싶은 게 인지상정이다.

나이가 드니 고통의 기억도 희미해져 간다. 통증의 실체가 무뎌진 것도 있지만 그보다 그때는 그게 왜 그리 힘들었을까 싶은 것도 있다. 나이가 주는 혜안 같은 걸까? 물론 사십 대에 어찌 육십 대의 여유가 있겠는가? 그때는 피가 뚝뚝 떨어지게 아팠던 게 당연한지 모른다. 하지만 지금이라면 담담하게 받아들였을 것도 같다.

나이의 힘이다. 아니 경험의 힘일지도 모른다. 나는 육십 대인 지금의 내가 참 좋다. 다시 젊은 시절로 절대 돌아가고 싶지 않다. "늙어서 편안하다. 버리고 갈 것만 남아서 참 홀가분하다."던 박경리 선생의 말이 실감나는 요즘이다.

젊었을 때 나는 육십이 넘으면 사람도 아닌 줄 알았다. 아무것도 꿈꿀 수 없는, 그저 살아있는 생물학적 사람인 줄만 알았다. 이제는 좀 알 것 같다. 최소한 육십은 넘어야 사람이라고, 익은 생각을 할 줄 아는 사람이라고. 세상일에 의미를 생각하고 자신을 비추어 가다듬으며 다른 사람의 생각에도 고개를 끄덕일 줄 알게 된다고….

육십이 넘었다고 도인이 되는 것은 아니다. 나는 아직 악연을 다 용서하지 못했다. 괘씸하고 억울한 마음이 남아있다. 간혹 그때의 상처들이 떠올라 아릿하기도 하지만 예전만큼 아프지는 않다는 것이다.

며칠 전 오랜 술친구 둘과 와인을 곁들인 식사를 했다. 대개 친구들은 함께 공유한 기억들에 관해 대화가 이어지기에 모임마다 대화 주제가 다르기 마련이다. 이 친구들은 나의 뼈아픈 기억을 공유하고 있는 몇 안 되는 친구들이다. 일터에서 나의 진심을 오해받아 상처받고 초라하고 외롭던 시기에 힘이 되어주던 친구들이다. 얼마나 고마운 친구들인가.

그런데 사람은 자신의 부끄럽고 초라한 모습을 기억하는 친구와는 어울리고 싶지 않은 마음이 있다. 쓰라린 그때의 상처가 되살아나기 때문이다. 내게 이 친구들이 그랬다. 고맙기도 하고 아프기도 한 나의 술친구들….

하지만 이번엔 달랐다. 예전의 얘기를 꺼내도 그다지 아프지 않았다. 담담하게 옛 얘기로 흘려보내고 있는 나를 발견했다. 고마움과 다정함만이 크게 느껴졌고 친구들이 더욱 귀하게 느껴졌다. 아, 나는 성장하고 있었구나. 나이의 힘이구나. 나이 드는 일은 익어가는 것이 맞구나 싶었다.

박완서 선생도 다시는 젊어지고 싶지 않다면서 "나이 드니 편한 대로 헐렁하게 살 수 있어 좋고 하고 싶지 않은 것을 안 할 수 있어 좋다. 이 자유가 얼마나 좋은데, 젊음과 바꾸겠는가. 한 겹 두 겹 책임을 벗고 가벼워지는 느낌을 음미하면서 살아가고 싶다."고 했다.

내가 지금 걸어가는 길이 그분들이 내어놓은 길을 편히 걷고 있는 것 같았다. 내가 가는 길을 의심하지 않고, 흔들리지 않고 갈 수 있는 게 두 분 삶의 지혜가 등불을 들어준 덕분이란 생각이 들었다. 두 분 모두 마지막 여생을 전원에서 지내다 가셨지만 나는 그것을 흉내 내려 전원에 온 것은 아니다. 와서 보니 두 분의 마지막 삶과 닮았고, 두 분 말씀을 최근 우연히 보고 깊이 고개를 끄덕이게 된 것뿐이다. 이 또한 나이가 주는 공감이 아니겠는가.

지금 나는 평화롭다. 숨차게 달려와 다다른 육십 대, 이제는 돌아와 거울 앞에 선 것 같은 지금의 평화로움이 좋다. 그 무엇에도 채근당하지 않고 내 의지로 채워가는 하루하루가 설렌다. 집안일과 잔디마당의 적당한 노동, 생각을 글로 옮길 수 있는 재능과 글감이 바닥나지 않을 축적된 경험자산이 내게 있다. 내 삶에 무늬 진 수많은 인연, 나는 그 인연들에서 그리움을 꺼내고 싶다. 내 글의 원천은 그리움이니까.

열정 가득했던 젊은 날과 가슴 벅찼던 성취의 순간들이 자신감으로 형성되던 그 시절, 내 교만의 말과 눈빛으로 상처를 주었던 인연들에도 용서를 구하고 싶다. 살아있는 모든 사람은 인연에 빚진다. 잊고 있을 뿐이다. 새 인연도 소중히 해야겠지만 지나온 인연을 다듬는 일, 그것이 내 몫인 것 같다. 이제는 돌아와 거울 앞에 선 지금의 내 몫. 뒤에 오는 이에게 돌부리 하나라도 걷어내준 삶이길 소망해본다.

아버지와 찐빵

고희숙

하늘이 낮게 내려앉아 어두운 대낮이다. 이렇게 우중충한 날엔 입이 궁금해 연신 냉장고 문을 여닫는다. 때를 거르지 않았는데도 허기가 드는 연유는 무엇일까. 끓인 물에 커피를 듬뿍 풀어 휘휘 저어본다. 그러다 갑자기 겉옷을 들고 밖으로 나갔다. 누가 부르기라도 하는 양 다급한 걸음으로. 추위가 오려는지 바깥 날씨가 제법 쌀쌀하다. 나도 모르는 사이 재래시장을 향해 바삐 걷고 있다. 낯익은 가게 앞에서 숨을 고르고 안으로 들어섰다. 주인에게 손이 왔음을 일러주기라도 하듯 살갑지 않은 유리문이 큰 소리를 낸다. 처음 이곳을 찾았을 때, 허름한 가게와 땟국이 흐르는 주인아주머니의 앞치마를 보면서 난 그런 생각을 했었다. '내가 여길 언제 왔었지?' 말간 물이 나도록 닦아내지 않은 분위기가 주는 편안함이었으리라.

그 후로 참새의 방앗간처럼 들려가는 곳이 되었다. 오늘같이 하늘이 낮게 내려앉아 으스스하니 한기마저 드는 날엔 밀린 숙제를 하듯 찾는다. 찐빵집이다. 배가 고파서도 아니고, 모락모락 피어오르는 구수한 냄새의 유혹 때문만도 아니다. 이 집에 들면 아버지를 만날 수 있기 때문이다. 언제부터인지 달랑 지갑 하나 들고 집을 나서는 버릇이 생겼다. 그런 날엔 습관처럼 찾아가는 곳이 바로 이 찐빵집이다. 정확한 기억이 없는 걸 보면 꽤나 오래되지 않았나 싶다.

삐거덕거리는 송판 의자에 앉아 심호흡을 한다. 어느새 찐빵이 담긴 접시가 내 앞에 놓인다. 꼴깍하고 목구멍으로 침 넘어가는 소리가 크다. 그래도 부끄럽다는 생각은 들지 않는다. 그런데 선뜻 빵을 집어 들지 못하고 어딘가를 향해 숨 가쁘게 달려간다. 빵을 한 입 베어 물고 활짝 웃는 일곱 살짜리 딸내미를 아버지가 내려다보고 있다. 아버지가 묻는다. "그렇게 맛있냐?" 딸은 아버지를 향해 그냥 씨익 웃어 보일 뿐이다. 사대 독자인 아버지가 늦장가 들어 얻은 딸에게 보내는 눈길은 세상을 다 주고도 바꾸지 않겠다는 생각이셨으리라. 어린 딸은 자신으로 인해 아버지의 가슴이 뜨겁게 데워지고 있다는 것을 알지 못했다. 그때는. 셈할 수조차도 없이 많은 세월이 흘러 버려 가물가물한데 그 일만큼은 더욱 선명해지는 건 무엇 때문일까. 한 입 크게 베어 문다. 아버지와의 오래전 기억과 추억을.

하루 간식비로 십 환을 주셨다. 1962년 2차 화폐개혁 이전이니 환(圜)으로 계산되던 때였다. 전쟁의 상처가 채 아물지 않아 깊은 산속에선 아직도 공비가 들끓고, 너무 가난한 나머지 인심마저 흉흉한데 그야말로 거금을 타내고 있었다. 십 환이면 보름달만한 찐빵이 두 개였다. 찐빵 두 개면 하루 양식도 될 수 있는 양인데 그것을 간식으로 먹었다면 믿기지 않을지도 모른다. 그렇다고 우리 집이 그만큼 부자라는 얘기는 아니다. 아주 손(孫)이 귀한 집의 외동딸이라는 게 내가 누리는 호사의 이유였다. 군것질 값이 아깝다고 엄마가 잔

소리라도 하게 되면 그땐 아버지의 불호령이 떨어지는 날이다.

아버지를 든든한 방패막이로 삼고 난 더 미운 일곱 살의 아이로 자라고 있었다. 저녁나절 새참 시간쯤 되면 돈을 움켜쥐고 빵집을 찾아간다. 가마니를 펴서 만든 거적때기가 문이었던 것 같다. 그 거적문을 들치고 안으로 다가가면 빵 익는 냄새가 어찌나 구수하던지 지금처럼 목구멍으로 침 넘어가는 소리가 꼴깍하고 새어 나왔다. 가마솥엔 다 익은 빵이 채반에 얹혀 나를 기다리기라도 하였다는 듯 진한 냄새를 풍겨주었다. 누런 돌가루 포대 종이로 둘둘 말아 건네주는 빵을 받아 들고 날개라도 단 듯 뛰어 집으로 왔다. 삽짝 밖에서는 무얼 먹으면 안 된다는 아버지의 엄명이 있었기에 아무리 먹고 싶어도 참아야 했다. 언제나처럼 아버진 그렇게 물었다. "그렇게 맛있냐?"

어쩌다 아버지가 십 환을 잊어버리고 일터로 가시는 날도 있었다. 난 온종일 토방 위 댓돌에 앉아 해가 지기만을 기다린다. 아버지의 귀가 시간을 기다리는 것이다. 어린것이 청승을 떤다며 엄마는 지청구를 했고, 할머닌 무릇*으로 만든 조청을 장독대에서 꺼내주며 다독여 주셨다. 그러던 어느 날 가슴이 철렁하도록 섭섭한 사건이 발생했다. 두 개씩이던 빵이 하나뿐이었다. 물가 상승이었다. 어찌나 서운하던지 눈물까지 그렁거리며 집으로 왔던 것 같다. 어린 소견에도 넉넉지 않은 집안 형편을 아는지라 용돈 인상은 감히 할 수 없고 서운함에 울음 반으로 빵을 먹었던 것 같다.

요즘에야 먹을거리가 흔한 탓에 찐빵 가게 앞에서 군침을 흘리는 아이는 아마 없으리라. 서구식 입맛에 길들여진 아이들이 돈이 있어도 찐빵집을 찾는 일은 드문 일이 되어버렸다. 젊어서는 추억을 만들고, 나이가 들면 만들어 놓은 추억을 야금야금 먹는 재미로 산다고 하던가. 판매기 의자에 앉아 빵을 기다리는 사람들 또한 추억으로 허해진 속을 채우고 싶은 중년을 넘어선 이들이 대부분인 걸 보면.

부쩍 오래된 기억을 들추는 시간이 늘었다. 자꾸만 가슴속으로 스미는 허기 때문이리라. 빛바랜 사진첩에서가 아닌 아버지가 무지하게 보고 싶던 날, 그날도 난 빵집엘 갔었다. 이제는 내가 아버지한테 빵을 사드려야 하는데 아버지 가신지 이미 수십 년이다. 내가 사는 게 힘에 부쳐 단 한 번도 아버지의 주머니를 배불리 채워 주지 못한 것이 가슴 찢는 후회로 남아있다. 그런 날은 부지런히 전화를 돌려 엄마에게 묻는다. "엄마, 아버지 안 보고 싶어?"

"나 아버지 만나면 아주 많은 빵을 사 드릴 수 있는데…."

수화기 저편에서 마른침 삼키는 소리만 꿀꺽하고 들린다. 엄마의 생채기를 다시 들추었나 싶어 이내 후회를 한다.

*무릇: 백합과의 여러해살이풀, 들이나 밭에 나는데 모양이 파 마늘과 비슷함.

가자미를 보다

조순옥

가자미는 얕은 바다에서 산다. 모래가 있는 바다에서만 생활하는 것이 가자미이다. 동해안 함경도가 산지이지만 한국 전쟁 후 강원도로 바뀌고 있다. 함경도에서 가자미를 사랑하는 사람들이 자유를 갈망하여 강원도로 옮긴 이유는 아닐까 생각해 본다.

바다가 없는 내륙에서 태어나 어린 시절을 보내서인지 물고기 중에 가자미를 좋아한다. 가자미에는 잊을 수 없는 일화가 있다. 임신한 내 어머니가 배를 만지며 이곳에 예쁜 동생이 있다고 이야기하던 엄마의 모습이 떠오른다. 지금 돌아보니 임신한 어머니도 나만큼 가자미를 좋아했으니 내가 어머니를 닮았음이다.

가자미의 몸은 납작하고 두 눈은 몸 오른쪽에 치우쳐 있어 볼품이 없다. 눈이 있는 쪽은 진한 연갈색에 검은듯한 갈색 점들이 박혀 있고 다른 쪽은 연한 흰색이다. 가자미는 위험에 처하면 자기 몸과 비슷한 색깔의 모래 밑으로 몸을 숨기는 지혜가 있다. 모래 색깔 속에 묻혀 있는 모습은 몸을 낮춘 겸손함의 자태가 아닐까 한다. 중국에서는 못생긴 사람을 가자미처럼 생겼다고 말한다니 나는 불만이다.

어떤 사람의 경우에는 못생긴 '컴플렉스'로 인하여 오히려 특별한 재능을 살려서 비범한 삶을 사는 이야기와 비교하면 일맥상통함이 있겠다. 자신의 부족한 면을 채우기 위하여 끊임없이 도전하고 인내하며 마침내 목적지에 이르는 패기가 현대의 사람들에게 부족하다고 말하는 분들의 글을 읽노라면 슬며시 부아가 치민다. 당신의 생각일 뿐이라고.

가자미에게만 그런 특별한 눈이 가는 게 아니다. 알고 지내는 가까운 분 중에도 특별히 마음의 눈이 머무는 사람이 있다. 도와주고 싶어지며 용기를 내도록 배려하고 싶은 사람이 있다. 그 사람이 잘되면 행복하고 내가 가진 것처럼 미더워 웃음을 주고 싶은 사람이 있어 나 스스로가 기쁨을 감추지 못할 만큼 넉넉한 마음이 될 때가 있다.

내가 가자미를 좋아하는 또 다른 이유가 있는데 나를 며느리로 받아들인 어머니와 인연이 있어서이다. 45년 전 겨울 서울 유학 생활을 하는 동생들과 자취 생활할 때이다. 아들과 교제함을 알았는지 어머니는 알이 통통한 가자미를 반 건조해서 겨우내 동생들과 함께 먹어도 될 만큼, 아들을 통해 보내온 것이다. 어머니가 손수 손질해서 준비한 것이라 한다. 그 가자미가 얼마나 맛이 있는지 그 정성에 반해서만이 아니다. 동생들 뒷바라지에 힘이 든 나 자신과 여러 자녀를 키우며 생활하느라 마음 써주지 못하는 친정어머니에게 굶주린 정을 시어머니에게서 느껴서이다. 하여 이 어머니라면 좋겠다 싶어 함께 할 나의 짝꿍에게 마음을 정하고 지금까지 살아온 것이겠다.

가족이 된 후에 가자미에 얽힌 이야기를 듣는다. 한국 전쟁 때 시

아버지의 사정에 따라 여덟 식구 중에 가운데 딸을 북녘에 두고 오게 된다. 그로 인해 평생을 가슴앓이하면서 살아온 것이다. 그 딸이 유독 가자미를 좋아해서 그녀에 대한 그리움으로 나에게 정성을 쏟았다고 하는 숨겨진 사랑의 이야기가 있다. 가끔은 두고 온 딸이 가슴 깊이 사무쳐 전능자를 의지하는 믿음으로 사는 의연함을 보인다. 그 자식에 대한 피눈물을 내가 짐작하며 반이라도 함께 하려고 아파한다.

밤길을 달려가는 어머니와 절대자의 만남은 그의 생명과도 바꿀 듯한 열정이다. 대개의 어머니가 그렇듯, 고고한 자태를 지닌 가냘픈 듯한 강인함은 모든 정성을 쏟지 못해 그 자식 앞에 미안함과 용서를 위해 기도하며 밤을 지새운다. 어머니는 가시고 없는 지금 생각하니 눈가가 젖던 그 당시 무언가 위로의 말이 필요했을 텐데 못해 드린 아쉬움이 남는다.

두고 온 딸에 대한 죄책과 깊은 가슴으로부터 끓어오르는 모정이 가슴에 와서 닿기에 그러하다. 두 어머니 모두 하늘로 부름을 받은 그때가 지금 내 나이이겠다. 당시는 이르다고 하지 않았는데 지금에 와서 보니 제대로 효를 못해 마음이 아프다. 지금 겨울이 되어 가자미를 볼 때마다 내 마음에서 떠나지 않는 어머니들이다.

주변에 식자재 대형할인점이 생겨서 모처럼 둘러보게 된다. 싱싱한 가자미가 눈에 뜨여 장바구니에 담는다. 여러 가지 생선들이 선택하여 주길 원하지만, 넓적하고 알이 보이며 지그시 눈을 감은 듯한 가자미에 다른 생선보다 먼저 손이 간다.

친정어머니가 딸을 보고 가실 때와 시어머니가 며느리를 보고 가실 때 다르다 할 수 있으나 눈언저리를 적시던 얼굴들이 떠오른다. 오늘도 어머니들의 가슴을 따뜻하게 해드리고 싶은 마음에서 가자미를 나의 가까이 있는 이들에게 정성스레 전하고 싶다. 나의 삶이 행복하기를 기원하는 모습을 믿기에, 나도 어머니들처럼 내 며느리에게 시어머니의 푸른 서슬을 낮추어 사랑을 주고 싶다.

가자미를 좋아하는 데는 시어머니 덕으로 몸을 낮추어서인지 시집살이를 해본 적 없어 가자미가 허투루 안 보인다. 내게는 가자미가, 낮은 자세로 세상을 살아가라고 권하는 듯하다. 시어머니가 북에 두고 온 딸을 생각하며 나에게 정성을 쏟았듯이, 내 아이를 낳기 위해 산기로 어려움을 겪을 때 병원 문턱에서 기도하며 애태우던 시어머니 모습과 내 아이가 세상에 나왔을 때 오직 부탁한 말이 낮은 자세로 임하는 아들이기를 기도하라던 그 얼굴로 인하여 눈물샘이 젖는다. 고생이라 여겨지던 그때가 있으매 지금 입가에 웃음이 솟는다.

노래한다. 금수강산

- 延邊 朝鮮族自治洲와 間島

임봉훈

간도(間島)란? 연변(延邊)이란 어떤 곳일까!

폭염(暴炎)으로 시달리던 어느 날 귀를 기울이게 한다. 학술 탐방 위해 만주(滿洲)벌을 누비며 달리던 강산(江山)이 떠오른다. 삼강(三江)의 뱃노래가 정(情)겹게 들려온다.

(一) 天池의 銀거울에 하얀 맘 비껴 안고,
三江의 젖 줄기에 긴 세월 실었어라.
白頭의 그 전설을 이 땅에 이어가는,
情이 넘치고 인품 좋은 행복의 樂園 일세

(二) 해맑은 정든 미소 天下벗들 반겨 맞고,
모두가 福 받은 곳 천혜의 고장일세.
세월을 주름잡아 새 生活 꽃 피우고,
선녀들도 부러워라 나들이 온다네.

後斂: 에헤 헤야 데 헤 헤야 예가 바로 내가 사는
예가 바로 내가 사는 내 고향 연변일세, 내 故鄕 延邊일세.

'내가 사는 연변(延邊)'이라는 노랫말이 머리에서 머뭇거리고 있다. '그 옛날 두만강 뱃놀이가 생각이 난다' 여보세요! 남한에서 오신손님! 남한 노래 들려 드릴까요? 뱃사공의 친절이다.

100여 미터 안 밖의 강폭을 두고 북한(北韓)사람. 연(延邊)사람 그리고 대한민국 사람(筆者)과 함께 즐기게 한다. 한겨레이니까! 10여 년 전에 있었던 세월의 자취이다. 나라는 달라도 갈망(渴望)하는 민족성은 동일하다는 것이다. 동이(東夷)의 후예(後裔)다운 금수강산(錦繡江山)의 노랫말이 흥겹고 즐겁게 들린다. 역사 속에 살아 흐르는 백의(白衣)민족예절의 바탕이요, 많은 세계 사람들이 부러워하는 매력이 아닐까?

동방(東方) 속담(俗談)에 먼 길 떠나와 외유(外遊)를 할 때 (까마귀) 까치를 만나면 정든 고향을 그리게 된다고 한다. 고토(故土) 만주(滿洲)땅에서 짧은 일정(日程)의 여장(旅裝)을 푼다. 2011년 7월 17일이었다. 한글과 한자(우리의 국자(國字))를 혼용하고 있는 연길(延吉市)의 아침이 밝아온다. 낯설지가 않는 것 같다. 10여 년 전(前) 역사스페셜 방송(放送)에서 간도(間島)는 국제법(國際法)상 우리 땅이라는 것을 암시하고 있었다. 간도의 의미를 살펴보기로 한다.

조선(朝鮮)은 청(淸)나라 요청에 따라 토문강(土門江)수원이 있는 해발(海拔) 2200미터 지점(地點)의 백두산 기슭에 정계비(定界碑)를 세우게 된다. 비석(碑石) 비문(碑文)에 청나라 오라총관(烏喇總管) 목극동(穆克登)과 조선군관(朝鮮軍官) 이희복(李義復), 조태상(趙台相) 등 다수는 강희(康熙) 오십일(五十一)년 五월 十五일(西紀1712년)을 기점으로 하였다. 각석(刻石)에 서위 압록(西爲鴨綠), 동위토문(東爲土門) 하고 고어분수령(故於分水嶺), 상륵석위기(上勒石爲記)라 하였다. 풀이하면 '서편(西

便)으로는 압록강이고 동편(東便)으로는 토문(土門)강으로 하고 그 분수령 위의 돌에 새겨 이를 기록한다'라고 하였다. 그러나 정계(定界)선을 두고 상반된 주장을 하게 된다. 국력이 쇠퇴(衰頹)한 조선(朝鮮)은 입회(入會)하지도 못하였고 일본(日本)은 청일간도(淸日間島) 협약(協約)으로 탄광채굴권을 약탈하고 만주(滿洲)협약으로 철도 부설권을 획득하게 된다. 우리 땅 간도(間島)는 도둑질을 당한 셈이다. 무능과 야만인(野蠻人)들이 남긴 슬픈 역사로서 언젠가는 복귀하리다.

용비어천가(龍飛御天歌)를 비롯하여 프랑스 등 국내외의 사료(史料)가 풍성하다. 정약용(丁若鏞)의 조선강역지(朝鮮疆域誌)에 토문(土門河)는 송화강의 상류(上流)로 표기하였고 규장각(奎章閣)의 백두산정계비도(定界碑圖)에 토문강원(土門江源)은 송화(松花)강이라고 하였다. 일본정부(日本政府)도 간도협약(間島協約) 전까지는 간도는 조선영토(朝鮮領土)라고 주장(主張)하였다. 정계비에 명각(銘刻)되고 있듯이 토문(土門. 土門江. 土門河)강은 송화(松花)강 상류에 흐르는 오도 백하(五道白河)를 이름이다. 두만(頭滿)강의 북쪽에 있고 수원(水原)이 다른데도 청국(淸國)은 간도를 인정하지 않고서 두만강을 주장해 왔다. 이후 淸日 야합(野合)은 국경(國境)이 아닌 현재의 한반도(韓半島)국경으로 되었다. '間島'는 우리 땅이다. 일제강점(日帝强占)기가 다가오고 있을 때 나라를 지키지 못한 조선(朝鮮)이다. '五千年史의' 폐륜폐족(廢倫廢族)의 수치(羞恥)이다. 오늘날 우리는 음흉한 동북공정(東北工程)을 반드시 극복해야 한다. 강한 국력이 있어야 나라를 수호(守護)할 수 있다. 간절한 바람이다. 와같이 연변조선(韓民族)사람들의 독실(篤實)한 민족적(民族的) 역사관과 노래처럼 아름다운 고토(古土)를 그려본다.

가벼운 마음으로 송강(松江)진 화룡(和龍市), 용정(龍井市)을 탐문탐방하고 우리의 문자(文字)와 민족혼(民族魂)이 살아있는 선열(先烈)들의 발자취를 더듬었다. 어렴풋한 옛 생각에 잠기는 연길(延吉)의 하루 밤이었다. 엷은 아침안개는 새벽을 알리고 화려하게 꾸며진 세기주점(世紀酒店: 호텔)은 넓고 시원하게 뚫린 거리에 우뚝 서있고 간판(看板)은 한글과 한자가 공존(共存)하여 낯설지 않다. 잘못된 국내(國內) 풍경(風景)이 떠오른다. 고유한 오천년 전통문화(傳統文化)와 역사를 무시하고 어설픈 영문간판(英文看板)과 심지어 주소(住所)인 부락명(部洛名)까지 바꾸어 놓고 있다. 요사이 지상(紙上)의 명문에 '法카'라는 말처럼 이해할 수 없는 외래(外來) 잡어(雜語)를 자랑삼아 쓰고 있는 것 같다. 부끄럽다. 주체성(主體性)없는 일부 한국거리와 비교가 되는 고토(故土)이다. 간도(間島)였고 중심지 연변(延邊)이다.

연변하면 연변종합대학을 비껴갈 수가 없다. 중국 50여 개의 소수민족 가운데 민족적(民族的) 교육을 위한 대학설립(設立)은 연변대학(延邊大學)이 맨 첫 번째라고 한다. 다양한 교육시설과 교육열은 전통문화를 계승하기 위함이고, 나라와 조상을 기리는 예절은 타민족은 따를 수가 없다고 한다. 족보문화를 계승하고 있다고도 한다. 잊어서는 아니 될 마을, 北方 연변의 명동촌(明東村)과 연해주(沿海洲)의 신한촌(新韓村)이 있다. 光復을 위하여 목숨을 초개(草芥)같이 버렸고, 배달의 굳센 교육열(敎育熱)은 '延邊自治洲(연변자치주)' 연해주라는 풍성(豊盛)한 교육적 의미(意味)와 전통문화(傳統文化)를 지켜왔고 펼쳐온 동족이다. 한글과 한자인 '國字文字' 문화의 고귀한 예절을 지키며 대자연의 철학(哲學)과 함께 살아가는 민족임을 자찬(自讚)하게 한다.

아름답고 줄기찬 三江의 압록강(鴨綠江)과 송화강(松花江), 두만강

(頭滿江)이 흐르고, 모란강(牡丹江) 흑용강(黑龍江)이 둘러싸고 있는 연변조선족 자치주(延邊朝鮮族 自治州)이다. 백두산 천지(天池)와 동북으로 장백산맥(長白山脈)이 뻗어있고 그곳에 낯설지 않는 도시이름이 떠오른다. 화룡(和龍), 용정(龍井), 무송(撫松), 돈화(敦化), 길림(吉林), 모란(牡丹), 왕청(汪淸), 혼춘(琿春), 도문(圖們), 연길(延吉) 등은 왜병(倭兵)과 싸운 광복(光復)군 독립운동(獨立運動)의 근거지였다. 우리글과 문화와 풍습(風習)이 살아있을 뿐 아니라 신시(神市) 이래 근세사(近世史)에 이르기까지 떼어낼 수 없는 애환(哀歡)의 땅이다.

고속도의 이정표(里程標) 및 국가의 공공기관(公共機關), 일반 간판에 이르기까지 윗줄에 한글 아랫줄에 한문(漢文)을 쓰고 있다. 원조감자탕, 보신탕, 갈비탕 등이 벽면을 장식하여 있고, 길림성 도문경제 개발구(吉林省圖們經濟開發區), 연변 농촌 합작은행 도문지행(延邊農村合作銀行圖們支行)이라고 한글간판을 병용하고 있다. 광고 선전을 위한 안내간판에는 상유장백산, 하유도문강(上有長白山, 下有圖們江) 즉 '바라보면 장백산 돌아보면 두만강'이라고 한글로서 설명하였고 수시생명지원(水是生命之源), 진석수자원(珍惜水資源) 즉 '물은 생명의 원천, 물 자원을 아끼자'라고 한글로 국민들을 계몽(啓蒙)하고 있다. 뿐 아니라 중국 두만강 문화관광 축제 2011(中國 圖們江 文化旅游 慶典)로 표기(標記)한 간판을 보노라면 지난 세월 우리나라의 모습을 연상하게하고 미래를 다짐하게 한다.

세계 10위권 경제대국(經濟大國)과 교육열(教育熱) 한강기적(漢江奇蹟)에 놀라는 세계인들이다. 연변 동족(同族)처럼 지켜온 우리문화를 되새기지 않을 수 없다. 특히 정치지도자들은 역사적 훈계(訓戒)를 거울삼아야하고 국자(國字)를 지켜야한다. 내일을 위하여 어문 문자

정책(語文 文字政策)을 늦기 전에 바르게 세워야 한다고 생각한다. 한자교육(漢字教育)의 법적(法的)장치가 마련되어야함이 시급하다. 거리의 간판 풍경들이, 급선무임을 일러주고 깨닫게 하고 있음이다.

사계절(四季節)이 뚜렷한 자랑스러운 나라이다. 때맞추어 한국 한시협회(漢詩協會)는 시제(詩題)를 삼복염천(三伏炎天)이라 하고 운(韻)을 '乾(하늘 건). 蟬(매미선). 仙(신선선). 連(잇닿을 연). 眠(잠잘 면)'으로 즐기게 한다. 삼강(三江)을 새기면서 폭염 속 7, 8월의 삼복염천을 다음과 같이 칠언율시(七言律詩)에 담아 금수강산(錦繡江山)을 노래하고 음영(吟詠)한다

삼복(三伏)염천(炎天) 지은이 任奉壎(임봉훈)

金氣伏藏炎夏乾 三伏은 金氣伏藏 이러니 천지가 여름 불볕더위라,
금기 복 장 염하 건 삼복 금기 복 장

筆耕避暑共鳴蟬 필경으로 무더위 피하고 매미울음과 함께 하리다.
필경 피서 공명 선

誘人八節謠言弄 사람을 誘惑하는 季節은 世上風說을 희롱하는데,
유 인 팔절 요언 농 유혹 계절 세상 풍설

騷客千思浪迹仙 千思萬考의 騷客이면 長生不死의 浪迹 하리다.
소객 천 사 랑 적 선 천 사 만 고 소객 장생 불사 랑 적

間島延邊歸燕苾 간도 延邊골에 江南갔던 제비오가며 향기 피우듯,
간 도 연 변 귀연 필 연 변 강남

廣洲檀國以爲連 광아와 大陸의 배달나라는 함께하며 連合하리다.
광 주 단국 이 위 연 대륙 연 합

蜃樓水月三江詠 空中樓閣의 流水같은 세월에 三江은 노래 부르고,
신루 수월 삼강 영 공중 루 각 유수 삼강

土着遺風萬世眠 土着민족 끼친 風俗은 만세토록 起居眠食 하리다.
토착 유풍 만세 면 토 착 풍속 기거 면식

註: 金氣伏藏(쇠 금. 기운 기. 엎드릴 복)~가을의 기운인 쇠(金)가 여름의 氣運인 불을 무서워하여 엎드려 숨는다는 뜻. 乾~하늘 건(天地). 八節~일 년 중 기후가 변하는 여덟 절기. 여름은 立夏(입하) 夏至(하지). 季節(계절)을 뜻함. 謠言(요언)~세상의 風說(풍설). 千思(千思萬考)~여러 가지로 생각함. 곰곰이 생각함. 仙(선)~神仙 선(長生不死). 蜃樓(신루)~蜃氣樓(신기루). 三江(삼강)~백두산 天池(천지)를 중심으로 하고 흐르는 강. 西間島(서간도)에는 압록강. 東間島에는 두만강. 북간도에는 송화강(松花江).

오월 인연

신영숙

오월은 설렘을 주는 계절임에는 틀림없지만 걱정거리도 많은 달이다. 유난히 많은 행사가 오월에 있게 되었는지는 모르지만 쉬는 날이 많아도 편하게 쉴 수만은 없는 것 같다. 부모는 부모로서 할 일이 있고 자식은 자식의 도리를 해야 하기 때문이다. 그뿐인가 스승의 날도 있다. 스승의 은혜를 망각하고 살아온 세월 속에 감추어진 죄송함이 아직도 오월이 되면 가슴 한구석을 헤집는다.

고등학교에 갈 형편이 되지 못했던 시절 성적표 한 장을 들고 신설된 남녀 공학 학교를 찾아갔었다. 한 번도 가본 적 없고 아는 연고도 없는 곳이다. 다만 소문으로는 학생 수가 적다는 것이었다. 학생 수가 적고 시골학교니 받아주지 않을까 막연한 생각으로 학교를 방문했다. 교장선생님은 외출 중이시고 교감 선생님만 계셨다. "어떻게 왔니?" 하는 물음에 대답대신 성적표와 졸업장을 내밀었다. 성적표를 잠시 보시더니 "모범생이었구나." 하시며 내 얼굴을 쳐다보셨다. "공부를 하고 싶어서 왔습니다. 입학금 준비를 못했습니다. 부모님이 편찮으셔요." 그 이상 말을 하지 않아도 그 시대에는 고등학교를 다닌다는 것은 시골 부자 집이 아니면 어림도 없었다. 내가 살던 곳은 버스는커녕 전기도 들어오지 않아 등잔 아니면 호롱불을 켜고 살았던 곳이었다. "성적표는 두고 가거라. 교장선생님이 오시면 상의해 보겠다." 하셨다. 신부이신 교장선생님의 반대에도 불구하고 교감선생님의 배려로 신입생으로 입학을 했다.

그 학교는 천주교 재단이었다. 교감선생님은 나의 아르바이트 일을 주선해 주셨다. 시장에서 커다란 그릇 도매상을 하는 집에 기거하며 그 집 초등학생을 가르치는 일이었다. 그 대가로 등록금을 내주기로 한 것이었다. 딸아이는 사학년이고 아들은 일학년이었다. 학교 끝나면 그 집에 가서 청소도 하고 아주머니의 잔심부름도 하면서 저녁에는 아이를 가르쳤다. 늘 일이 많아 내 공부하고 나면 늘 잠이 부족했다. 동생이 없던 나는 아이들과 잘 지냈다. 교감 선생님은 수시로 나를 불러 어려움은 없냐고 묻고 늘 내 머리를 쓰다듬어주셨다.

반년이 지난 어느 날 나는 억울함을 당했다. 그 집 탁상시계가 없어졌다는 것이다. 나는 도둑의 누명을 쓴 것이다. 억울함을 호소하며 교감선생님 앞에서 그만 엉엉 울고 말았다. 선생님도 화가 많이 나시었다. 아이를 키우는 사람이 어떻게 아이에게 도둑 취급을 할 수 있냐고 화를 내셨다. 주인은 실수였다고 정중히 사과를 했지만 선생님은 나를 데리고 그 집을 나왔다. 그때부터 6킬로가 넘는 학교를 걸어서 다녔다.

결국 견디지 못하고 2학년 5월에 결핵에 걸려 학교를 쉬게 되었다. 선생님은 일 년만 쉬고 다시 복교하라고 하시면서 나를 꼭 안아주셨다.

늘 염려해주시는 선생님이 아버지처럼 생각이 들었다. 쉬는 동안 방석 두 개에 수를 놓아 가지고 선생님을 보러갔을 때 사모님이 나에게 말씀하셨다. "솜씨가 좋구나. 너를 생각하며 잘 쓰겠다." 하시며 선생님이 너를 위해 기도하시면서 많이 우셨다고 하셨다. 지금도 그분을 생각하면 가슴이 찡하면서 눈시울이 뜨거워진다.

그 후 결핵검사 결과가 좋다는 소식을 들으시고 천주교 재단에서 운영하는 간호학교를 가라고 하셨다. 고등학교 졸업장이 없으니 2학년 수료증과 명동성당 주교님의 추천서까지 받아 나에게 주셨다. 시험에는 참석했지만 졸업장이 없으니 일 년 더 공부하고 오라는 통지서를 받았다. 선생님은 끝까지 지켜주지 못해 미안하다고 하셨다. 그것이 선생님과 마지막 이별이 되었다. 일 년 후 나는 다른 야간학교로 편입을 하였고, 그 후 한 번도 찾아뵐 수가 없었다. 늘 생각은 하여도 찾아뵐 여력도 시간도 없었다.

오월이 되면 가슴속에 묻혀있던 스승님의 인자한 모습이 그리워진다. 내가 결혼하고 얼마 후에 돌아가셨다는 소문을 듣고 진작 찾아뵙지 못한 후회를 많이 했다. 내 나이 팔십이 되어서도 스승의 날에는 선생님에 대한 그리움과 미안함이 몰려온다. 그때 나를 받아주시지 않았다면 배움의 의욕을 상실하고 세상 밖으로 나오지 못했을지도 모른다. 살아오면서 어려움도 많았고 갈등도 많았지만 단 한 번도 배운다는 것을 포기한 적이 없었다. 배움은 영원한 진행형인 것 같다.

오월은 화사한 장미의 계절이지만 이루지 못한 사연이 보랏빛 엽서의 순정처럼 피어오르는 계절이기도 하다. 학창시절 통일호를 타고 백리 길을 달려와 문 앞에 편지 한 장 던져 놓고 간 남학생. 들꽃 한 다발을 꺾어 묶어 갓 뽑아온 채소 다발 속에 끼워 보내주던 얼빠진 젊은 청년. 내 사람도 아닌데 내 것처럼 아끼고 보살펴 주고 싶어 장미 백 송이를 보내주던 못난 아저씨. 장미꽃이 시들어 가듯이 청춘이 떠나간 빈자리에는 그림자조차 남기지 않고 흘러갔다.

보내고 싶지 않아도 보내야 했고, 받아주고 싶어도 받아주지 못하고 냉정하게 내쳐야 했던 것들이 진달래가 피어 언덕을 물들이면 강가에 아침 안개가 피어오르듯 그리움으로 떠오른다. 삶은 속임수라는 생각이 든다. 말하고 싶은 것, 붙잡고 매달리고 싶었던 것, 어느 것 하나도 진정성 있게 솔직하지 못한 삶 속에 잘난 척, 멋있는 척, 아무 일도 없었던 것처럼 그렇게 속고 속이고 살아온 것 같다. 나만 그런 걸까. 누구나 내면에 숨겨진 것들을 볼 수 있다면 모두 거기가 거기인 것 같다는 생각을 해본다.

그러한 많은 인연들이 없었다면 지금의 성숙한 나는 없었을 것이다. 아프면 참고, 억울하면 울고, 슬프면 노래로 위로하고, 작은 언덕 굽이굽이 넘어온 나의 길. 오월 장미가 설렘을 주듯, 내 삶에 설렘을 주었던 오월의 인연들이 소중한 나의 초석이 되었음을 이 나이가 되니 알 것 같아 고맙다는 생각이 들었다. 오월이 되면 고향의 복숭아꽃 살구꽃의 그리움이 가슴 가득 피어난다.

이제 와 생각하니

이 한 재

호국보훈의 달 6월을 맞은 KBS가요무대 시간. 6·25 관련 노래가 이어져 덧없는 감회에 빠져든다. 더불어 그때 저지른 한 가지 에피소드가 떠올라, 군대 생활을 다시 생각해 보고 나름대로 의미도 부여해 본다. 그 일은 1968년 초겨울, 별마저 떨고 있는 어느 쓸쓸한 밤에 있었다.

내무반 건물 뒷산의 얕은 꼭대기. 그 능선에 있는 참호(塹壕)에서 보초를 설 때다. 갑자기 섬뜩한 기운이 온몸을 꿰뚫고 지나간다. 마른 갈대를 헤집는 듯 '서걱서걱' 하는 소리가 들렸으므로. 숨을 멈추고 총을 앞으로 겨누자 소리는 금방 그쳤다. 한참을 그렇게 있으나 더는 나지 않는다. 사방은 바닷속처럼 고요하다.

얼핏 '잘못 들었겠지'라는 생각도 들었지만, 그래도 긴장을 풀지는 못했다. 주변은 야산이라 우거진 숲도 나무도 없다. 그저 야트막한 억새 풀더미나 찔레 넝쿨 또는 다복솔이 전부였다. 그래도 사람이나 짐승이 몸을 숨기는 것은 가능하리라. 또 가까운 곳엔 마을도 없고 길도 아니니 일반인의 통행은 아닐 것이다.

그렇다면 누구? 아니면 무엇? 사람인지 짐승인지는 모르지만, 상대방도 나를 의식하고 있는 것 같다. 마치 영화 '상과 하'의 한 장면처럼. 2차 대전에서 구축함과 잠수함의 대결을 그린 이 영화에서, 구축함 함장은 부하들에게 적은 바로 밑에 있다고 말한다. 잠수함 함장도 똑같이 적은 바로 위에 있다고 말하고. 둘 다 바늘 떨어지는 소리도 없는 정적(靜寂) 가운데서도. 그 영화처럼 저 녀석도 내가 소리를 들은 것을 알고 조심하고 있는 모양이다.

한참을 기다리자 다시 소리가 났다. 더는 망설일 수 없었다. 곧바로 초소에 설치된 비상벨을 눌렀다. 그러면 중대 본부에 연락이 가고 당직을 서던 하사가 즉시 비상을 발령할 것이다.

조용한 가운데 술렁임이 있었다. 이 방 저 방 불이 켜지고 수선거림이 느껴졌다. 곧이어 하사 한 명과 병장 한 명이 먼저 올라왔다. 잇달아 초소 양쪽으로 인기척이 난다. 나도 모르게 안도의 한숨을 내쉰다. 손바닥이 축축하다.

그래도 눈과 귀는 전방에 집중한 채 손짓으로 상황을 설명하는데 다시 그 소리가 들렸다. 그러자 옆에 있던 하사가 총을 들고 달려나가며 소리쳤다.

"꼼짝 마! 손들어."

그러나 아무도 나타나지 않았다. 사람도 짐승도. 주변은 다시 적막에 빠졌고, 무거운 공기만 그 일대를 내리누른다.

얼마 후 반대편 산 아래쪽에서 자동차의 헤드라이트가 비쳤다. 몇 대가 나섰는지 중대 막사가 있는 곳과 그 반대쪽 비탈이 낮처럼 환해졌다. 그러자 초소 양쪽으로 병사들이 줄을 맞춰 수색해 나갔다.

그러나 역시 아무것도 발견하지 못했다.

그렇게 이 사건은 한바탕 해프닝으로 끝났다. 동원되었던 사람들은 즉시, 나는 보초를 다 끝내고 내려왔다. 그때 동료들은 다시 잠이 들었고, 퇴근했다 부대로 돌아왔던 장교와 하사들은 남아 있었지만, 아무도 내게 묻지 않았다. 현장에 달려왔다가 먼저 내려온 그 하사가 설명한 모양이다.

뒤에 들은 얘기지만 비상벨이 울리자 당직을 서던 하사는 인사계장에게 보고했고 인사계장은 즉시 되묻더란다.

"보초가 누구야?"

"이○ ○ 병장입니다."

"그 녀석이야? 바로 사단(師團)에 보고해."

40을 훨씬 넘은 노회한 직업군인인 인사계장. 자기 사람은 잘 챙기지만 다른 사람에겐 냉정(?)했다. 물론 자기는 공정하다고 생각하겠지만. 따라서 평소에 따로 찾아본 적이 없는 나를 그렇게 좋게 보지 않았다. 중대장도 마찬가지였다. 은근히 뇌물을 바라며 휴가를 보내고, 진급도 시키는 이기적 군인이라 나도 싫어했다.

이제 이 일은 중대 내부의 일이 아니라 사단 전체의 일이 되어버렸다. 겁이 덜컹 났다. '차라리 조용히 있을 것을' 하고 후회도 했다. 그러나 이후에도 아무도 나에게 책임을 묻지 않았다. 문책은 아니더라도 무언가 조사는 있으리라 생각했지만, 끝까지 어떤 조사도 없었다. 나를 대하는 동료들의 시선도 한결같았고.

아마 두 가지 이유로 그랬을 것이다. 첫째는 그때가 1·21사태가 일어난 지 1년이 채 안 되어 보초의 중요성이 더없이 높게 평가되던 때로, 만약 이런 일로 나무라면 앞으로 아무도 비상벨을 누르지 않을 것 같아서리라. 두 번째 이유는 평소 나에 대한 믿음 때문이 아니었을까? 비록 약삭빠르지는 않지만, 자기 일에 꾀를 부리지 않는 고지식한 성격임을 알고 있었던 까닭이리라.

내 군대 생활 전체가 이런 어리석음의 연속이었다. 조금만 꾀를 쓰거나, 약간의 뇌물만 썼더라면 훨씬 쉽게 또 편하게 마쳤을 텐데. 편법을 모르고 모든 것을 곧이곧대로만 했으니. 2등병 계급장도 6개월이나 달았고, 첫 휴가도 1년이 되어서야 나왔다. 남들은 그보다 훨씬 빨리했는데. 그 외에 보초를 서거나 사역(使役)에 나갈 때 한 번도 빠져 보지 못했고.

자랑할 건 하나 없고 억울한 것뿐인 군대 생활. 어쩌면 이렇게 사고 친 것이 내 유일한 자랑거리인 것 같다. 그런데 그렇게 보낸 군대 생활이 이제 와 생각하니 그리 억울한 것 같지 않다. 어떤 특혜도 인정(認定)도 받지 못했지만 가장 큰 신뢰를 받았으니. 그것도 평소 나를 좋아하지 않던 사람으로부터. 어쩜 그 이후의 공직생활이나 내 삶 전체가 다 그렇지 않은가?

5.

피어나는 꽃처럼

가족과 함께 보내는 저녁

신지호

얼마 전 조간을 읽는데 포럼 란에 「저녁이 있는 삶」이라는 글이 유난히 가슴에 닿는다. 글을 읽기도 전에 제목만으로도 마음이 포근해진다. 잃어버린 보물단지라도 다시 찾은 듯한 기분이다. '저녁'에서 풍기는 뉘앙스가 워낙 따스해서 그런가. 옛날의 정감들이 줄줄이 떠오른다.

굴뚝에선 저녁밥을 짓는 연기가 피어오르고, 저녁노을이 으스름히 비치는 동네 어귀에는 일터에서 돌아오는 발길들이 이어진다. 또래들과 골목에서 놀이에 팔린 애들도 엄마가 부르는 소리에 아쉬움을 남기고 일어선다. 저녁이면 누구나 집으로 향했다. 할아버지, 할머니, 아버지, 어머니, 내 동기간들이 모인다. 저녁은 오붓하고 따뜻했다. 하는 일이 고달프고 세월이 어수선해도 가족들이 모여 앉으면 어떤 어려움도 이겨낼 것 같았다. 저녁에 우리네 집은 마음을 의지하는 안식처였다.

오늘날의 세태는 너무나 달라졌다. 산업근대화 과정 이후 직장에서는 일거리가 전문화 다양화 되었다. 상호유기체제가 되어 서로 협력해야 했다. 자연히 야근이나 출장이 많다. 퇴근길은 회식과 함께 술자리가 이어지고 여기저기 모임도 잦다. 저녁은 어느새 지나가버리고 밤이 이슥해서야 사람들은 지친 발길을 이끌고 집으로 향하기 일쑤다.

모두가 바쁘다. 학생은 더 바쁘다. 새벽부터 밤까지 학교에서 학원에서 공부에 매달려야 한다. 학생은 아예 남의 식구처럼 사는 것 같다. 직장에서 물러난 은퇴자들도 바깥 세상에 열중한다. 그래야 세상을 잘 살고 있는 것처럼 보이는지 모른다.

포럼 란의 「저녁이 있는 삶」을 읽어보면 요즘 우리나라 사람이 집에서 저녁을 먹는 횟수는 주말을 빼면 1주일에 고작 2번이란다. 이건 바깥 활동이 적은 사람까지 들어간 통계고, 직장인 등 출근하는 사람만의 경우는 거기에도 못 미칠 것이다. 가족과 떨어져서 하는 외식을 당연시하고, 집은 잠자고 옷이나 갈아입는 곳으로 바뀐다면 안 될 일이다.

저녁은 가족들끼리 차분한 대화가 이루어질 수 있는 가장 좋은 시간이다. 시간에 쫓기는 아침이나 각자 할 일에 매달리는 낮 시간을 보내고, 저녁은 가족들끼리 오순도순 정을 나누며 보내는 행복한 시간이라야 맞다. 옛날 같으면 할머니의 이야기에 귀를 쫑긋하고, 어른들의 살아가는 지혜를 터득하기도 했다. 지금도 자녀들은 자신이 하고 싶은 일, 뜻대로 안 되는 일들을 가족들 앞에 털어놓으면 얼마나 마음의 위안이 되고 새로운 힘이 될까. 하루 중에 재미있었던 이야기를 하고, 내가 익힌 재주를 가족들 앞에서 자랑스럽게 내보일 수 있다면 세상살이에 더 자신감이 생길 텐데.

가족 간에 공유의 영역이 좁아지고 있다. '다 같이'가 아니라, '나'만의 개인주의 탓이다. 세대의 차이, 인식의 차이도 있다. 하루가 다르게 변화하는 사회에서 젊은 세대와 노년의 세대는 세상을 보는 눈이 다르다. 디지털문명에서도 그렇고, 과거와 현재의 역사인식에서도 그렇다. 좋고 나쁨, 옳고 그름의 가치관이 다르다. 사회적 역할이나 관심영역이 다르다고 해서 부부간에도 말문이 열리지 않는 경우가 많다. 서로에게 상관을 하지 않으면 남편은 신문이나 펼쳐들고 아내는 전화통에나 매달린다. 한 자리에 있다 해도 입을 꼭 다물고 거실의 소파에 앉아서 텔레비전에나 눈길을 준다. 늦은 시간에 귀가한 아이들은 의례적인 인사나 꾸뻑하고 제 방에 들어가 버리면 그만이다. 알뜰살뜰한 대화가 없으니 가족 간에 오붓한 저녁이 있을 수가 없게 된다.

가족과 함께 미국에 잠깐 나가 있는 우리 애의 이야기를 좀 해야겠다. 2년 기간의 파견 근무를 하는 아들 내외와 다섯 살짜리 손녀인데 나간 지 이제 6개월이 되었다. 자식자랑 같지만 요즘 이 애들이 무척 기특하다. 매일 아침저녁으로 이 늙은 부모에게 전화를 꼭 한다. 아들 며느리 손녀가 돌아가며 아침에는 그날에 할 일, 저녁에는 그날 잘 지냈던 이야기를 늘어놓는다. 멀리 떨어진 부모의 안부를 살피고 부모의 마음을 즐겁게 하려는 살뜰한 마음에서이다.

이 애들이 국내에 있을 때 이렇게 살뜰한 건 아니었다. 떨어져 살면서도 주말에나 한 번 전화를 할까 말까 했었다. 새벽같이 내외가 각각 출근하고 야근까지 해야 되니 마음의 여유가 없어서일 거라고 부모는 너그러운 척 했다.

그런데 애들은 미국에서 참다운 저녁의 행복을 누리고 있는 듯하다. 이른 저녁 시간에 온 가족이 함께 음악회에도 가고 애의 놀이터에도 간다. 잔디도 깎고 집안 정리도 웃음 속에 즐겁게 한단다. 제일 신나 있는 건 엄마 아빠와 많은 시간을 보내는 손녀다. 국내에 있을 때 외로움 속에 시무룩하던 때를 생각하면 정말 다행스럽다. 스마트폰에서 들려오는 손녀의 조잘조잘 말소리에 우리도 신이 난다.

소설가 고 최인호는 가정이란 신이 주신 성소라 했다. 가정은 삶의 원천이 되고 마음을 정화 시키는 곳이다. 예로부터 우리나라는 아름다운 가정문화를 이어왔다. 그것이 새로운 물질문명에 급속도로 치달으면서 크게 변질되었다. 빠른 변화에 정신체계가 따르지 못한 탓인가.

유럽이나 미국, 일본 같은 선진 국가는 완만한 발전단계를 거쳐서인지 가정을 우선하는 문화가 유유히 살아있다. 그런 나라는 가족과 함께 하는 저녁이 물론 살아있다. 우리도 옛날의 행복한 저녁문화를 다시 이을 수 있으면 사회의 온갖 병폐까지도 저절로 사라질 것 같은데.

까치가 부럽다

이금희

집 근처 아카시나무에 까치 한 쌍이 집을 지었다. 쳐다만 보아도 현기증이 나는 까마득한 꼭대기였다. 사방이 탁 트인 전망 좋은 집이었다. 지난 늦가을이었다. 처음에는 수컷 혼자 이 나무 저 나무에 옮겨 다니며 장소를 물색 하더니 아카시나무에 둥지를 틀기 시작했다. 나뭇가지가 어느 정도 쌓이자 언제부턴가 암컷이 함께 일을 거들었다. 엄동설한에도 쉬지 않고 물어 날라 차곡차곡 돌려가며 쌓았다. 바닥에 떨어진 것이 별로 없는 것으로 보아 경험이 많아 보였다. 한 번은 길가 벚나무에서 두 마리가 함께 일하는 것을 보았다. 한 마리가 나무에 올라가 마른 나뭇가지를 부러뜨리면 다른 한 마리는 밑에서 물어 나르는 것이었다.

그런가 하면 어느 날은 아침 댓바람부터 시끄러운 소리가 들리기도 했다. 꿰에아아악! 하면서 그쳤다 이어가기를 몇 차례 반복하였다. 평소와는 다르게 서로의 목소리에 감정이 실려 있었다. 의견이 맞지 않아 다투는 것이었다. 저러다 집짓기는 고사하고 서로 갈라서는 게 아닌가 싶었는데 저녁나절에는 언제인양 서로 부리를 비비며 사랑을 나누고 있었다. 부부 싸움은 칼로 물베기라더니 까치들도 그런가 보았다.

까치는 동물들 중 가장 뛰어난 건축가다. 겉으로는 엉성해 보이지만 나뭇가지가 무려 1,500여개 이상이나 되고 철사도 섞여 있다. 뱀이나 맹금류의 침입을 막기 위해서 둥우리 전체를 나뭇가지로 완전히 덮고, 문은 옆으로 한두 개 내서 자신들 몸만 겨우 드나들 수 있게 한다. 안에는 진흙으로 벽을 바르고 바닥에는 지푸라기나 마른 풀을 깐 다음, 깃털이나 솜뭉치 비닐 등으로 푹신하게 하여 새끼들 보금자리를 마련한다. 얼마나 견고한지 웬만한 태풍에도 끄떡없고 일부러 허물려고 해도 잘 허물어지지 않는다.

그렇다고 해서 모든 까치들이 다 나무에 집을 짓고 사는 것은 아니었다. 요즘 도심 속 까치들은 사정이 좀 다른 모양이었다. 여러 가지 이유로 나무들이 하나 둘 전기 톱질에 사라지니 하는 수 없이 고압선 철탑이나 가정집의 베란다 외벽 또는 실외기 옆 공간 등에 집을 짓는 것이었다. 아무나 쉽게 오르지 못하고 따뜻하기 때문이었다.

인간들은 시끄럽고 오물 처리도 곤란하여 골치를 썩었다. 무엇보다 나뭇가지에 물이 묻거나 철선에 전류가 흘러 자칫 화재발생 위험이 있기에 허물어 버렸다. 헐어버리면 다시 짓고 또 부수기를 반복하며 인간과 까치 간에 쫓고 쫓기는 싸움이 벌어졌다. 까파라치라는 신종 직업까지 생겼다. 그들은 신고하고 제거도 하며 짭짭한 수입을 올린다고 했다. 오죽하면 그럴까 생각하면서도 한편으론 산란기에 제대로 몸을 풀지 못하고 쫓겨나는 까치들이 안타깝기만 하였다.

어디 집 없는 서러움이 까치뿐이랴. 도시에 사는 우리네 삶도 크게 다르지 않을 것 같다. 누군가는 재개발 사업이니 임대업이니 하며 큰돈을 벌고 돈 없는 원주민들과 서민들은 셋집을 전전하거나 변두리로 밀려나는 형편이다. 정부의 부동산 정책은 늘 오락가락이다. 오히려 집값이 뛰어 보통 사람들은 집 한 채 장만하려 대출도 모자라 영혼까지 끌어 모은다는 말까지 생겼다. 집값이 뛰는 바람에 전・월세도 따라 올라 이래저래 집 없는 사람은 서럽기만 하다.

집에 대한 애착과 욕심은 오로지 인간들뿐이다. 집이 사람을 위해서 있지 사람이 집을 위해서 있는 것은 아니건만 온갖 수단과 방법을 동원해 집을 사들이고 빌딩을 올린다. 부실공사도 서슴지 않는다. 주택 유무에 따라 대접이 달라지고 가치판단도 다르다. 그런다고 인간이 다른 동물들보다 행복하다는 말을 들어보지 못했다.

까치는 여간해선 지난해 쓰던 둥지를 다시 쓰지 않는다. 간혹 리모델링하여 사는 부류도 있지만 대다수는 득실거리는 기생충과 오염 때문에 버리고 새 집을 짓는다. 오로지 자연에서 필요한 만큼만 얻고 자연과 더불어 살다가 자연으로 떠나는 것이다.

삼월이다. 까치 부부가 반가운 소식을 전해왔다. 새끼들이 태어났단다. 한동안 수컷 혼자 분주하게 들락거려 궁금했는데, 암컷은 알을 품고 있었던 것이다. 그러는 동안 수컷 혼자 먹이를 물어 날랐다. 오늘은 부부가 함께 나뭇가지에 앉아 있었다. 단란한 모습이 한 폭의 그림 같았다.

이른 아침 출근길. 발 디딜 틈 없는 전동차에 몸을 구겨 넣었다. 가까스로 잡은 손잡이를 놓칠까봐 까치발에 한껏 힘을 주었다. 서울 살이 수십 년에 그동안 무얼 했나. 내 집 마련은 고사하고 하루 벌어먹기도 힘들다. 올해는 또 얼마나 집세를 올려달라고 할까. 전화벨이 울릴 때마다 집주인이 아닐까 가슴이 두근거린다. 까치가 부럽다.

시술은 요술이다

남상태

아무도 비켜갈 수 없는 생로병사가 주는 고통을 생각해 보게 하는 시간이었다.

지난달에 겪은 일이다. 기침을 하면 가래에 피가 묻어 나왔다. 몇 칠이 지나도 멈추지를 않고 점점 더 심해지는 느낌이었다. 작년 6월에 세상을 떠나보낸 절친 친구 생각에 불안이 밀려왔다. 즉시 인근 대학 병원에 진료를 받으려 했으나 주말연휴와 광복절 휴일이 끼어 있어 몇 칠 지나서야 겨우 예약이 되었는데 그날도 몇 달 전에 정형외과에 9시 40분에 진료 예약이 되어 있는데도 큰 딸이 호흡기 알레르기과에 예약을 했다. 당일 날은 아침 8시에 병원으로 가서 큰 딸은 각종수속과 계산을 둘째 딸은 나를 휠체어에 담아 실고 초스피드로 신간 구관을 드나들면서 정밀 검사를 위한 X-레이 두 번 CT 촬영 한번 의사 대면 두 번 사흘 할 일을 하루에 다 했다.

호흡기 알레르기 담당의사는 1주일치 약을 주면서 1주일 후 검사 결과를 보자고 했다. 의사가 기관지 출혈일 가능성이 많다는 진단 결과를 말해 주지 않아서 혼자서 혹시 폐암 일지도 모른다는 의심을 하게 되었다. 작년 6월에 타계한 그 친구는 골프를 치면서 가래에서 피가 묻어나온다고 말하고 3개월도 채 안 되서 폐암으로 타계했기 때문에 혹시나 폐암이 아닌가 의심하게 되고 내 나이로 봐서는 억울할 것도 없지만 준비를 해야 되지 않겠나 하고 마음 조리고 있었다. 일주일후 검사 결과를 보러 가서도 의사는 병명을 정확히 말하지 않았다. 시술준비를 하라는 지시를 받은 간호사가 기관지 혈관파열이라고 말해서 비로써 기관지 고장이라는 병명을 알게 되었다. 수술이 아니고 시술이라는 말에 시술에 대한 지식은 없지만 기관지 고장이라는 말에는 또 다른 두려움을 몰고 왔다.

기관지는 나의 죽음을 이끌 저승사가 붙어 있는 곳이구나 하면서 기관지에 대한 많은 기억들이 떠올랐다. 어릴 때 홍역을 앓으면서 과열로 사경을 헤매다가 살아나기는 했지만 기관지가 망가져서 언어소통이 불양해서 교단에 서기를 포기해서 내 삶의 방향을 바꾸는 방향등 역할을 했고 겨울철이면 어김없이 기침감기 몸살을 앓았다. 초중등학교 다니면서 급장으로 학생들 앞에서 호령을 하게 되는데 끝나고 나면 늘 고통이 따랐다. 중학교 재학 중 우리 시조공(始祖公) 산소 앞에 있는 재실별관에서 자취를 하고 있었다.

건너편 산등성이에서 해뜨기 직전에 큰 소리로 발성연습을 하는 사람을 만나 새벽에 소리를 지르는 이유를 물었더니 동네 이웃들에게 하루의 시작을 알려주고 본인은 발성연습을 함으로서 성악가로 성공할 수 있다고 하면서 반복하면 어느 날 목구멍에서 피가 터지게 되고 그러고 나면 성악가로 성공할 수 있다고 하면서 매일 아침에 같이 소리를 지르자고 부축이었다. 그러나 나는 1주일도 안 되서 목이 꽉 잠겨서 대화조차 할 수 없게 되어 포기하고 말았다. 또 지금부터 약10년 전에 기침 감기 몸살이 심해서 인비인후과에 들렀더니 기관지가 왜 이렇게 망가졌느냐고 묻기에 어릴 때 홍역이야기를 했더니 덤으로 오래 살고 계신다고 하는 말을 듣기도 했다.

그막에 또다시 기관지 고장이구나. 하면서 의사의 지시에 따라 시술을 받기로 했다. 시술이란 말을 들어 본 것 같기도 하지만 어떻게 하는 시술인지를 몰라서 나는 연명의술은 받지 않기로 했는데 거짓말쟁이로 연명의료를 받는 게 아닌가 싶어서 별 생각을 다 해봤다. 일본에서는 75세만 되면 정당한 거부조건이 성립되지 않으면 죽여준다는 플랜 75가 있다고 하고 호주의 생물학자 구달이 100세가 지나자 살아 있어도 삶의 의미가 없다고 스위스에 건너가서 합당하게 죽을 수 있는 조건을 제시하여 법원의 판결을 받아 조력자살을 했다는 기록을 본 일이 있다. 그런데 일본의 플랜 75는 연금 고갈로 자산수명(살아 갈 자기자산이 0이 되는 시점)에 해당하는 사람들에게 정부가 국민에게 생활비를 조달해줄 수 없어 만들어진 제도라고 하는데 사실이 아닐 것이다. 내가 지금 일본에 살고 있다고 가정하면 주거와 생활비 걱정이 없고 든든한 아내가 나를 떠 바치고 있으니 플랜 75는 나에게는 해당되지 않을 것이다.

간호사가 시술준비라면서 하복부 쪽에 소독하고 뭘 붙이고 가면서 내일 2시에 시술하게 된다고 했다. 그때 같이 입원하고 있던 환자와 대화를 나누면서 시술이 뭐고 어떻게 하는지를 대강 알게 되었다. 혈관 주사를 한번 주는데도 혈관을 제대로 찾지 못해서 세 번 네 번 찌르는데 부분마취를 한다고 하지만 얼마나 고통스러울까 걱정하면서 밤을 새고 이튿날 2시에 시술실에 들어갔다 환자 침대에 눕혀 놓고 천장의 전깃불이 꺼졌다가 켜지기도 하고 내 가슴위에 버티고 있는 커다란 물체가 앞으로 뒤로 옆으로 왔다 갔다 하는 동안 의사는 배 아래쪽에서 내 기관지하고는 너무 먼데서 꼼지락 거리다가 약 한 시간 경과하자 다 했다고 밀어낼 때 나는 그 의사보고 "당신이 의사요 마술사요 그 상처와 많이 떨어진 곳에서 기관지 상처를 때웠다고?" 그 의사는 웃고 나는 연명치료를 받은 것처럼 쑥스럽기는 해도 고맙다는 인사는 빼놓지 않았다.

비즈니스의 인연

김무성

사업을 하다보면 여러 업체와 거래를 한다. 거래처 중에는 마음 편하게 움직여 주는 업체가 있는가 하면 그렇지 않은 업체도 있다. 거래처 중 기계 가공을 하여 우리 회사에 납품하는 문○ ○사장이 운영하는 업체가 있다. 20년 이상 거래하고 있으며 항상 기계가공 주문을 하면, 다른 일을 하다가도 내 것부터 먼저 처리해 준다. 기계부품가공은 준비과정이 복잡하여 주문 순서대로 기다려야 한다. 그런데 내가 부탁하는 물품은 대부분은 순서 없이 우선 처리해 준다. 매우 고마운 마음을 가진 문 사장이다.

어느 날 전화벨이 울려 받아보니 문 사장 목소리였고 공장을 이사한다는 이야기를 들려준다. "사장님, 제가 공장 이전을 해야 하는데 이전 비용이 부족한데 좀 도와주세요." "아니 또 공장 이전을 하는 거야, 이것이 몇 번째야?" "예, 사정이 있어서 이전을 해야 합니다." 문 사장은 20년 동안 거래하면서 수차래 공장 이전을 했는데, 이전할 때마다 그 무거운 기계장비를 운반해야 하는 등 대단히 힘들고 어려운 작업이다. 그러한 어려운 고생이 안쓰럽기도 하였지만 평소에 나의 주문을 항상 우선 처리해 주었던 것이 고마워 공장이전 비용에 도움을 주어 왔다. 어떤 이유에서인지는 몰라도 공장을 이전할 때마다 도움을 요청해왔지만 이번에는 공장 이전을 하면서 나에게 놀라운 제안을 하였다.

"사장님 아들이 우리 공장에 다녀갈 때마다 내가 사용 중인 선반기계를 무척 좋아하고 부러워했어요. 이번 이사할 때 그 기계를 가져가시고 고철 값 정도만 계산해주세요." 한다. 그렇지 않아도 선반기계가 좀 오래돼 교체하려던 참이었다. 반가운 제안에 덧붙여 몇 가지 기계를 더 주겠다면서 비싸지 않은 가격을 요구하였다. 평소에 쌓여진 신뢰로 베풀 수 있는 선물이라 할까? 깊은 겨울잠에서 깨어나 이른 봄 사이에 피어나는 아름다운 난초의 은은한 향을 느꼈다.

아들은 평소에 공장 안에 설치하고 싶은 기계가 공짜로 생긴 것처럼 매우 기뻐하였다. 이전해 놓은 기계를 여기 저기 살펴본 후 매우 만족해하는 아들의 모습을 보니 나도 기분이 좋았다. 보답으로 이사한 문 사장 공장의 축하 화분을 선물하기로 마음먹고 그곳으로 가는 도중에 사기로 생각하고 출발하였다. 좌우를 살피며 가고 있는데 거의 그곳에 도착할 때까지 꽃 가게가 없었다. 다시 주변을 헤매다가 겨우 꽃가게 간판을 발견하는 순간 매우 반가웠다. 주인은 기다렸다는 듯이 매우 친절하였다.

꽃과 관상식물이 많아 어느 것으로 할까 망설이다 모형도 아름답고 힘차게 푸른 잎을 곧추세우고 있는 소철을 선택했다. 꽃말도 '강한 사람'이라 했다. 문사장이 이사한 곳에 오래 버텨 번창하기를 바라는 마음이었다. 개업 축하 리본도 같이 주문했다. 그런데 오랫동안 기다려도 리본 작업이 안 되어 확인해보니 인쇄 프린터에 고장이 생겨 글씨가 안 된다고 한다.

"그러면 손 글씨로 써도 괜찮으니 빨리 만들어 주세요." 여주인은 잠시 머뭇거리면서 서 있다가 "제가 몸이 좀 불편하여 글씨를 쓸 수 없어요." 하며 망설인다. 언뜻 보니 파킨스병을 앓고 있는 손끝이 떨려 글을 쓸 수가 없다고 한다. 50대 중반으로 보이지만 병 때문에 어눌한 모습이 안타까웠지만 블라스 작품 '베네치아의 꽃 파는 여인'을 연상하면서 웃음으로 위로했다.

"글 쓰는 것이 불편하신 것 같은데 제가 글씨를 써 볼 테니, 리본과 붓을 주세요." 하니 선뜻 내주었다. 리본에 '축 개업' 글씨를 쓰고 폼 잡고 내려다보니 글 모양이 제법 괜찮아 보였다. 약간 고급스러운 묵직한 소철화분을 안고 나와 차에 실었다. 세상을 살다 보면 누군가를 좋아하고, 가끔씩 보고 싶은 사람이 있다. 그 사람이 문사장이다. 그는 기계부품을 가공하는 기술자로 많은 사람들은 그를 기계가공의 달인으로 인정하며, 가끔씩 주변 실업고등학교에서 강의를 하는 지역 장인이다. 이번에는 한곳에 오랫동안 정착하여 공장을 잘 운영 했으면 바람이고, 이전 개업을 축하하고 번창하라는 뜻의 화분을 선물하고 보니 내 마음도 흐뭇했다.

"문 사장! 이 공장 터가 명당인 것 같으니 더 이상 이사하지 말고 이곳에서 부자 되세요. 이곳에 오랫동안 정착해서 돈을 많이 벌어 성공하라"는 덕담을 하니, 고맙다고 웃으며 인사를 하는 그의 모습에 나의 마음도 흡족하였다. 문 사장은 순수하고 참 좋은 사람이기에 성공할 것을 믿는다. 비즈니스도 하고 좋은 사람을 사귀었다는 마음에 돌아오는 길 휘파람을 불었다.

동행, 그 아름다운 감동

이순자

우리는 태어날 때는 혼자이지만, 태어나면서부터 사람을 포함한 우주 만물과 인연을 맺게 된다. 산다는 것은 서로 관계를 맺고 그 의미와 즐거움을 공유하며 경험하는 경이로운 일이다. 우리의 인생, 마디마디 조각 시간 위에서 어떤 이와 어떻게 엮으며 사느냐가 삶의 질을 가름한다. 누구나 처음 걸어보는 인생길에서 그 누구와 동행하느냐에 따라 행복과 불행이 갈리기도 한다.

해가 갈수록, 싱글 족이나 솔로들이 늘어난다. 혼자서 생활하는 사람이 증가한다. 신세대뿐만 아니라 모든 세대에 걸쳐 나타나는 풍경이다. 더구나 요즈음 3년 넘도록 코로나 펜데믹으로 음식점이나 식당가에서 혼자 식사 하는 사람들을 흔히 볼 수 있다. 혼자서 술을 마시는 '혼술 족' 또한 쉽게 목격된다. 코로나의 전염 확산을 막으려는 '거리두기'를 지켜야 하는 이유도 있겠지만, '혼밥' '혼술'하는 사람들 나름대로 사정이나 이유가 있을 것이다.

모든 것이 복잡하고 빠르게 급변하는 현대사회. 제 한 몸 추스르기도 버거운 세상이다. 시간을 절약하기 위해, 복잡함을 떨치고 독립과 여유를 즐기기 위해, 불편한 인간관계에서 생긴 피로감을 줄이기 위해 '혼자서'를 즐긴다고 한다. 독서실처럼 배려한다는 뜻으로 홀로 식사할 수 있도록 칸막이를 해놓은 1인 라면집, 고깃집도 점차 늘어난다고 한다. 디지털 시대에 1인 가구 증가가 빚은 사회적 현상이다. 그러나 씁쓸하고 쓸쓸한 풍경이다. 함께 더불어 조화하고 동행하는 따뜻한 풍경이 점차 줄어드는 현실이 안타깝다.

지난 젊은 날, 우리 세대는 아무리 배가 고파도 혼자 밥 먹으러 음식점에 주저 없이 들어가지 못했었다. 그 시대의 시대상이기도 했지만, 부끄럽기도 하고 용기가 생기지 않았기 때문이다. 어렵게 살았던 때이기도 했지만, 여자라는 신분과 자신이 외로워 보이는 게 싫었던 자존심 때문이었던 것 같기도 하다. 지금도 부득이할 때(약 복용할 때)를 빼고 혼자서 음식점에서 밥을 사 먹지 않는다. 그 누가 시대 변화를 모르는 편협스러운 사람이라고 핀잔을 주어도 할 수 없다.

여러 날 동안 어쩔 수 없이 혼자 밥을 먹어본 사람은 알 것이다. 다른 것은 몰라도 초라하고 소박한 밥상이라도 가족이나 그 누구와 함께 먹으면 성찬이 된다는 것을. 외식할 때도 둘이면 좋고, 친분 있는 사람들과 동행한 밥상이면 더 좋다. 연인이나 친구 또는 가족으로 보이는 사람들이 함께 먹는 광경을 보는 일은 즐겁다. 보는 즐거움으로 배가 부르다.

그 누구와 함께라서 즐거운 것이 어디 식사뿐이랴! 오늘 나는 아침을 선식으로 때우고, 노인 복지관에 봉사하러 나갔다. 강당 앞 대기실에는 이른 아침부터 노인들로 가득하다. 대강당에서 이루어지는 각종 프로그램 수강자들의 출석과 대기실을 이용하는 노인들의 편의를 위해 봉사하는 일이다. 출석을 확인하고, 프로그램에 따라 준비된 교재를 나누어 준다. 또 대기실의 걸상 등 시설물을 관리하고 바닥의 청결 상태와 실내 온도조절, 문의 사항에 대한 답변과 해결을 안내하는 일이다.

월요일은 대강당에서 춤 프로그램이 연이어 있다. 비교적 신체가 건강한 노인들이 즐기는 프로그램이다. 한 프로그램이 끝나면 땀이 흥건하고 벌겋게 상기된 환한 얼굴들이다. 입으로는 힘들다고 하지만 신나고 즐거운 모양이다. 활기찬 모습을 보는 일로 봉사하면서 그들과의 동행에 보람을 느낀다.

년 전 복지관 봉사일, 노인 모녀의 동행으로 아주 기분 좋았던 일이 생각난다. 오전 11시쯤 되었을까? 노인 두 분이 손잡고 오셔서 문의할 게 있다고 한다. 한쪽은 89세의 노모이고, 다른 쪽은 70세의 딸이라고 한다. 노모는 마른 체격에 주름살이 많고 검버섯이 있는 햇볕에 그을린 얼굴이다. 지팡이를 짚고 허리가 약간 구부러져 있지만, 아직도 총기 있는 눈빛을 가진 밝은 표정이 인상적이다. 70세의 딸은 노모보다 몸집이 크고 소탈한 차림으로 건강하게 보인다. 몇 달 전 70세 딸이 혼자되고 나서, 늙은 엄마가 혼자 지키던 전라도 농가와 농토를 정리하여 일산 딸의 집으로 오셨다고 했다. 그러니까 늙은 엄마와 나이 든 딸이 함께 사는 셈이다.

동네 사람의 이야기를 듣고 복지관에 처음 왔다고 했다. 노모가 한글을 배우고 싶다고 해서 모시고 다니겠다고 한다. 둘 다 복지관 회원 카드를 만들고, 한글반에 등록을 안내했다. 노모는 "내가 해낼 수 있을까?"라는 염려의 말을 할 때마다 딸은 "내가 옆에 있을게요.

걱정 붙들어 매셔요. 엄마." 한다. 모녀의 목소리나 억양이 너무 같아서 웃었다. 2층에 있는 강의실을 알아 두고 가겠다고 해서 승강기를 태워드렸다. 봉사대 내 자리로 돌아오면서 '모녀가 동행하는 길에서 건강 유지하고, 어느 한쪽의 멈춤이 있을 때까지는 서로의 손을 놓지 않도록 해달라'고 신께 기도까지 했다.

다른 사람과 아름다운 동행이 되려면 여러 가지 생각해 보아야 할 것들이 있다. 우선 나 스스로 괜찮은 동행자가 되도록 해야 할 것이다. 「사람과의 거리」라는 작자 미상의 시구에 '꽃과 꽃처럼 아름다운 사람은/ 눈앞에 있을 때 굳이 멀리 두고 보듯 보아야 하고/ 멀리 있을 때 애써 눈앞에 두고 보듯 보아야 한다'라고 표현하였다. 다른 사람과 아름다운 관계를 위한 '마음의 거리'를 말하는 것이다.

또 성경에서도 '남에게 대접받고자 하는 대로 너희도 남을 대접하라' 하였다. '남에게 무언가를 줄 때는 그 대가를 바라지 말라. 또한 무언가를 남에게 받았다면 그 마음을 잊지 말라'라는 부처님 말씀도 마음에 새겨야 할 것 같다.

분명 동행은 서로가 의지할 수 있는 안전장치이다. 그런데 서로에게 상처나 고통이 아닌, 힘이 되고 위안이 되는 적당한 거리는 얼마쯤일까? 관계가 힘들어지지 않을 만큼 마음의 거리를 갖는다는 것이 쉽지 않다. 모녀의 동행은 서로의 처지에서 모든 상황의 최대공약수를 가지고 헤아리고 판단해서 결정한 것일 것이다. 노모는 가지고 있던 재산이, 딸은 자식으로서 도리가 서로에게 기여될 수 있는 점이 높이 참작되었을 것이다. 내 단견일지 모르지만.

동행의 밑바닥에는 그 사람에 대한 애린(愛隣)과 자기희생의 마음이 전제되어야 한다. 천륜이나 효도도 빛바랜 현실에서 아마 딸의 처지에서는 무척 힘든 결정이었을 것 같다. 늙은 부모를 늙은 자식이 모시고 동행하는 일은 현대사회의 쓰디쓴 단면이다. 그러나 눈물겨운, 너무너무 아름다운 동행의 풍경이다. 감동이다.

딘 소장과 기관사

김형도

9월의 산야는 아직도 푸르건만 마음은 숙연해진다. 동작동 현충원을 참배하고는 기념관에 들렀다. 내 시선을 강하게 끈 건 한국전쟁 초기 순직한 기관사 김재현에 관한 글이었다.

6·25전쟁이 발발하자 우리나라에 가장 먼저 파견된 미제24사단이 대전지역에서 물밀 듯이 내려오는 북한군과 접전을 벌이다가 참패당했다. 후퇴 중 사단장인 '윌리엄 딘 소장'이 실종되었다. 딘 소장을 구출하기 위해 30명의 특공대를 편성하고는 실종된 지역으로 출동할 기관사를 찾고 있을 때, 28세의 젊은 기관사 김재현이 자원했다. 특공대를 태운 기차는 북한군의 총격을 뚫고 대전까지 갔으나 딘 소장을 찾을 수 없었다. 하는 수 없어 퇴각하는 중 적군의 매복조에 걸려 전멸 당했다. 당시 적진으로 기차를 몰고 간다는 건 죽음을 예고한 것과 다름이 없었다. 그런데도 자원한 김재현 기관사에 관한 글을 읽고는 눈시울이 뜨거워졌다.

'윌리엄 F 딘' 소장은 1950년 6월 25일에 한국전쟁이 발발하자 7월에 미제24보병사단의 사단장으로 한국에 부임했는데, 북한군의 맹공으로 제24보병사단이 무너졌다. 혹독한 상황 속에서도 사단장 딘은 M20 수퍼 바주카포로 적군의 전차 파괴에 나서 병사들에게 사기를 불어넣었기도 하고, 북한 인민군의 T-34 전차에 수류탄으로 육탄공격을 실시하기도 했다.

그러나 전황은 UN군에게 극히 불리하게 전개되었다. 개전 3일 만에 서울을 내준 한국군은 육군본부를 대전으로 옮겼다. 한국 파병을 결정한 트루먼 대통령은 극동군 사령관 맥아더 원수에게 일본에 주둔 중이던 미 지상군을 한국전선으로 파견할 것을 명령했다. 한국에 가장 먼저 도착한 부대가 바로 '스미스부대'로 알려진 미제24사단의 1개 대대였다. 일본에 주둔하던 미24보병 사단의 딘 소장은 해방 후 정부수립 직전까지 미 군정장관을 지내기도 했다.

선발 부대로 파견되었던 '스미스 부대'가 7월 5일, 오산 죽미령 전투에서 인민군에게 참패를 당한 후, 미제24사단은 대전을 중심으로 방어선을 펼쳤다. 임무는 북한군의 남하 속도를 지연시키는 작전이었다. 당시 미군 지휘부는 인민군의 전투 능력을 과소평가하고, 우세한 제공권을 바탕으로 약간의 지상군 병력이면 북한군을 격퇴할 수 있으리라 믿었다.

7월 19일, 북한군은 대전을 공격하기 시작했다. 대전 비행장에 진지를 구축하고 있던 미군 포병대에 인민군의 포탄이 떨어지는 것을 시작으로 공방전이 벌어졌다. 이날 밤, 인민군이 대전-금산 간 도로와 대전-대구를 연결하는 도로를 차단하는 한편, 대전 서쪽으로도 진출하자 미제24사단은 대전 시내에서 포위되었다. 7월 20일, 북한군의 보병과 전차가 대전 시내로 돌입하자 곳곳에 분산되어 있던 미군은 붕괴

되기 시작했다. 딘 소장이 직접 로켓포를 잡고 전차를 공격했으나 이미 전세는 북한군 쪽으로 기울었다. 같은 날 오후 6시 미군은 조직적 저항을 포기하고 퇴각을 시작했지만 대부분의 미군 부대가 북한군의 포위망을 뚫지 못했다. 그들은 충북 영동으로 진출해 있던 제1기병사단의 구원으로 간신히 전멸은 면할 수 있었다.

대전 전투에 투입된 사단 병력 3,933명 중 전사하거나 인민군에 포로가 된 장병이 1,150여 명이었고, 간신히 목숨을 부지한 병사들도 대부분 장비를 잃고 맨몸으로 도망쳐 나와야 했다. 딘 소장도 소수의 부하들과 함께 도보로 후퇴 길에 올랐다. 그러나 옥천-금산 분기점에서 길을 잘못 든 것이 운명의 갈림길이었다. 옥천 쪽으로 가야했지만 금산으로 잘못 가고 말았다. 더군다나 산속을 헤매다가 낭떠러지에서 굴러 의식을 잃어 부하들과도 헤어졌다. 그를 찾지 못한 부관이 사단장의 실종 사실을 상부에 보고한 것이 7월 22일의 일이었다.

적진에 남게 된 딘 소장은 풀뿌리와 산짐승을 잡아 연명해가면서 36일간을 산중에 숨어서 남하하다가, 8월 25일 전북 진안 부근에서 인민군에 포로가 되었다. 체중도 30kg이나 줄었다. 손톱을 제거당하는 등 혹독한 고문을 당하기도 했다. 휴전 후인 1953년 9월 4일, 미군 포로로 송환될 때까지 3년 동안 포로 생활을 했던 딘 소장은 회고록에서 그 시간들을 '주검으로서의 3년'이라고 표현했다. 포로가 되는 건 군인으로서 최대의 불명예라고 생각했기에 고통이 더 컸다.

딘 장군이 1950년 7월 한국에 도착했을 때, 1만 6천명의 병력과 5천여 대의 차량을 보유하고 있던 제24사단은 7월 5일 죽미령 전투를 시작으로 7월 21일 옥천 전투를 치를 때까지, 17일간의 전투 기간 중 모두 7천명의 병력과 주요 장비의 60%를 상실했다. 고립된 딘 소장이 낯선 이국땅의 산속에서 풀뿌리로 연명하며 36일 동안 버틴 건 대단한 일이었다. 민가에서 보리밥을 얻어먹기도 하였으나 결국 포로로 붙잡혔다. 휴전 후 포로교환협정에 따라 풀려난 딘 소장은 귀환하여 중장으로 진급하고 각종 훈장을 수여받고는 미제6사단장으로 부임했다. 1981년에 사망했는데, 그의 유해는 샌프란시스코 국립묘지에 안장되어 있다.

대전역 동 광장에 故김재현 기관사의 동상이 세워져 있다. 그는 충남 논산 출생이다. 한국전쟁이 한창이던 1950년 7월 19일 새벽 5시에 사단장 윌리엄 딘 소장을 구출하라는 특명을 받았다. 특공대원 30명을 태우고, 미카 3-129호를 몰고 이원역에서 대전역으로 향했다. 북한군의 총격을 뚫고 대전역에 도착했지만 끝내 딘 소장을 찾지 못했다. 특공대와 함께 귀환 도중 대전역 남쪽 1㎞지점인 판암동 구정리 터널 앞에서 북한군의 총격을 받았다. 김재현 기관사는 가슴에 관통상을 입고 27명의 특공대원들과 함께 장렬히 전사했다. 뒤이어 현재영 보조기관사도 총상을 입고 쓰러졌으며, 황남호 보조기관사가 필사적으로 운전하여 공격을 벗어날 수 있었다.

그가 사망한 판암동 경부선 선로 변에는 순직비가 세워져 있다. 고향에 묻혔던 고인은 서울현충원에 안장되었다. 2012년 6월 26일 미 국방부의 특별공로훈장을 추서 받았다. 한국인으론 처음이다. 미카 3-129호는 1981년부터 2년간 동해남부선 관광열차로 쓰이다가 운행이 종료되고는 문화재 제415호로 지정이 되었다. 지금은 국립

대전현충원으로 옮겨 전시 중이다.

다음은 김재현 기관사의 외손자 홍성표와 인터뷰 내용이다. 대전 인근은 늘 오가는 기찻길이지만 홍성표에겐 특별한 곳이었다. 바로 이곳에서 외조부인 김재현이 순직했다. 북한군의 거센 공격에 후퇴를 거듭하던 전쟁 초기인 1950년 7월, 대전에 홀로 고립됐던 딘 소장을 구출하기 위해 미군은 특공대를 꾸렸지만, 이들을 태우고 적진으로 향할 기관사가 없었다. 목숨을 걸어야 할 위험한 작전에 28살의 젊은 기관사가 자원했는데, 당시 1남 1녀의 아버지인 김재현 기관사이었다.

김재현의 외손자 홍성표의 이야기가 이어진다. 어떤 노신사께서 저희 어머니를 찾으시더니 "그날(딘 소장을 구출 출동하던 날) 본인이 당직이라 당연히 가야했는데 용기가 없었다네. 자네 아버님이 나 대신 자원했네, 미안하네, 미안하네." 하면서 눈물까지 흘렸다고 한다. 특공대원을 태운 열차가 대전에 도착했지만, 북한군이 점령한 상황이라. 딘 소장을 찾지 못하고 철수하던 중 북한군의 매복 공격이 이뤄졌다. 김재현은 8발의 총상을 입고 기관사실에서 노치를 잡은 그대로 쓰러졌다.

나라를 위해 쉼 없이 달렸던 정신은 후대로 이어져 아들과 외손자까지 3대가 철도인이 되었다. 외조부가 하던 업무를 맡아, 대전 기관차의 한 사무소에서 3대째 같이 근무를 하고 있다는 게 손자 홍성표의 무궁한 자부심이었다. 미카 129열차에는 순직한 철도인들의 희생정신을 기리는 호국철도기념관도 마련돼 있다. 계급도 군번도 없었지만 나라를 위해 헌신한 철도인들의 활약상이 전시돼 있다.

6・25때 287명의 철도인이 군 작전에 투입돼 목숨을 잃었다.

필자는 동작동 현충원에서 김재현 묘소에 참배하고는 다음날 바로 대전현충원으로 향했다. 딘 소장을 구출하러 적진 속을 달렸던 미카 3-129호 열차도 찾아보고, 순직한 현장도 둘러보았다. 총격 속에 적진을 달렸던 흔적인 탄흔(彈痕)을 보니, 아! 정말 용감한 기관사였다는 생각이 들었다. 죽을 것이 뻔한 데도 적진을 달릴 기관사로 자원한 김재현에게 다시 한 번 경의를 표했다. 우리 국민들 대부분은 저런 영웅들을 잊고 있지만, 그들 덕분에 대한민국이 지탱해온 것이 아닌가!

그런데 딘 장군이 포로가 되었던 것은 한국인의 신고 때문이라는 소문도 있다. 한국을 구하러 와서 목숨을 바친 미국인이 있는가 하면, 그 미국인을 북한군에게 넘겨준 한국인도 있었다. 미군 사단장이라는 걸 몰랐다 할지라도 참으로 부끄러운 일이었다. 하지만 어디까지나 소문이기 바란다. 그런데 미국사람들이 고마운 것은 이런 배은망덕한 행위를 특별히 부각시키려 하지 않았다는 점이다. 남 헐뜯기를 다반사로 하는 우리와는 영 딴판으로, 전쟁 중엔 있을 수 있는 일로 너그럽게 받아주었다. 참으로 대국(大國)다운 나라가 아닐까.

인천 상륙작전(9월 15일)과 서울 수복(9월 28일)이 이루어진 9월이 오면 떠오르는 사람들이 많다. 그래서인지 마음이 숙연해지기도 한다. 그들의 흘린 피 덕분에 오늘날 우리들이 이만큼이나 자유를 누리고 있는 것이 아닌가! 잊지 못할 김재현 기관사의 영령(英靈)에 참배하며 경의를 표했지만, 딘 소장(William F. Dean)은 어쩔 수가 없었다. 미주로 가게 되면 샌프란시스코 국립묘지에 안장된 '윌리엄 딘' 장군의 묘소를 찾아보고 싶다.

국립현충원에서의 상념

문남선

며칠 전 동작동 국립현충원을 다녀왔다. 그곳은 나라와 민족을 위해 목숨을 바친 전사자와 국가 유공자, 애국지사, 순직 군무원 및 경찰관 그리고 국가원수를 지낸 분의 영혼을 모신 곳이다. 우리나라는 철판보다 강한 이념의 장벽 탓에 같은 민족끼리 남과 북에서 총부리를 겨누고 있는, 지구상의 단 하나뿐인 분단국가다. 38선이라는 경계를 만들어 반세기가 넘어도 자유로이 왕래조차 할 수 없고, 서로가 적이라고 부르고 있으니 이 얼마나 큰 비극인가.

한강이 시원스레 내려다보이는 양지바른 그곳엔 현재 16만여 영혼이 고이 잠들어 계신다. 그중에서 유독 내 마음을 끄는 곳은 '무명용사의 탑'과 '위패 봉안실'이었다. 시신은 고사하고 옷자락 한 점 찾지 못한 분들의 넋을 모신 곳이다. 차가운 비석에 깨알처럼 새겨진 이름자가, 이 세상에 잠시 머물다 이슬처럼 사라진 그분들의 흔적을 말해준다. 각자 누구의 귀한 자식이며, 지아비이며, 부모와 형제였을 텐데….

이순을 넘기며 살아온 동안 가끔씩 순국선열의 숭고한 희생에 대해, 또 '호국영령들에 대한 묵념'을 드릴 때도 나 자신이 진정 그분들의 영혼에 감사하며 그 넋을 진정으로 위로해본 적이 있었던가. 하지만 이제 인생이 무엇인지 조금은 알만한 나이에 국립묘지를 찾고 보니, 순국선열에 대한 갖가지 상념과 함께 무한한 감사함과 미안함이 절로 우러났다.

나는 동족상잔의 비극인 한국전쟁 이후 출생자라 분단의 비극이 얼마나 많은 사람의 가슴에 한을 심고, 치유조차 힘든 상처를 남겼는지 피부로 느끼지는 못한다. 단지 부모님을 통해 그때의 처절했던 경험담을 듣고는 '모두 너무 처참하고 고생이 많았겠구나.' 하는 정도의 막연한 느낌만 가지고 살았다. 돌아가신 친정어머니는 태어나 21살까지 가깝고도 먼 나라인 일본에서 사셨다. 어머니는 자라면서 부모님을 통해, 산과 들이 아름답고 정이 많은 사람이 산다는 조국에 대한 이야기를 수시로 들었다고 하셨다. 한 번도 가보지 못한 상상속의 조국이 어머니 마음에는 언젠가는 꼭 돌아가고픈 유토피아 같은 곳으로 자리매김하셨던 것 같다.

일본에서 일어난 수많은 지진과 그로 인한 해일과 원전사태로 세계가 떠들썩하고 공포에 시달렸던 일이 있었다. 어머니의 일본에서의 전문학교 시절, 시도 때도 없이 발생하는 지진에 대한 공포로 늘 불안했는데, 어느 날 지진으로 '쩍' 갈라진 땅 속으로 수명의 친구들이 몽땅 사라지는 현장을 목격한 뒤, 더 이상 일본에 머물고 싶은 생각이 없어지셨다 하셨다. 그건 아마도 어머니에게는 언제든 돌아가고픈 부모님의 고향인 꿈속의 조국이 있었기 때문이었을 것이다.

'살아서 갈 수 없으면 죽어서라도 돌아가는 곳이 고향'이라고 하지 않던가? 그때부터 어머니는 고국행을 위해 전 가족을 설득시켰고 극기야 어머니의 강한 설득으로 경제적으로 부유한 생활을 하셨던 외할아버지는 자녀 일곱 명과 형님 내외분을 모시고 고국으로 돌아오셨다 하셨다.

하지만 가난한 조국에 온 지 채 일 년도 안 되어 6·25전쟁을 겪게 되셨으니…. 당시의 처절하고 절박했던 여러 상황에 대해 어머니에게 들었던 이야기들이, 상상속의 풍경과 장소를 동반하며 내 머릿속에 몇 장의 사진처럼 저장되어 있다.

그중 하나는 1950년 여름날 오후, 요란한 사이렌 소리에 마을 사람들이 뒷산의 반공호로 피신했을 때의 일이다. 당시 일곱 살이었던 이모는 총성이 멎자 반공호의 더위와 답답함을 참지 못해 굴 밖으로 나갔는데 설상가상(雪上加霜) 미군의 오인 사격으로 머리에 총을 맞았다 한다.

어머니 품에 안긴 이모는 "언니야! 너무 아프다!" 하는 가녀린 신음소리를 내고 눈을 감았다며, 그때 일을 회상할 때마다 어머니 눈가엔 늘 눈물이 그렁거렸다. 그날 어머니는 고국에 온 후 처음으로 고국 행을 끊임없이 종용했던 당신의 고집에 대해 땅을 치며 후회하고 또 후회했다고 하셨다. 혈육에 대한 깊은 사랑과 한 때문일 것이다.

옛날에 TV에서 '그 사람이 만나고 싶다'라는 프로를 본 적이 있다. 오랜 이별이 몰고 온 한의 세월과, 뒤엉킨 고통과 그리움이 시청자를 울린다. 하지만 혈육이라는 끈 하나를 확인하는 순간 오랜 고통과 그리움도 희망과 환희와 사랑으로 바뀌는 현장들을 자주 보았다. 일부러 꾸밀 필요도 없고, 또 꾸밀 수도 없는, 그 자체만으로도 눈물 없이 볼 수 없는 휴먼 드라마이다.

고향을 북에 두고 온 실향민의 마음 또한 그럴 것이다. 어느 시인의 「남으로 창을 내겠소」라는 시가 생각난다. 햇살과 자연과 동화되고 싶은 시인의 소망이 담겨 있는 문구지만, 내가 아는 교수님 한 분은 북녘이 가까운 동네에 집을 짓고 햇살 고운 남쪽이 아닌, 어두침침한 북창을 내고 오랜 세월 살아오셨다. 북창이 있는 그 집 뜰에는 매일 참새 열 마리가 날아오곤 했단다. 그런데 그 일대에 재개발 바람이 불면서 터전을 잃은 새들이 대부분 다른 곳으로 이사를 가셨지만, 그 참새 가족은 끝까지 그 동네를 떠나지 않았다니…. 이 또한 참새 나름의 고향을 지키고자하는 마음 때문이지 않았을까?

교수님이 북쪽에 계실 때 형과 매형이 괴뢰의 총에 숨지자, 한 점 남은 혈육을 지키려고 그분 어머니는, 열여섯 살 아들을 드럼통에 태워 영하의 대동강을 건너게 했다한다. 운명 같은 도박을 한 후 힘 빠진 아들의 모습에 강 건너편에서 발을 동동 구르며 "놓지 마라, 드럼통을 꽉 잡아라! 놓치지 마라, 살아서 돌아와야 한다!"며 목 터지게 아들의 이름을 외쳤을 그 어머니의 절절한 마음이 오늘따라 생각나며 코끝이 찡해진다.

36년간의 일제강점기를 겪고 해방의 기쁨을 채 맛보기도 전에 한국전쟁으로 또 큰 상처를 입은 대한민국, 그래도 그 아픔과 역경을 딛고 이제는 선진국대열인 경제 대국이 되었으니, 우리 민족은 참으로 대단한 민족임에는 틀림없다.

그런데 이 모두가 나라를 위해 귀한 삶을 희생한, 여기 묻힌 영령들의 덕분이 아니겠는가. 산 자의 평화와 안녕을 위해 목숨을 바친

분들이 잠든 현충원의 고운 잔디가 신록과 어우러져 이제는 평화로운 여유마저 보이는 듯하다. 살아생전 얼마나 돌아가고픈 고향땅 이였을까? 살아서 돌아가지 못한 고향이지만 이제 그분들의 영혼은, 그분들이 지켜낸 이 평화로운 땅에서 자유로이 고향 나들이를 하시겠지.

셀프 선물

김대수

인생의 해가 뜨는 유년 시절에는 사회적으로 경제 사정이 어려워 오가는 선물이 거의 없었다. 어느 날 생각지도 않았던 친구 아버님께서 도시에 다녀오시면서 아들 친구인 나에게까지 만화책을 선물하셨다. 선물을 받으니 매우 기뻤고 그 내용이 마음에 들어 신주 모시듯 아꼈던 일이 엊그제 같다. 세월이 흘러 지금은 서쪽 하늘에 무거운 침묵으로 기우는 낙조 앞에 서 있다.

초등학교 시절에 한국전쟁을 겪었고 보릿고개가 태산보다 높을 때가 있었다. 한적한 시골 비포장도로에 자동차가 지나가기라도 하면 흙먼지를 뒤집어쓰기 일쑤였고, 먼 길도 걸어 다니는 것이 보통이었다. 어려움을 겪어 보니 밥의 소중함을 알게 되었고, 자동차 등 편익 시설에 대하여 고마움을 느끼고 있다. 우리나라가 폐허에서 짧은 기간에 선진국 대열에 합류하게 되었다니 감개무량하다

사회생활을 하다 보니 서너 개의 모임을 하고 있다. 학교 관련 모임이 허물없고 속내까지 알고 있어 오래 지속되는 것 같다. 각계각층에서 활발하게 활동하던 친구 중에 바람을 타고 구름 따라온 깊은

인연으로 맺어진 특별한 모임이 있다. 중학교 친구 모임으로 시작한 지 반세기 정도 지났으니 끈끈한 정으로 맺어진 역사와 전통으로 빛난다고 할 수 있을 것 같다.

구성원은 어려운 환경이었지만 모두 열심히 하여 이름만 들어도 다 알만한 좋은 직장에서 근무하였다. "하면 된다"는 신념으로 노력한 결과인 것 같다. 한국전쟁으로 국토는 초토화되고, 산업의 기반이 없어 취직은 하늘의 별 따기였다. 할 일은 많고 인원이 적어 한눈팔지 않고 정말 열심히 일했다. 야근은 흔히 있는 일이었지만 당연한 것으로 알고 불평하는 사람이 없었다. 요즘 MZ세대와 알파 세대는 이해하기가 쉽지 않을 것이다.

두 달에 한 번씩 정기적으로 만나고 연말에는 부부 동반하게 되니 자연스럽게 가족처럼 되었다. 시간이 지나면서 부인들끼리도 모임을 하게 되어 자녀 결혼 등 가정의 일, 그 밖의 관심사에 대하여 의견을 교환하면서 해결도 하고…. 외국 여행까지 함께 다녀오니 더 친밀해지고 협조하는 돈독한 모임이 된 것 같다.

모임 초기에는, 월급 탈 때 저축하자. 시대 흐름에 뒤지지 않기 위해서 컴퓨터를 배우고 이메일이나 SNS를 가까이하자 등 삶의 질을 높이자는 대화였다. 나이가 들어가면서, 혼자 지내는 습관을 기르자. 방안에서라도 가벼운 운동을 수시로 하자. 외출할 때는 항상 조심하자. 할 수 없는 일은 시작도 하지 말자. 아프지 않으면 건강한 것이고, 괴롭지 않으면 행복한 것이다. 세상에 없는 것 세 가지는 정답, 비밀, 공짜다. 다른 사람의 실제 삶의 내용을 제대로 알 수 없으므로 그들과 비교하지 말자 등 안전이 대화의 중심이 되었다.

시간이 지나니 의사로서 많은 사람의 존경을 받던 친구가 건강이 좋지 않아 우리의 곁을 떠났고, 나이에 비해 젊고 등산도 잘하고 건강하던 기업체 사장인 친구가 갑자기 사고로 타계한 일이 있다. 또한 친구는 현모양처형인 부인이 지병으로 세상을 떠났다. 인생의 슬픈 모습을 보면서 허무함을 느끼기도 하였다. 세상을 떠나는 것이 나이순이 아니고 인명재천이라고 하지만 건강관리의 중요함이 새삼스럽다.

모임은 회비로 운영하였으나 얼마 전부터는 회비 없이 쌓여 있는 기금으로 유지하기로 하였다. 축적된 자금이 바닥이 나면 모임을 해체하거나 추가로 회비를 징수하거나 모임에 참석한 사람이 더치페이하는 방법의 하나를 선택해야 할 것이다. 왕성하게 활동하던 사람이 세월의 흐름에 따라 허약해지니, 모임도 함께 부실하게 되는 것은 자연의 섭리이니 어찌하겠는가.

대부분 은퇴한 지 오래되니 명절인 경우에도 들어오는 선물이 별로 없다. 소경 제 닭 잡아먹는다는 말도 있지만, 현금 곳간에서 셀프 선물을 하기로 하였다. 스스로 마음의 위안을 받고, 우리를 위해 평생 헌신적으로 봉사한 가족에게 고마움을 표시하기 위함이다. 마음 같아서는 오랜만에 하는 선물이므로 갈비짝이라도 하고 싶었지만, 현실을 무시할 수는 없지 않은가. 형편에 맞게 3만원 내지 5만원 선에서 추석이므로 송편으로 결정하였다.

송편은 본래 추석 때 햅쌀과 햇곡식으로 이를 빚어 한 해의 수확을 감사하고 조상의 차례상과 묘소에 바쳤다. 송편은 멥쌀가루를 반죽하여 둥글게 만들어 팥, 콩, 밤, 대추, 참깨 따위의 소를 넣고 접으면 반달 모양이 된다. 소를 넣을 때 본인의 소망을 넣고, 접을 때 소망이 달아나지 못하게 하는 의미가 있다고 한다. 요즈음에는 계절과 관계없이 즐겨 먹는 편리한 세상이 되었다.

배송 받을 주소를 확인하는 과정에서, 부인이 지병으로 돌아가셔서 아들이 의사임에도 고급 요양원에 거주하는 친구가 아들 집으로 보내주면 고맙겠다는 연락이 왔다. 부부가 끝까지 해로하는 것이 가장 잘 사는 것인데 안타깝고 서글픈 일이다. 나와 가족을 위해 헌신적으로 살아 온 집사람에게 잘한다고는 하였으나 부족한 것 같아 후회되고 지금부터 더 잘해야겠다고 다짐해 본다.

요즘은 인터넷이 발달하여 송편 가격조사를 쉽게 할 수 있었다. 편리한 세상이다. 생 송편, 찐 송편. 송편 속의 내용물도 동부, 콩. 참깨 등이 있고 개수에 따라 다양한 가격이 있었다. 이러한 조사를 하던 중에 한 회원이 선물을 받아 먹어보니 좋은 곳이 있다고 추천하였다. 전화하여 알아보니 가격은 온라인쇼핑몰과 비슷하였고 잘해서 보내겠다고 하여 바로 주문하였다.

오랜만에 바깥양반의 모임에서 보내주는 사랑이 담긴 선물이므로 즐거워할 것 같다. 올 추석에 가족끼리 소망을 빌고 조상의 은덕을 기리며, 가족 간 화목한 시간을 보내기를 바라는 마음이다. 좀 더 푸짐한 선물을 보내지 못한 것이 아쉽다. 미약하지만 이런 행사가 오래오래 지속되었으면 좋겠다.

나이 들어 약해지고 기억력이 쇠퇴해지는 것은 순전히 세월 탓이다. 나이가 많아질수록 제일 중요한 것이 건강관리다. 항상 겸손하고 감사하고 욕심을 버리고 남과 비교하지 말고 정도를 지키면서 자기 나름대로 소신껏 사는 것이 현명한 것 같다.

8부 능선

이봉길

그가 기척도 없이 내 앞을 막아선다. 가파른 능선길 암릉구간에서 숨을 헐떡이며 바위에 매달리는 나를 안쓰럽게 내려다보고 있다.

몸을 솟구쳐 바위 위로 올라서려다 고개를 들어 그를 쳐다본다. 불과 5~6m 앞에 뾰족한 뿔로 무장한 산양 한 마리가 서 있다. 언제부터 나를 지켜보고 있었을까. 종자산 8부 능선에서 사천왕처럼 산문을 지키고 있는 듯하다. 능선을 업고 선 그의 등 뒤에 우뚝 솟은 산봉우리가 난공불락의 요새처럼 아득하다.

종자산은 38도선 이북, 포천과 연천 경계에서 한탄강이 산을 휘감아 흐르는 해발 643m의 산이다. 산 중턱부터 가파른 능선길이 시작되고 군데군데 바윗길을 톺아 오르면 굽이굽이 평야를 흐르는 한탄강이 한눈에 들어온다.

그와 내가 서로 긴장하여 내려다보고 올려다보며 서 있는 사이 바람 한 줄기 숲을 흔들고 지나가는 틈인데 무척 길게 느껴진다. 그의 커다란 눈동자 속에 내가 들어있다. 나는 마주 보는 눈길을 떼지 않고 천천히 한발 한발 바위 위로 올라선다. 웃자란 풀과 관목 사이로

난 좁은 길을 막고 선, 송아지만 한 검은 몸뚱어리가 코앞에 서 있다. 산행 중에 몇 번 산양을 본 적이 있지만 이렇게 딱 마주치기는 처음이다. 배낭을 추스르며 나도 그의 눈을 똑바로 본다. 그의 눈에 여전히 내가 들어있다.

여기서부터 완만한 경사로 올라가는 길은 삿갓처럼 솟아있는 산봉우리까지 이어진다. 저만치 떨어진 곳에는 대여섯 마리의 산양이 앞발로 나무줄기를 딛고 서서 가지 끝에 달린 잎을 뜯고 있다. 그들은 몸집이 작고 어려 보이는 것이 새끼들이 아닌가 싶다.

우리는 그렇게 잠시 마주 서서 눈길을 주고받았다. 그도 나처럼 삶의 8부 능선에 서 있음이 틀림없다. 무리에서 떨어져 나와 전망 좋은 바위에 서서 무슨 생각을 하고 있었을까. 그러고 보니 그도 지금은 이 산에 머물고 있지만, 철 따라 이 산 저 산을 옮아가면서 살아가는 산객이 아닌가. 이윽고 오른쪽 앞발을 들어 땅을 툭툭 치는가 했더니 옆에 있는 굴참나무 곁으로 비켜선다. 나는 고개를 끄덕여 고마움을 표하고 조용히 그의 옆을 지나친다. 걸음을 옮기면서 뒤돌아보니 그도 고개를 들고 여전히 나를 보고 있다.

나나 저나, 8부 능선의 산객인 것을 그도 공감하는지.

천사 같이

손병미

토요일 아침 환한 햇살아래 눈을 떴지만 달콤한 나른함에 일어나고 싶지 않았다. 푹 자고 난 후의 개운함에 기지개를 켜며 반쯤만 몸을 일으켰다. 남편이 "커피 마실까?" 묻는다. 나는 격하게 고개를 끄덕이며 눈웃음을 날렸다. 이 기분으로 영화를 본다면 모든 장르가 로맨스가 될 것 같았다.

무심히 돌리던 채널에서 낯익은 풍경이 눈에 들어왔다. 두 해전 피렌체에서 한 달 살기를 하고 싶은 염원을 담아 관련 책을 사서 열심히 보았던 바로 그곳이 화면 가득 들어있었다. 피렌체에서 마라톤 대회가 있었던 모양이다. 'RUN- 레이스를 마무리 짓는 법'이란 제목 아래로 많은 사람들이 달리고 있었다. 선두 그룹은 묵묵히 자신의 길을 흐트러짐 없이 달리고 있고 언제나 그렇듯 후미 그룹원은 저마다의 방법으로 서로를 응원을 하며 달리고 있다. 친구들과 무리지어 달리는 그룹, 유모차를 밀며 달리는 위대한 엄마. 휠체어를 밀며 달리는 부부, 다리 하나에 목발을 짚고 세 발로 달리는 중년의 사나이. 그 모습들 모두가 우리 삶을 응원하고 있었다.

삼십 대 끝 무렵 남편이 5㎞ 달리기에 참가하자고 청했다. 경험도 없으면서 나는 용감했다. 그깟 5㎞쯤이야 해볼만 했다. 긴장감도 좋고 서로의 응원도 좋고 특히 레이스 후의 메달도 좋았다. 맥주 몇 잔에 홀려 다음에 또 같이 하겠다고 약속을 해버렸다. 그렇게 10㎞에 도전하던 날. 나의 용기를 꺾을 만큼 날은 차고 뛰다보니 일행도 놓치고 마지막 기댈 사람 남편도 찾을 수가 없었다.

'잠시 쉴까?'

'안 돼! 쉬면 더 이상 못 뛰어.'

'걸어갈까?'

'안 돼! 천천히라도 뛰어야 해.'

'기권한다고 할까?'

'아니야. 조금만 더 가보자.'

천사와 악마가 머릿속을 휘저으며 장난치고 있다.

그때 내 옆에서 "하나 둘, 하나 둘." 하는 구령소리가 들렸다. 발을 맞추어 주는 친구가 생긴 것이다. 말로만 들었던 천사, 페이스메이커가 나를 응원해 주고 있었다. 갈증에 입도 붙어버린 나는 고맙다는 인사도 못한 채 파트너의 마음의 끈에 매달려 뛰었다. "조금만 더 가시면 됩니다. 파이팅!" 하는 응원 소리에 고개를 들어보니 약간의 정말 약간의 오르막길이 시작되고 있었다. 둔덕이 있는 듯 발이 땅을 차고 1㎜ 발을 떼는 것이 높이뛰기를 하는 듯 힘에 부쳤다. 하지만 이름도 모르는 이 청년의 구호를 나는 거절할 수 없었다. 이 청년이 없었다면 나는 포기했을 거다. 그렇게 목이 빠지게 나를 기다리던 남편의 품에 기대어 메달을 받으러갔다. 초콜릿을 깨물어 먹으며 나의 천사 페이스메이커를 찾았지만 헛일이었다.

나이가 들어갈수록 사람은 혼자서는 아무것도 할 수 없다는 걸 깨닫게 된다. 나 잘 나서 이루어진 일이라 자만했지만 많은 이의 응원이 있었음을 뒤늦게 알게 된다. 손가락 하나 만으로라도 밀어 주는 그 힘이 있었기에 완성될 수 있었던 일들.

며칠 전 병원 대기실에 앉아 있는데 휠체어가 들어섰다. 엄마와 아들의 병원 나들이. 대개는 어두운 표정에 무덤덤함이 일상이지만 그 아들의 자상함은 내 눈길을 끌었다. 환복을 하기 위해 힘겹게 일어서는 어머니와 탈의실 앞에서 어쩔 줄 몰라 하는 아들에게 내가 시간이 남는다며 일어섰다. 우리 엄마 혼자서도 잘해요 하면서 웃는 아들이 엄마는 십 년 전 암수술을 하셨고 무릎관절 수술도 했다고 한다. 그런데 이번에 암이 재발되어 다시 병원을 다닌다는 말끝에 "젊었을 때 건강관리 잘 하세요. 정말 잘 하셔야해요." 하며 나를 응원해준다. 그 따뜻함에 나는 눈이 빨개지고 말았다. 내가 아파서 온 병원행도 아닌데 이렇게 위로를 받는구나 싶어 얼른 주모경을 외우며 멀어졌다.

그믐달

유성현

2014년이 들어선지 벌써 음력으로 동짓달 그믐에 접어든다. 이에 아쉬움을 느낀 듯 그믐달은 엷게 쌓인 눈송이들을 싸늘한 미풍을 적시며 이쪽저쪽으로 간간히 비질하고 있다. 그믐달이란 사전적 의미에서 보면 '음력으로 매월 마지막 날에 뜨는 달, 혹은 활 모양의 현(弦)을 제쳐놓은 것 같은 달', 즉 상현달(上弦달)을 의미하고 있다. 한 해를 보내는 마지막 달은 겸손할 줄도, 회개할 줄도, 그리고 참회할 줄도 아는 달이 되어야 한다고 한다. 벽에 걸릴 마지막 한 장의 달력을 측은하게 생각하며 남은 한 달 의 일들을 맑은 하늘에 그믐달과 연관시켜 봄이 어떨까 싶다.

옛 문인 나도향(羅稻香)이 쓴 「그믐달」에 보면 그믐달은 애인을 잃고 쫓김을 당한 공주와 같은 달이기도 하고, 보는 이가 적어 그만큼 외로운 달이라고도 했다. 오늘의 그믐달은 가을날 새로 바른 창호지에 비추는 은은한 달과는 달리 어두운 귀갓길을 걸으며 가슴에 한기서리는 독부의 창백한 달인 것도 같다. 파란 하늘에 달랑 매달려 냉랭하고 쓸쓸하게 보였기 때문이 아닌가도 생각이 든다. 이런 생각에 잠겨있으려니 전화벨이 울린다. 평소에 가깝게 지내던 세 친구가 이번 연휴에는 K산방(山房)에서 많은 눈에 묻힌 은빛세계를 구경하자는 제의를 해왔다. 요사이의 일기예보의 정확성 여부로 일부에서의 말씨름을 도외시 한 채 함박눈이 많이 내렸다.

옛 어른들의 말씀이 떠오른다. "눈이 내리는 날은 거지가 빨래하는 날이라고…." 함박눈이 내릴 때의 기온이 포근함에서 이른 말일게다. 산과 들이 푸르게 무성했던 때와는 달리 수줍음도 모르는 채 옷을 벗고 있지만 갈아입은 흰 옷은 풍만함이 넉넉하기만 하다. 꽂히는 햇빛에 젖어 은빛으로 백설의 낭만을 즐기고파 아침부터 출발을 서두른다.

많은 눈이 쌓이고 보니 며칠을 두고 제설을 하기에 바쁘던 고향에서의 일이 떠오른다. 내 고향은 예와는 달리 기온의 차이가 있어서 인 지 무릎을 덮을 만큼의 많은 눈이 내리기도 한다. 눈으로 인해 일상이 어려웠던 큰 눈이었다. 제설작업은 태사혜(太史鞋*)를 신고도 뒤뚱 거리며 급한 대로 다닐 수 있는 최소한의 길만을 치우곤 했다. 백설에 묻혀 먹이 감을 찾으려는 산짐승이나 새들이 집 근처에서 가끔 서성임은 가끔 있는 일이기도 했다.

K산방에 도착한 세 사람은 며칠이나 지낼 것처럼 가지고 온 준비물들이 이삿짐에 버금간다. 그런데 그렇게 벼르다 온 일행은 짐을 풀면서 주방을 살피던 두 사람이 웬일인지 밝지가 않다. 아마 온수는커녕 냉수도 얼어붙은 주방의 수도꼭지를 보고 당황한 것 같다. 화장실도 수세식이 아닐뿐더러 너무 추워서 은신하기가 버거웠던 모양이다.

저녁녘이 되자 기온이 급강하하기만 했다. 바람이 설원을 쓸자 기온은 체감되며 수은주는 두 친구의 사정도 생각 않고 내려가기만 했다. 이곳의 겨울 날씨는 고향의 기온에 비하면 추위가 심한 것도 아닌데….

저녁밥도 하는 둥 마는 둥, 마침내 두 사람은 단념하겠다는 눈치다. 밖에서 스며드는 어두움도 아랑곳없이 부랴부랴 짐을 챙기며 돌아가겠단다. 썰렁한 방에서 자다가 감기라도 들으면 어쩌나 싶었나 보다. 그들은 굳이 이 좋은 설경을 마다하고 날씨가 풀리는 기회에 다시 오겠다며 돌아서고 만다.

어제의 아쉬움이 가시지 않은 채 다시 맞는 여명을 보내고 혼자서 가까운 산에 올랐다. 이때가 산의 기온이 제일 낮은 때인 듯 하나 무언가 생각해 보고 싶음에서다. 공기가 가장 청정한 시각이기도 하다. 영하 15도 이하는 되는 것 같다. 바람도 숨을 죽이고 냉랭하다. 냉기의 메아리가 허공에 실린다. 미풍이라도 만나면 칼바람을 만들어 수은주의 정수리를 눌러 보겠다는 심산이다. 문 밖에서 옷을 벗은 채 묵묵히 서 있던 매화가지도 떨고 있음이 예외는 아니었다.

퇴계 이황 선생의 매화 시구가 생각난다. '백매량용반선옹(白梅凉用伴仙翁)- 흰 매화 밝은 달이 늙은 신선을 벗해주네'란 구절이 있다. 이는 밤늦게 홀로 일어나 창문을 내다보니 매화가지에 걸친 달을 보고 읊은 노래일 것이리라. 날라드는 습기는 상고대를 이루어 나뭇가지마다 아름다운 백화를 매달고 있다. 한때 여름의 싱싱함과 가을날의 풍요로움을 위해 많은 어려움을 겪기도 하지 않았던가. 이는 주위의 질서와 진리를 깨우치는 소리 없는 교훈임을 알려주는 것이리라.

해가 저물며 붉게 물드는 저 설원의 향연을 독차지하는 주인은 누굴까. 아침에 솟는 해가 아닌 총총히 수놓은 검푸른 별밤을 머리에

인 채 손을 흔드는 저 그믐달인 것이다. "사랑은 좋은 것을 할 때 쌓이지만 정(情)은 어려움을 맞을 때 더욱 쌓인다."는 말처럼 추워서 떨며 고생을 하며 만났기에 정이 더욱 쌓이는 모양이다. 이백(李白)이 달을 생각하며 적은 시 한 구절이 생각난다. '금인불견고시월(今人不見古時月)이란 지금 밖에 나서지 않은 사람은 저런 아름다운 달을 보지 못한다.'라는 뜻인 것 같다. 아직 기침(起寢)을 모르는 사람들이 운치(韻致) 있는 저 달을 보지 못하고 내 혼자만 보는 게 아쉬웠기에 이렇게 읊었을 것이다. 사람은 철저한 고독 속에 서 있을 때 오히려 마음이 풍요로워진다고 한다. 조용하고 검푸른 별밤하늘에 총총히 들어서서 받혀 주는 달빛에 넉넉함을 표출하는 것이겠지….

산에 오르는 동안 능선을 밟는 발 거름은 공기가 물기를 제거하듯, 감정의 거품을 걷어내고 순수한 생각을 떠올리며 설경을 아낌없이 챙겨본다. 기온은 차지만 산을 오르는 것만큼 마음의 신성함을 느끼지는 못할 것 같다. 어제 늦은 밤에 돌아간 그들에게는 그저 미안한 생각만 앞선다. 이토록 아름다운 설경을 혼자만 보았기 때문이다.

"설경의 멋을 잘 그리고 싶은 집념에 소득은 꽤 있었느냐?"며 미소를 곁들인 차 한 잔을 내놓는 산방주인의 말을 들으며 잔속에 띄운 털모자를 벗는다. 내 이곳을 돌아선 후에라도 여명에 힘을 잃어가는 저 그믐달이 창 문설주를 몇 번을 더 비집게 될 테지. 그렇게 되면 음지에서 거무튀튀한 눈덩이를 헤치며 머리를 세우는 복수초를 곁눈질 하던 산수유도 노란 꽃망울을 터뜨리며 새봄을 알려오겠지!….

*太史鞋: 남자용 마른신의 하나로 가장자리에 헝겊이나 가죽을 대고 코와 뒤축에 흰 선문(線紋)을 새겨 놓은 신발.

기다림

한정순

올 가을은 나에게 있어 상실의 계절이다. 유행가 가사처럼 슬픈 계절이 되어 버렸다. 가까운 사람들을 떠나보내는 아픔을 겪었다. 아주 오래 전 IMF때 한순간에 가진 것을 모두 잃고, 깊고 어두운 터널 속에서 십여 년이라는 세월을 보낸 적이 있다. 저녁에 잠이 들면 아침에는 눈 뜨고 싶지 않던 그런 날들이….

그때 내가 잃은 건 돈이었지만, 뒤이어 불어 닥친 폭풍으로 인해 내 인생에서 가장 소중한 가치가 흔들리고 좌절해 주저앉았을 때에는 미국 서부에 있는 한 감옥을 생각했다. 그곳은 조수간만의 차가 심하고, 차가운 바다의 수온 때문에 물속에 들어가면 채 오 분도 지나지 않아 심장마비로 인해 죽음에 이르게 되고 상어 떼의 습격 또한 상당한 위협이 되었다고 한다. 밤이면 화려한 네온사인이 손에 닿을 듯 가까운 거리에 항구를 두고 보면서도 갈 수 없는 곳이다. 그래서 죄수들은 좌절감에 더 고통스러워했다던 공포의 알카트라즈, 알 카포네가 수감되어 더욱 유명해진 곳이다.

그렇게 삼십여 년간 중범죄자들만 가두었다는 감옥, 탈옥이 불가능하다고 하던 곳, 1996년 이전에는 아무도 탈출하지 못했던 그 곳. 나는 스스로 마음의 알카트라즈 감옥에 들어갔다. 그리고 잔인한 시간을 견뎌야 했다. 그래서 내 평생에 꼭 한 번 가보고 싶었던 곳이다. 수천 미터, 깊은 심해에 누워있는 듯한 중압감이 더해질수록 나는 그 감옥 속으로 더 깊이 들어가고 있었다.

나는 내 마음의 감옥에서 벗어나고 싶은 강한 열망에 사로잡혀 있었다. 몇 해 전 봄날 뭔가에 이끌리듯 나는 샌프란시스코로 향했고, 마침내 알카트라즈와 마주했다. 꿈만 같은 그 실체가 위용을 드러내며 내 눈앞에 있었다. 한동안 눈을 뗄 수가 없었다. 벅찬 감회를 무어라 표현할 수 있었겠는가. 눈물이 하염없이 흘러내렸다. '아, 아, 나도 저곳에 갇혀 있었는데….' 망부석처럼 서서 오랫동안 그곳을 바라보았고, 눈물을 삼키며 카메라 셔터를 누르고 또 눌렀다.

"이젠 끝낼 거야. 끝내야만 해. 그래, 악몽은 끝났어!"

끝없이 자기최면을 걸고 수없이 혼자 되뇌며 절망을 샌프란시스코 만에 버렸다. 다소 가벼워진 마음에 희망을 심으며 돌아왔고, 그렇게 어둡고 긴 터널을 빠져나왔다.

그 사진은 지금도 거실 벽에 걸려 있다. 아무도 장담할 수 없는 것이 삶인 것 같다. 마음의 평화를 얻은 듯한 시간이 얼마간 흘러갔고, 또 다른 모습의 고통이 다가왔다. 내가 목숨처럼 여기고 온 마음을 다해서 지키고자 했던 가치. 끊임없이 그 가치를 아무것도 아닌 것으로 만들어버리는 가족의 일원. 그를 내게서 내려놓기까지 나는 숨을 쉴 수도, 잠을 잘 수도, 목으로 음식을 넘길 수도 없었다. 내가 흘린 눈물은 내가 가꾸어온 담장 안 너른 마당에 흥건히 고여 있었고, 나는 그 마당을 질척거리며 맴돌았다.

힘들게, 힘들게 비워내고 대문 밖으로 나와 가끔씩이나마 흐린 웃음으로 가을 하늘을 올려다보기 시작했는데, 그때 큰언니처럼 의지하며 가깝게 지내던 지인이 돌아가셨다. 파도 한 겹이 채 사라지기도 전에 또 밀려와 나에게 들이닥쳤다. 가슴이 부서질 듯이 아팠다. 우울하고 슬프고 자꾸 엄마도 더 많이 보고 싶고…. 가을앓이를 참으로 심하게 하였다.

칼끝 같은 바람이 옷자락을 찢을 듯 울어댔다. 그 속에서 국화는 형체 하나 흐트러짐 없이 흔들렸다. 물기가 말라버린 개천, 쓸쓸함이 내려앉는 벌판, 빈곤해진 마음이 계절 속으로 흘러들었다. 아직 가을이 덜 끝난 산자락에는 단풍 빛이 짙었다. 시월의 단풍보다 더 짙은 상처로 얼어버린 내 마음. 나는 마음이 불러주는 말들을 색 고운 떡갈나무 잎에 썼다, 마음을 녹여내며….

돌이켜보니 지금 알고 있는 것을 그때도 알았더라면 좋았을 것을! 그랬다면 그 많은 시행착오도 겪지 않았을 것이고, 내 가슴에서 그렇게 많은 피를 흘리지도 않았을 것이다. 잃어버린 만큼 또 다른 채움이 있을 거라고 믿으면서, 내 마음에 와줄 봄을 기다린다. 진정한 마음의 봄을 기다린다.

무주상보시하니 달님도 반기네

박덕희

오랜만에 원주천으로 바람 쐬러 나갔다. 님도 보고 뽕도 딴다고나 할까. 백 년 만에 떠오른다는 보름달을 보기 위해서다. 월정사에 다녀오면서 저녁까지 해결하니 시간도 넉넉했다. 아들네는 집 옥상으로 나는 물소리도 들을 겸 원주천으로 향했다. 평소 어둠이 내리면 한산했던 산책길이 달맞이를 하면서 천천히 걷거나 사이클 타는 사람들로 조금 부산했다. 아마도 걷는 사람들은 40여 일 후 원주시에서 매년 개최하는 '국제걷기대회'에 참여하려고 준비하는 분들로 보였다.

포장길과 비포장길로 조성된 둔치는 부담 없이 산책하기 좋다. 전에는 양안에 꽃이 많았는데 지금은 나무가 우거져 신선해 보였다. 그곳에는 원주 시내와 원주 혁신도시를 연결하는 치악교가 있고, 200m 떨어진 곳의 합수머리 지점에 개운동과 혁신도시로 연결되는 출렁다리가 있다. 그 출렁다리 옆, 동네 사람들의 봉놋방 역할을 하는 쉼터는 주로 노인들과 산책객의 차지였는데 오늘은 중년 여인들이 앉아있다. 전에 불을 피웠던 자리 옆에서 짝지어 놀던 백로들은 둥지를 찾아갔는지 보이지 않고, 대신 물오리 십여 마리가 꽥꽥거리며 자맥질이 한창이다.

출렁다리를 건너갔다가 한참 후에 돌아오니 여인들은 간 곳 없고 남자 노인 한 분이 초라한 행색을 하고 누워있다. 오늘 같은 명절 밤, 혼자 외로움을 삭이는 것 같다는 생각이 들어 의자에 앉으면서 인사를 건넸다. 물소리와 자동차 소음 때문에 말을 잘 알아듣지 못했는지 대답이 없다. 가만히 살펴보니 자는 것 같지는 않았다.

"달구경 나오셨습니까?"

"……."

재차 큰소리로 "나는 근처 사는 사람이오. 선생님은 어디서 오셨습니까? 심심하여 달구경 나왔습니다."라면서 말을 붙였다. 더불어 성씨와 나이는 알아야 대화가 순조로울 거 같아서 다시 물으니 '성은 이 씨고 나이는 일흔아홉'이란다.

그렇지 않아도 동네에서 각별하게 지내던 사람들과 점심이라도 나누고 싶었는데, 내 나이 탓인지 코로나 탓인지 거절하는 분이 많아 기분이 언짢았었다. 그런데 달맞이 덕분에 마음이 풀렸는지 초면인 노인과 서슴없는 대화를 나누고 싶어, 약 50m쯤 떨어진 마트에 가서 치악산 막걸리와 간단한 안주를 사왔다. 엉거주춤 앉아있는 노인에게 종이컵에 막걸리를 가득 담아 건네니 기다렸다는 듯이 벌컥벌컥 마셨다. 시원하게 들이켠 그는 임인년 추석날, 강변 휴게실에서 좋은 인연을 만났다며 나에게도 권했다. 은은하게 퍼지는 달빛과 시원한 바람과 물소리로 분위기가 무르익었다. 그래서인지 처음과는 달리 부담 없이 이런저런 얘기를 주고받았다.

"나는 박 가이고 나이는 이 씨보다 몇 살 위입니다."

"그러면 형님이네요. 반갑습니다. 저는 혼자 살면서 낮에는 근로복지 일을 합니다. 작년보다도 올해는 날씨가 더워서 가을이 빨리 오는 것 같네요. 환경오염, 기후 이변이 무섭습니다." 술 몇 잔에 취기가 도는지 갑자기 말이 많아진다.

주위를 살펴보니 달님은 얼굴을 보이다 구름 속에 숨는다. 제법 깊어진 시각, 하천 변 가로등 불빛은 더욱 밝아졌는데 양안 도로에 차량은 아직도 분주하게 오가고 강 건너 아파트 단지는 불야성이다.

"집으로 안 가실 겁니까?"

"형님 먼저 가세요. 저는 집에 가봐야 반기는 사람이 없어 조금 더 있겠습니다." 하면서 일어나 정중하게 인사를 한다. 굽어진 어깨와 등이 더욱 쓸쓸해 보인다.

"조그마한 예를 표했는데 그렇게 반기니 정말 부끄럽습니다. 다음에 만나면 식사라도 합시다."라 말하며 일어섰다.

몇 걸음 옮기다 뒤돌아보니 바로 전의 그 자세로 서 있다 고개를 숙였다. 마침 구름 속의 보름달이 얼굴을 내밀며 내 갈 길을 밝혀준다. 기분이 흔쾌해지자 콧노래가 절로 나왔다. 걸으면서 생각하니 '무주상보시'는 바로 나를 위한 것이었다. 앞으로 기회가 되면 주변에 작은 것이라 베풀며 살아야겠다.

집으로 가는 길이 참으로 가볍다.

*무주상보시(無住相布施): 집착 없이 남에게 베풀어주는 일을 의미하는 불교교리.

지금도 계속 피어나는 카네이션꽃처럼

윤종영

숨 막히게 뜨겁던 여름이 가는지 캄캄한 밤이 되면 귀뚜라미 울음소리 들리고 선선한 바람이 분다. 어둠 속에서도 활짝 피어 있는 카네이션꽃을 물끄러미 들여다본다. 지금은 빨간 꽃 두 송이가 서로 의지하며 다정하게 피어 있다. 그 옆에는 크고 작은 꽃봉오리 여러 개가 보인다. 피었던 꽃이 지고 나면 또 피어날 준비를 하는 앙증맞은 꽃송이들. 마치 우리 아이들 어렸을 때 모습처럼 귀엽고 사랑스럽다.

이 카네이션은 지난 5월 8일 어버이날에 큰아이가 남편과 나에게 화분 한 개를 각각 선물해준 것이다. 두 개의 작은 화분에 심어진 꽃을 남편이 큰 화분에 옮겨 심었다. 그리고 가게 뒷문 밖 출입구에 놓아놓고 출퇴근할 때마다 본다. 여름에도 남편은 수시로 물을 주고 돌보며 애지중지 키웠다. 그래서인지 지금은 잎과 줄기가 싱싱하게 되살아나 빨간 카네이션꽃이 계속 피고 있어 날마다 어버이날을 맞는 기분이다.

언제 어디서 봐도 반갑고 웃음을 안겨 주고 꽃. 나는 꽃을 참 좋아하지만 활짝 피었다가 점점 시들어 빛바랜 모습으로 끝내 지고 마는 꽃의 뒷모습이 싫어 꽃 화분은 거의 집에 들이지 않았다. 어쩌다 꽃을 들여와서 꽃이 피었다가 지면 꽃잎이 떨어지기 전에 따서 버리거나 화분에 떨어진 꽃잎을 바로바로 다 주워다 버리곤 했다. 꽃잎 떨어지는 걸 보면 누군가 떠나는 모습을 상상하게 되어 슬프기 때문이다. 그래서 꽃은 좋아하지만 꽃을 직접 키우는 것은 별로 좋아하지 않는다.

오랫동안 집안에서 키우던 식물들을 작년에 모두 정리했다. 동·식물을 키우는 것도 아이를 키우는 것처럼 정성과 사랑을 쏟아야 한다. 그런데 또 한 번 호되게 아프고 나니 내 몸 챙기는 것도 버거워 모두 짐처럼 느껴졌다. 내 몸도 제대로 관리하지 못해 수시로 병이 나는데 식물은 키워서 뭐하며 세상 모든 것들이 다 부질없는 일 같아 다 귀찮기도 했고 키우다가 죽는 것을 보는 것도 싫었다. 그래서 보관해 오던 빈 화분까지 모조리 다 정리하여 내다 버렸다. 수족관도 정리하고 싶었는데 큰아이가 극구 반대를 해서 정리하지 못했다. 그 이후로 관상어 먹이 주는 일은 큰아이가 맡아 하고 있다.

가족처럼 키우던 반려견 말티즈 아롱이를 떠나보내고 우리 가족은 몇 년 동안 무척 힘들었다. 5년이 지난 지금도 큰아이는 아롱이 사진으로 설정한 휴대폰 배경화면을 바꾸지 못하고 있다. 잊고 지내다가도 문득문득 생각이 나고 눈물 나게 그리울 때가 있다. 그럴 때마다 애견 분양샵에 가곤 했지만 사랑을 듬뿍 주다가 준비되지 않은 이별로 정을 떼는 일이 너무 힘들어서 매번 우린 갈등하다가 그냥 돌아왔다. 다시는 동·식물도 함부로 들이지 않을 거라 다짐을 하면서도 아롱이가 생각날 때면 종종 작은 화초를 사 오고는 했다. 그렇게 숫자를 늘려가며 키우던 화분을 모두 없애고 나니 초록으로 가득하던 베란다가 삭막하고 휑했다. 물을 주고 싱싱한 잎들을 바라보면 내 마음도 푸르게 물드는 것 같아 참 좋았는데…. 가족들한테는 환해서 좋다고 말했지만 키우면서 정이 들었었는지 한동안 베란다를 볼 때마다 마음이 텅 빈 듯 허전하고 쓸쓸했다.

화분을 모두 정리하고 몇 달 지나지 않아서부터 또 외출했다가 집에 돌아올 때 가끔 몬스테라, 스킨답서스, 아이비 등을 사들고 왔다. 그때마다 큰아이는 이럴 줄 알았다고 했다. 나는 내가 했던 말이 있기 때문에 아무런 대꾸도 못하고 그 순간은 침묵했다. 그리고 나중에 변명하듯 아롱이가 보고 싶은데 볼 수 없으니 그리움 달래려고 사 오는 거라고 사실대로 말을 하곤 했다. 그런 나의 모습을 모두 지켜본 큰아이가 처음으로 꽃다발이 아닌 카네이션 화분을 사주었기에 많은 걸 생각하게 되었다. 올 어버이날 카네이션을 받고 한 달 정도 지난 6월 14일 갑자기 수술을 하게 되었는데 그 무렵 화분에 옮겨 심어 몸살하는 카네이션을 보면서 어쩌면 내가 받은 마지막 꽃은 아닐까 하는 생각에 울컥하기도 했다.

9월부터 온양에 내려가 내 일하는 시간이 아닌 시간에 남편 일을 도와주느라 집에 자주 오지 못해 아이들과 떨어져 지내는 날이 많다. 그래서일까? 카네이션꽃이 나의 시선을 끌며 발길을 붙잡고 유난히 마음을 파고드는 날이 있다. 아이들이 있는 집이 지상낙원이라 생각하며 집순이로 살아서 그런지 일을 하다가도 순간순간 집에 오고 싶을 때가 있다. 그럴 때 집에 오기도 하지만 힘들어서 자주 오지 못하고 있다. 그런 날에는 가끔 카네이션꽃 사진을 찍어 가족 단체카톡방에 올린다. 처음에 올린 사진을 보고 큰아이는 지금도 꽃이 피냐며 깜짝 놀랐다.

일을 하다가 아이들 생각이 날 때 카네이션 꽃을 본다. 빨갛게 활짝 핀 곱고 예쁜 꽃과 피어날 준비를 하고 있는 꽃송이들. 카네이션은 아름다운 꽃을 피우고 있는데 꽃처럼 활짝 피어보지 못한 나는 날마다 질 준비를 하며 하루살이처럼 하루, 하루를 살고 있다. 내년 어버이날에도 예쁜 꽃을 볼 수 있기를 바라며 꽃과 눈맞춤한다. 꽃을 보며 내 아이들을 생각하면 웃음이 난다, 나도 아이들한테 꽃과 같은 존재가 되고 싶다. 꽃처럼 아름답지는 않지만 부끄럽지 않은 엄마로 기억되었으면 좋겠다. 지금도 계속 피는 빨간 카네이션꽃처럼 아이들도 날마다 웃음꽃 활짝 피우며 살기를 바란다.

뒷모습

이근순

나이 탓인가. 사람들 뒷모습에 눈길이 자주 머문다. 지질학자들은 지구 역사와 지질 시대의 환경을 퇴적암으로 추정한다는데, 중년을 넘긴 사람은 뒷모습으로 직업, 건강, 성격 등을 짐작할 수 있다.

동전의 양면처럼 앞모습과 뒷모습은 한 몸인데, 한쪽 면만 보이는 간판처럼 앞모습에만 관심이 많다. 신분 확인이 필요한 증명서, 이력서도 모두 앞모습 사진이다. 얼굴 표정과 옷차림으로 첫인상을 결정하고 사회생활에도 영향을 끼치기 때문일 것이다. 외모도 경쟁력이라 화장과 성형은 기본이고 포토샵으로 얼굴 분간이 쉽지 않다.

그러나 뒷모습은 꾸밈이 없다. 마이너리그의 선수처럼 묵묵히 제 일만 한다. 드라마나 사진에서 뒷모습을 클로즈업하는 장면이 있다. 동이 트는 새벽 장독대에서 간절히 기도하는 여인의 뒷모습. 결혼식장에서 행진하는 친정아버지와 신랑 신부의 각기 다른 뒷모습. 다음 만남을 기약하며 멀어지는 연인의 뒷모습 등은 깊은 울림을 준다.

피나는 훈련과 노력으로 한계를 뛰어넘은 뒷모습도 있다. 우아하면서도 카리스마 넘치는 김연아 선수 뒤태와 역삼각형 등 근육이 탄

탄하게 뭉쳤다 퍼지는 보디빌더들의 뒷모습은 숨을 멎게 한다.

부모님 등은 든든한 둥지였다. 악을 쓰며 울다가도 엄마 등에 업히면 울음을 삼키면서 금방 행복해진다. 박봉으로 생활이 궁핍했던 아버지는 퇴직 후, 작은 사업을 시작했으나 여의치 않았다. 어떻게든 위기를 벗어나려니 밤낮이 따로 없었다. 깊은 밤, 문창호지에 일렁이는 두 분의 뒷모습. 곤한 잠에 빠진 자식들을 깨우지 않으려고 조심조심 움직이던 어깨는 사막을 건너는 쌍봉낙타를 닮았다. 한복이 잘 어울렸던 엄마의 단아했던 뒷모습은 일곱 남매를 키우면서 '기역' 자로 바뀌었다. 병약한 체질과 빈곤 속에서도 낭만을 즐기고 책과 펜을 놓지 않았던 아버지. 산소발생기로 연명하던 말년, 거친 숨을 참으며 머리맡 앉은뱅이책상 위에 엎드리면 근육 빠진 등이 동그랗게 말렸다. 혹에 저장된 지방질로 사력을 다한 낙타처럼 서서히 등골이 빠진 것처럼.

난향천리 인덕만리(蘭香千里 人德萬里)라고 했듯이 오래오래 향기로 남는 뒷모습도 있다. 성북동 중턱, 사시사철 사람들의 발길이 끊이지 않는 사찰 길상사. 고급 요정(料亭)으로 많은 재산을 축적한 여장부 김영한 님. 천억 원의 대원각 부지를 희사하는 것이 아깝지 않느냐는 말에 백석 시인의 시 한 줄에도 미치지 못하는 재산이라며 법정 스님께 시주, 지금의 청정 도량이 되었다.

연시(戀詩) 「나와 나타샤와 흰 당나귀」처럼 첫눈 오는 날, 파란만장했던 삶을 모두 내려놓고 연인 곁으로 떠난 자리에 꽃무릇이 한창이다. 거울 같은 삶을 살았던 법정스님은 가슴 아픈 사연이 서리서리 엉켜있는 진원각에서 낡은 가사만 걸치고 입적하셨다. 여느 절과 다른 일주문, 성모 마리아를 닮은 관음보살상과 기독교 신자가 기증한 탑, 개원 음악회에 참석하셨던 김수환 추기경님의 인연이 어우러진 경내를 거닐면서 그분들이 남기고 가신 삶의 뒷모습을 생각하게 된다.

'뒷모습이 가지런하고 깔끔해야 진정 아름다운 사람'이라고 한다. 보통 '뒤도 안 돌아보겠다'거나 '뒤를 보았다'는 말을 한다. 오해나 배신 등으로 잘못 풀린 '시절 인연'이다. '옷깃 한번 스치는 것이 오백 겁 인연'이라는데, 뒤끝 질긴 인연을 잘 가꾸려면 마음 수양이 중요하다. 그 방법은 사람마다 다르겠지만 나는 가까운 산을 찾는다. 북한산 들머리. 신발 끈을 조이고 숲길로 들어선다. 젊어서는 속도 경쟁을 하듯 정상만 향해 걸었다. 그런데 언제부터인지 산허리를 지나면 멈추어 주변을 둘러본다. 아메리카 인디언은 집 밖을 나서면 영혼이 잘 좇아오는지 확인하려고 가끔 뒤를 본다는데, 바로 조금 전까지 나를 담고 있던 공간이 탈피를 끝낸 곤충 껍질처럼 낯설다. 스치는 산객들과 "안녕하세요."라며 나누는 덕담. 짧은 만남이지만 상큼하다.

생로병사가 숙명인 인간은 결국 뒷모습만 남긴다. 예술작품과 고전, 역사적 가치가 있는 건물은 물론 후세에 본보기가 되는 철학가, 종교인 등의 발자취도 그중 하나다. 시인의 뒷모습이 시라면 그림은 화가의 뒷모습이고 음악은 음악가의 뒷모습이다. 「자기 회수 문학」이라는 수필은 살아온 뒷모습을 되새김질하는 문학 장르다. 씨줄과 날줄로 얽힌 삶을 글로 잘 풀어내려면 이제라도 힘을 빼고 솔직해져야 하는데 쉽지 않다.

가을이다. 꽃 진 자리에 초록이 다녀가더니 어느 사이 색색으로 물들고 있다. 단풍은 봄과 여름의 뒷모습이다. 계절로 치면 가을을 지나고 있는 나. 돌아보면 좋은 기억보다는 아쉬움과 감추고 싶은 것만 떠오른다.

요즘 들어 남편의 뒷모습이 거슬린다. 마치 바람 빠진 풍선처럼 허전하고 쓸쓸하다. 한쪽으로 심하게 기울어진 어깨는 우왕좌왕 좌충우돌 세상과 부딪힌 흔적이며 훈장이다. 동갑이고 연애도 길어서 당연히 친구처럼 살 줄 알았는데 갈등의 골이 깊었다. 툭하면 등을 돌리고 날도 세우면서 층층이 벽을 쌓았다. 그러나 이순을 지나고 나니 서운함은 엷어지고 안쓰러운 마음만 남는다. 아마도 내 뒷모습을 바라보는 남편 시선도 그렇지 않을까.

나태주 시인은 뒷모습을 '자기 눈으로 확인할 수 없는 오로지 타인에게로 열린 또 하나의 표정'이라고 했다. 내 뒷모습의 표정은 어떤 모습일까. 평생 지고 온 삶의 무게를 내려놓으니 내리막길이다. 젊음이 뜨거운 가마솥이라면 군불도 아쉬운 나이다. 바람이 있다면 내 뒷모습이 좋은 향기를 아니더라도 진국의 맛을 닮았으면 좋겠다.

배웅

김영구

너와의 만남은 스무 살 되던 해 영어 회화학원에서였다. 바로 내 옆자리에서 함께 강의를 들으며 서로 친하게 지냈다. 그 후로는 늘 껌딱지처럼 붙어 다녔다. 취미와 성격이 비슷하여 코드가 잘 맞은 우리였다. 너는 한양대 기계과에, 나는 동국대 국문과에 다니면서 공부는 뒷전이고 매일 여대생이나 만나러 다니고 놀기 바빴다.

어느 날 여대생 그룹과 미팅을 하면서 내가 맘에 둔 여자를 너도 맘에 두면서 서로 양보하라고 다투기도 했지만 결국 승자는 너였지. 나는 너무 속이 상해 집에 가서 이불 뒤집어쓰면서 쓰리고, 분하고, 억울한 내 마음을 진정시켰지. 이뿐만이 아니라 여대생과 미팅이 있을 때마다 승자는 항상 너였으니까 나는 많이 속이 상했지.

내가 뺏긴 것이 아니라 여자가 너를 선택한 거지. 너는 나보다 키도 크고 미남이니까 여자의 입장에서는 너를 선택하기 좋은 조건이었지. 여자 문제로는 나는 항상 너한테 밀리고는 속상한 적이 많았지. 그러다 내 맘에 쏙 드는 여자를 만났는데 데이트 비용이 모자라서 여자 모르게 살짝 너한테 긴급 요청을 했지. 너는 내 전화를 받고 한걸음에 달려와 난처했던 나의 입장을 해결해 주었지. 그 덕분에 나는 그 여자와 좋은 인연을 맺어 나의 평생 동반자로 잘 지내고 있지. 그때 고마움을 늘 간직하고 있다.

내가 결혼해서 알콩달콩 사는 것이 무척 부러웠던지 얼마 안 가서 네가 사귀는 여자를 나한테 인사시켜 주었지. 너도 좋은 인연으로 둘이 결혼해서 행복한 가정을 꾸렸지. 둘이 다 가정을 갖고는 내가 사는 정릉 아파트로 이사를 와서 신혼살림을 시작하였지. 두 부부가 이웃에 사니 네 집 내 집이 따로 없이 늘 넷이서 붙어 다녔지.

만나면 장기 두면서 한 수 물러 달라고 싸우기도 하고, 바둑 두면서 조금 불리해지면 판을 슬쩍 흩트리기도 하면서 싸움 아닌 싸움을 해 가면서 미운 정 고운 정 들어가며 중년 될 때까지 티격태격 지내다가 어느 날 갑자기 미국으로 이민을 간다고 하면서 작별을 고했지.

그래도 몸은 멀리 있어도 마음만은 늘 내 가슴에 있는 친구라서 매일 문자로 카톡으로 안부를 묻고 대화하면서 지내왔지. 그래도 1년에 한 번씩 우리 부부가 미국에 가서 10일 정도 놀다가 오기도 하고 그다음 해에는 너희 부부가 우리 집에 와서 10일 정도 놀다 가기를 반복하면서 친구의 우정을 다졌지.

그러던 어느 날 너의 부인한테서 카톡이 왔지. 친구가 몹시 아프다고, 앞으로 15일 정도 남았다고, 친구가 나를 보고 싶어 한다고. 청천벽력 같은 소리에 말문이 막혔지. 갑자기 두 눈에서는 눈물이 주르륵 흘렀지. 그러지 않아도 너무 멀리 떨어져 살기에 자주 못 보는 것이 아쉬운 판에 기가 막힌 소리를 들으니 넋 나간 사람처럼 힘

없이 주저앉았지.

조금 후 정신을 가다듬고 우리 부부는 서둘러 미국으로 떠날 준비를 하였지. 남았다는 15일 동안이라도 친구와 함께 있어야겠기에, 먼저 가는 친구를 배웅해야겠기에 서둘러서 미국으로 출발하였지.

오랜만에 보는 친구의 얼굴은 아주 수척해 보였고 힘들어하는 것 같았지만 나를 보는 눈동자는 반가움의 눈빛을 느낄 수가 있었지. 반갑다 친구야 하는 눈빛이었지. 남은 시간 동안 두 부부가 함께 근처 공원에 갔지. 친구의 휠체어를 끌면서 함께했던 시절의 얘기를 꺼냈지. 내가 맘에 둔 여자를 너한테 항상 뺏겨서 마음이 많이 상했던 얘기며 장기, 바둑 두다가 티격태격 싸운 얘기며 그동안 함께 했던 여러 가지 얘기를 하다 보니 어느새 친구의 눈가에도 이슬이 맺혀 있었지

우리도 그렇게 남은 시간을 함께하며 친구의 가는 마지막 길을 배웅할 수 있었지. 네가 먼저 가면 내 배웅은 누가 해 줄까? 친구가 못 해주는 배웅, 나중에 내가 갈 때 네가 나를 마중 나와 주렴. 친구야 잘 가라. 친구가 내 곁에 있어 줘서 인생이 즐거웠다. 고맙다. 친구야. 내세에서 만나면 또 내 절친 하자. 친구야. 안녕….

심해로의 배 띄우기

우희정

허니문하우스

허니문하우스로 드는 성장한 신사와 숙녀가 부러워 나도 그곳에서 하룻밤 묵기로 작정했다. 한때 이승만 전대통령의 별장으로 사용한 화락원이 별채마냥 딸려있어 아직도 금실 좋은 부부의 다정한 속삭임이 들리는 듯하다.

하필이면 내가 도착한 그 밤은 태풍이 제주를 통과하느라 아주 부산한 날이기도 했다. 콰르르르 쏴쏴, 콰르르르 쏴아아. 밤새 바다가 부르는 소리에 잠을 설쳤다. 왕바람에 뒤채는 파도소리가 내 속을 온통 뒤집어놓는 듯했다.

어둠 속에서 태풍과 맞서는 저 바다, 그 너울은 어떤 형상일까, 몹시 궁금했지만 비바람 몰아치는 밖으로 나갈 엄두는 나지 않았다. 어차피 날이 새면 만날 수 있을 터이니 꾹 참기로 했다.

조바심치며 아주 긴 밤을 보내고 갓밝이에 밖을 내다보던 나는 뜻밖에 밤새 내 마음을 끓게 한 것은 파도소리가 아니라 큰 키 야자나무가 잎을 비비는 소리였음을 알았다.

찌를 듯이 하늘로 키 세운 야자나무가 몇 발자국 거리 안에 있는 연인에게 더 다가서지 못해 몸살을 앓는 소리였던 것이다. 쏴르르륵 쏴르락, 콰르르르 콰르르르…. 그래서 그리 애달피 내 가슴을 훑었던가 보았다.

저만큼 바닷가에 서 있는 소나무도 덩달아 가지를 흔들어 보이지만 어림없는 몸짓이다. 소나무에겐 그 나름의 고고한 아취가 있는 법, 각자 자신에게 알맞은 구애방식이 있음과 같이….

큰 바람 지나간 뒤끝이라 하늘은 더 높고 청명하다.

산책길에 나선다. 황록색과 갈색, 흰색을 알맞게 섞어 단장한 작은 새 한 마리가 포르릉 숲을 깨운다. 새가 솟구치던 자리에 동백이 정열을 토하고 있다. 세 가지 색깔이 적당히 어우러진 동백의 숲이다. 검붉은 색, 그 경계를 가르려는 듯 분홍색, 그리고 흰색의 동백 무더기가 그지없이 화려하다. 금방 꽃무덤에서 날아오른 동박새는 사랑에 빠진 것이리라.

> 죽어서도 기뻐해야 할 일 찾아다니다가
> 죽어서도 사랑해야 할 일 찾아다니다가
> 어느 날 네 가슴에 핀 동백꽃을 보고
> 평생 동안 날아가 나는 울었다.
>
> – 정호승, 「동박새」

배 띄우기

바다를 바라보며 아침을 먹는다. 어젯밤에 섬을 강타하던 태풍이 한라산 너머로 쫓겨 가면서 아쉬움이 남았나 보다. 바다 속 깊숙이

바람 한 자락을 묻어두고 갔는지 여태껏 파도는 높다.

이곳은 허니문이라는 이름에 어울리게 장식이나 벽 색깔이 하얀 색조로 깨끔하고 은은한 분위기다. 네모반듯한 벽 안에 담긴 집기들도 모두 하얗다. 창문틀, 벽난로, 식탁과 의자, 촛대, 접시도 마찬가지다. 오직 양초 세 개만이 새빨간 피를 품어 강렬하게 자신의 존재를 드러낸다. 벽난로 옆에는 참나무장작이 쟁여져 불때를 기다리고 있다.

왼쪽으로는 비스듬히 돌아앉은 문섬이 보인다. 그곳을 향해 달려가던 바위가 안타까움으로 새까맣게 몸을 태웠나, 윗몸 일으킨 청석이 해안을 따라 즐비하다.

거친 파도는 검은 바위를 향해 사정없이 달려들어 흰 거품으로 부서지고 하늘을 울리듯 요란한 신음을 토해낸다. 그리고 세상의 말을 다 끌어와 충동질을 한다. 포르투갈어, 힌디어, 아프리카의 스와힐리어…, 저 내륙의 언어조차도. 가슴을 요동치는 언어들이 내 속에 잠자고 있는 욕망을 흔들어 깨운다.

정면으로 바라보이는 것은 오로지 바다뿐, 그래서 마치 이곳이 배인 양하다. 바다 한가운데로 나아갈 선박에 나는 타고 있는 것이다. 돔모양의 벽난로 배꼽 근처에 장식으로 붙은 선장의 키(key)가 그걸 잘 말해주지 않는가.

바다에 면한 대형 유리창조차 선장실의 분위기를 한껏 돋우어 키만 잡으면 엄청난 바다로라도 내달을 기세다. 바다와 뭍을 가른 담장에 매달린 등마저도 배의 진로를 나타내기 위해 앞 돛대에 거는 선장등(船檣燈)과 흡사하다. 마침 마도로스 모자를 쓴 이가 옆에 있으니 그를 선장 삼으면 모든 준비는 다 갖춰진 셈이다.

이제 항해를 시작하려 한다. 파도가 높지만 그쯤이사 어떠리. 태평양을 향해 배를 띄운다.

망망한 대해는 끝없이 펼쳐져 가도 가도 끝이 없다. 오로지 태양만이 시간의 흐름을 알려줄 뿐, 갈매기는 잠시 뒤를 따르다 항구를 찾아 돌아간다.

긴 출렁임 끝에 나는 필리핀제도에 이른다. 세계에서 제일 높은 산인 에베레스트보다도 2천미터나 더 깊다는 마리아나해구에서 잠시 멈추어 심해의 소리를 들어봐도 좋으리. 아직 누구에게도 제 모습을 드러내지 않은 깊디깊은 심해의 내밀한 속삭임을 어두운 내 귀로 들을 수 있으려나. 어디 소리를 꼭 귀로만 듣는다던가. 마음으로 들을 수 있어도 괜찮을 듯싶다.

다시 할마헤라섬에 이물을 들이대고 화산지대와 감코노라산을 바라보며 해안선을 한 바퀴 둘러보고 땅내음이라도 잠시 맡으면 멀미쯤은 쉬 달아날 것이다.

인도양 쪽으로 뱃머리를 돌리기 전에 파푸아뉴기니의 하겐고원 톡피신족의 '싱싱(singsing)'이라는 축제를 볼 기회가 주어진다면 운 좋은 일일 것 같다. 화려한 화장에 깃털이며 진주며 동물가죽 등을 덧씌워 토템으로 분장하여 내기싸움이나 신화적 사건들을 재현한다는 무리 속에 섞여들어 나도 한바탕 춤을 추어볼 수 있다면…. 그런데 아직 그곳에는 식인버릇이 있다니 긴장을 조금도 늦출 수는 없으렷다.

그곳을 지나 벵골만으로 들어서면 바로 아라비아해의 뭄바이에 닿을 터. 그러자면 말라카해협을 통과해야 할 텐데, 지금도 해적이 출몰한다니 어쩐지 으스스하다. 어쩔거나, 고민 좀 해봐야겠지. 아라푸라해를 에돌아 인도양으로 들어가도 상관없겠다.

내처 아프리카까지 가고도 싶지만 이쯤에서 꿈의 여로를 접어야할까 보다. 이젠 잠시 밀쳐둔 현실세계로 나를 돌려놓을 차례다.

천천히 계단을 돌아 내려오는데 저 멀리 흰 모자를 쓰고 있는 한라산이 보인다. 그곳은 아직 겨울이건만 나는 아랫동네에서 때 이른 봄내음을 맡는다.

창작수필문학상 선정경위 및 편집후기

2022년 제25회 창작수필문인회 동인지 원고는 80여 편이 넘는 회원님들께서 참여해주시었습니다. 작품 중 기 수상자를 제외한 57명의 작품을 1차 심사위원이 선정토록 하였습니다. 그중에서 추천을 받은 작가는 임병미, 양혜원, 조철형, 윤연옥, 심봉구, 오수지, 박춘자, 고희숙, 윤임덕, 한정순, 구추영, 신영숙, 서주린씨 등이었습니다. 이 회원님들의 작품을 외부 심사위원(시인 · 수필가, 이재무)께 위탁하여 최종 수상대상자를 3명으로 결정토록 하였습니다. 수상작에 비해 결코 손색이 없으나 버금가는 우수작품도 3명을 선정하여 격려토록 하였습니다.

해마다 좋은 작품을 제출하시고도 수상자의 인원제한으로 아직 선택되지 못한 회원님들이 100여 명이 됩니다. 그중에도 여러 해 연속 최종작품에 올랐다가 밀린 안타까운 분들도 있었습니다. 다음해 분발하시어 영광이 있기를 기대해봅니다. 2023년에는 보다 많은 회원님들의 참여와 영광이 있기를 기대합니다. 이런 연유로 인해 창작수필문인회 동인지가 타 동인지보다 작품수준이 우수하고 품격이 높다고 자부합니다.

25년 째 엮고 있는 동인지는 영구보관용입니다. 매월 또는 한 계절에 발행되는 문예지는 시간이 지나면 잊혀지고 폐기됩니다. 일 년에 한 편 제출되는 동인지 게재 작품에 보다 좋은 작품을 보내주시기 바랍니다. 그동안 작품 등재 순서는 가나다순으로 하였으나 지난해에 이어 금년도 작품 접수 순서대로 등재하였으니 양지하여 주시기 바랍니다. 다시 맞이하는 새해에 회원님들의 건강과 축복이 충만하기를 기원하면서 끊임없는 건필을 기대합니다. 감사합니다.

2022. 12. 13.

창작수필문인회 회장 허 열 웅

2022년 창작수필문학상 심사평

우리가 문학을 하는 이유는 인간의 실존적 구원을 위해서이다. 아무리 첨단 과학이 발전한다 하더라도 인간 실존과 관련된 제 문제 이를테면 삶과 죽음, 그리움과 기다림, 슬픔과 기쁨, 욕망과 권태 등속을 그것은 다룰 수 없다. 이와 같은 인간 실존을 둘러싼 질의와 응답은 오로지 인문학, 그 가운데에서도 문학을 통해서만 규명될 수 있고 해결의 실마리를 찾을 수 있다. 이러한 이유 때문에 우리는 최첨단 디지털 기술 문명 시대에도 우리는 문학 행위를 멈출 수가 없는 것이다. 그 가운데 수필 문학은 개인 생활의 내밀한 속살을 드러내는 장르이다. 수필 창작 행위와 읽기를 통해 우리는 고해의 연속인 인생을 위무하는 구원을 맛볼 수 있다.

2022년 창작수필 문학상 2차롤 올라온 작품들 〈다정함은 힘이 세다〉 〈뚝배기 사랑〉 〈그분, 뾰족 가지를 둥글게 해〉 〈그 사람의 걸음〉 〈그리운 약손〉 〈아, 엄마〉 〈그 사람의 걸음〉 등을 꼼꼼하게 읽었습니다. 개인의 구체적 경험 현실을 미학적으로 형상화한 작품들이 보편적 감동과 울음을 주는 수작들이었습니다. 어떤 작품은 삶의 용기를, 어떤 작품은 아련한 그리움을, 어떤 작품은 슬픈 정조를, 어떤 작품은 생에 대한 깨달음을 주었습니다.

〈다정함은 힘이 세다〉은 제목에서 암시하고 있듯이 사람살이에서의 다정함의 힘과 중요성을 강조하고 있습니다. 이국 생활이 가져다주는 낯 설음, 아시안 학부모로서 이방인 학부모들과의 불화, 그에 따른 지독한 소외 속에서도 용기를 잃지 않고 살아가려는 저자의 노력이 눈물겹게 읽혀지는 작품입니다. 그러나 저자는 어디에서나 사람 사는 곳에 있기 마련인 다정의 인물(백인 학부모)을 만나 위안을 얻고 또 자신도 교통사고를 내고 어려운 처지에 놓인 라틴계 청년을 감싸줌으로써 다정을 베푸는 대목이 인상적이었습니다. 저자의 진술에 의하면 사람살이에서 '다정함'이야말로 아픈 삶의 진통제이자 치료제이고 비타민이자 영양제라는 것입니다.

〈뚝배기 사랑〉은 어린 시절의 경험을 회상하는 것으로 시작하여 현재에 이르는 내용으로 구성된 작품입니다. 뚝배기는 제조과정에서 찰흙과 모래, 백토가 6:2:2의 비율로 혼합되는데, 찰흙과 모래의 조화 속에서 숨구멍이 생긴다고 합니다. 그런데 이 숨구멍은 워낙 작아서 물이나 음식물 입자는 흘러나오지 않으나 공기는 소통되어 음식을 오랫동안 보관할 수 있게 해준다는 것입니다. 나는 이 작품에서 숨구멍을 사람살이의 관계로 적용하여 읽었습니다. 관계가 원활하려면 우리도 서로에게 숨구멍이 필요하다는 생각이 들었습니다. 여기서 숨구멍은 틈이자 사이를 말합니다.

〈그분, 뾰족 가시를 둥글게 해〉는 겉보기 인상과는 달리 저자의 내면은 뾰족뾰족한 가시가 수없이 많은데 그것은 어릴 적 엄마가 오랜 투병 생활 끝에 돌아가시는 사정으로 인해 가산을 탕진하여 생활고에 시달림으로써 생긴 트라우마라 할 수 있습니다. 그런데 마음이 참으로 넓고 긍정적인 남편을 만나 점차 트라우마를 극복해 나갈 수 있었다는 남편 자랑(?)의 작품입니다. 이 작품을 읽으면서 나는 니체의 긍정철학과 이정록 시인의 시 〈의자〉를 떠올렸습니다. 사랑은 서로에게 의자가 되는 일입니다.

〈그 사람의 걸음〉은 무슨 사고를 만나 휠체어에 의존하는 남편을 간병하는 체험기입니다. 요즘 세상에서 만나기 힘든 남편에 대한 아내 사랑이 높고 아름다웠습니다. 아내의 지극정성으로 마침내 남편은 병고를 이겨내고 두 발로 당당히 서서 새벽길을 뚜벅뚜벅 걸어 나가게 되었습니다. 사랑의 힘이 얼마나 위대한가를 알려주는 수필입니다.

〈그리운 약손〉은 엄마의 약손에 관한 수필입니다. 엄마 손은 거칠고 투박하지만 도마 위에서 칼을 쥐면 음식이 만들어지고 밭고랑을 타고 앉아 호미를 쥐면 곡식들이 자라고 배앓이 하는 자식들 배를 다녀가면 약이 되기도 하면서 생산에 분주하고 소비에는 인색한 이타적인 손입니다. 저자는 뒤늦게 회한처럼 어머니의 약손을 떠올리며 모정을 그리워하고 있습니다.

〈아, 엄마〉는 어릴 적 가정형편 때문에 엄마와 떨어져 할머니의 손에 맡겨진 채 살아야 했던 저자의 기구한 삶에 관한 진술입니다. 자식에게 살가운 정을 주지 않은 엄마에 대해 원망하는 마음을 가졌으나 나중에야 그것이 피치 못할 가계사로 인한 것이었음을 깨달았다는 이야기입니다. 저자는 엄마에게 고맙다 사랑한다는 말을 한 번도 못한 것에 대해 가슴 아파하고 있습니다. 회한은 늘 돌이킬 수 없을 때에야 찾아온다는 이치를 이 글을 통해 다시 확인할 수 있었습니다.

이상 수상의 영예를 안은 작품들을 통해 알 수 있듯이 수필문학은 저자들의 경험한 일상 세목들을 통해 우리의 삶을 돌아보는 계기를 마련해 줍니다. 좋은 작품은 읽고 난 뒤에 깊은 여운을 남깁니다. 모든 사유는 말하기와 글쓰기를 통해 이루어집니다. 사유가 먼저 있고 나중에 말하기와 글쓰기가 이루어지는 게 아니라 사유와 말하기, 글쓰기는 동시에 이루어지는 것입니다. 말하기와 쓰기가 중요한 이유가 여기에 있습니다.

창작수필 문학상을 수상하신 분들께는 축하의 말씀을, 다음 기회가 주어진 분들께는 심심한 위로를 보냅니다.

2022년 11월

시인 이재무

역대 문학상 수상자 현황

	년도	회장	수상자	작품명	심사자
1대	1992~1993	이일헌			
2대	1993~1994	김순자			
3대	1995~1996	장돈식	장돈식	휴	회원
			정영숙	각시놀이	
			이일헌	한 잔의 술, 한모금의 차	
4대	1997~1998	오경자	강춘삼	2칸 누옥에 뜰은 수만 평	회원
			김아정	참빛 고르는 여인	
5대	1999~2000	김대수	정수현	흑백사진 속의 나라	조완호
			강대식	애처로운 인생	이유식
6대	2001~2002	조한금	이명지	중년으로 살아내기	유경환
			김지수	곁의 여자	정진권
			문부자	거시기	장백일
			신현우	방언 세 마디	정목일
7대	2003~2004	김병관	윤희경	나눗셈하는 콩밭	유경환
			강희준	어머니와 핸드폰	반숙자
			심성구	잔잔한 정감의 땅	안성수
			서숙자	아름다운 춤	박양근
8대	2005~2006	정철화	오기환	2월 같은 인생	고임순
			이금희	내 고향 봉평	정혜옥
			오경자	돌아간다	
			이봉길	다락방 창	
9대	2007~2008	조동렬	정정근	문	정목일
			김충환	3가지 보물	한동희
			박덕희	단풍예찬	

10대	2009～2010	전병훈	김희구자	칼 가는 노인	반숙자
			최오균	경계인으로 살아가기	문부자
			조한금	땅의 사람 바람의 사람	임헌영
			정영기	장미는 비에 젖고	유영숙
11대	2011～2011	서병태	신지호	지리산의 선인들	안성수
			류상훈	흐르는 물을 바라보며	
12대	2012～2013	이명지	정영숙	검정고무신	유안진
			권예자	수필이 나를 쓴다	반숙자
			김형도	돈황의 신비를 찾아서	
13대	2014～2015	이명지	김정의	스무 개의 눈으로도	신길우
			이진표	대물린 소쿠리	
14대	2016～2017	이봉길	허열웅	다듬이 소리	위원회
			이근순	내 짝궁	〃
			유영숙	바람의 무게	〃
			한정순	향기로운 사람	〃
15대	2018～2019	남복희	황덕중	하루	박양근
			신윤선	늙어가는 주전자	〃
			임익홍	덕(德)의 향기	〃
			박춘민	모과 향기	오경자
			장병선	묵은 갈대	〃
			이경애	아버지의 자전거	〃
16대	2020~2021	황덕수	손수자	꽃지게도 버거울 때	권남희
			한정희	나를 방생하던 날	
			정상복	여름의 끝에 서서	
			이문자	귀동냥 중	
			안태희	쑥부쟁이 꽃다발	
			김미자	눈. 아버지의 싸리비 소리	

17대	2022~	허열웅	양혜원	다정함은 힘이 세다	이재무
			조철형	뚝배기 사랑	
			임병미	그분, 뾰족가시를 둥글게 해	

회원동정(2022년)

*등단
김지수 : 시인 등단(월간지 심상 6월호)
이정희 : 소설가 등단(계간문예 봄호)
이창우 : 시인 등단(한비문학 9·10월호)
문정순 : 시인 등단(문학시대 가을호)

*시상
- 홍미숙 : 안양시민대상(문화예술분야)
- 국중홍 : 천등문학상수상

*수필집 및 시집 출간
남상태 - 망백의 청춘(수필집)
허열웅 - 기억의 집을 짓는 악보(수필집)
홍승만 - 긴 기다림 짧은 만남(수필집)
임익홍 - 나무와 꽃과 들풀의 노래(시집)
이명지 - 육십, 뜨거워도 괜찮아(수필집)
국중홍 - 물 위에 그림그리기(시집)
박연화 - 매화나무 그늘 아래, 봄 여울목을 거닐다(수필집)
정영기 - 우리 처음 만나던 날(시집)
김미자 - 마음에 이는 바람을 따라(수필집)
이정희 - 개나리꽃도 피었네(수필집)
권예자 - 추억, 빛으로 물들다(수필집)
이창우 - 스물, 가만하다(장편 소설)
오경자 - 계단 좀 내다버려(수필집)

*전시회 및 음악회
박연숙 - 분장한 슈퍼 히어로(7. 20 경인미술관)
서희정 - Cafore music Hall(9. 2)
신윤선 - 대한민국명장전시회(한국민속꽃예술)

*시화전(詩畵展)
안양문인협회 시화전(7. 6)
(김성철, 박정분, 심인경, 양정화, 윤종영, 이재숙, 홍미숙, 허열웅 참여)
관악문인협회 시화전(10. 1)
(김미자, 김은성, 김정의, 남복희, 박연숙, 임양자, 정정연 참여)

*2022년 신규가입회원
-심봉구, 신영숙, 손병미, 서희정, 김영구, 이규은, 이수진, 이원환, 이화란

2022년 창작수필문인회 이모저모

▼ ▲ 문학기행

▼ 편집회의

이정희 수필집

개나리꽃도 피었네

- 공주 출생, 공주사범대학 가정과 졸업
- 순천향대학교 대학원 졸업(교육행정전공)
- 2010년 2월 중등교장 퇴임, 황조근정 훈장
- 2012년 『창작수필 수필 등단
- 2019년 『계간문예』 시 등단
- 2022년 『계간문예』 소설 등단
- 창작수필문인회, 한국문인협회, 국제PEN한국본부 회원, 계간문예작가회 부회장
- 시낭송가, 시낭송지도자
- 제8회 전국시낭송대회 대상 수상(한국문학낭송가회)
- 제2회 송헌수필문학상 수상(계간문예)
- 제9회 추보문학상 수상
- 수필집: 『그리워서 산다』 『사랑하니까 산다』 『정희야 잘했다』 『개나리꽃도 피었네』
- 시집: 『장미꽃이 말을 걸다』 『꽃길만 걸어요』

▸이정희 수필가는 2012년에 등단해, 올해로 등단 10주년을 맞는다. 10년이면 강산이 변한다는 말이 있다. 요즘 10년은 옛날과 달라 강산이 몇 번 변하고도 남을 시간이다. 10주년 기념으로 이번에 네 번째 수필집 『개나리꽃도 피었네』를 상재한다.……

10년 동안 수필집 네 권과 시집 두 권이면 이정희 수필가가 얼마나 부지런한 삶을 살았는지 증명된다. 그는 여기에 머물지 않고 2019년에는 전국 시낭송대회에서 대상을 받아 시낭송가로 데뷔했고, 2022년에는 계간문예 신인상에 단편소설 「먼 사람」이 당선되어 소설가로 입신했다.

– 정종명 소설가 · 계간문예 발행인

계간문예

서울 종로구 삼일대로 30길 21 종로오피스텔 1209호

☎ 02-3675-5633(F)02-766-4052

값 15,000

金貞義 시집

▶나의 현 존재(Dasein)는 세계 내 존재(In der Welt sein)로 '보이지 않는' 태초로부터 이어져 온 끈에 의해 존재하고 있다. 거기에는 이루 말할 수 없는 디엔에이가 작동하여 핏줄로 이어져 왔고 이루 말할 수 없는 존재자들의 '잡아주고 끌어주고 밀어주고 살펴주신' 결과로 현재의 내가 존재하는 것이다. 그러기에 섭리에 따라 이어져 온 그 끈, 곧 자연과 인간의 관계망 속에서 생명공동체와 화합하여 조화롭게 살아가야 한다.

하나의 우주 안에서 개체는 하나의 원으로 연결된 하나의 생명체에 다름이 아니다. 시인은 현시대에 우리가 처한 상황하에서 요구되는 정의와 사회적 가치추구란 명제를 진정성 있는 진솔한 시적 언어로 보여주고 있다.

-노유섭 시인의 해설 중에서

· 이리여고, 전북대학교 문리과대학 영어영문학과 졸업
· 익산중학교 교사 역임
·『창작수필』 수필로 등단
·『문학시대』 시로 등단
· 한국문인협회, 창작수필문인회, 관악문인협회 수수문학회 회원
· 창작수필문학상, 관악문학상 수상, 인헌 강감찬 백일장 우수상
· 수필집:『햇빛 노래하는 풀꽃』,『노을빛에 익어가는 열매』
· 시집:『보이지 않는 끈』

해드림

서울 · 영등포구 경인로82길 3-4 센터플러스빌딩 1004호

☎ 02-2612-5552

값 13,000

육십,
뜨거워도 괜찮아 이명지 수필집

이명지 지음 | 272쪽 | 값 15,000원

사랑할 수 있을까/ 설렐 수 있을까/ 욕망할 수 있을까/ 그때도 여자일까 //
내 나이 청춘일 때/ 육십이 되어도 가능할까 생각했던 것들이다./ 내 나이 지금 그 육십 대가 되었다./ 나는 이제야 욕망이 자유로워졌다./ 생각에 자신이 생겼다./ 비로소 생이 단단해지고, 이제야 아름답다.//
곡신불사(谷神不死) 시위현빈(是謂玄牝),/ 여전히 골짜기가 있는 여자이며 신비로운 암컷이다./ 골짜기는 생명을 잉태시키는 만물의 원천이자 창작의 원천이다./ 내 삶의 발자취가 구불구불 경험의 골짜기를 만들고,/ 숲을 이루고 이야기를 잉태하며 이제야 제대로 뜨겁다./ 이제 뭘 좀 꺼내놓을 자신이 생겼다./ 더 많은 것들을 낳을 수 있을 것 같다./ 가슴이 뛴다.

— 『서문』 중에서

이명지

- 동국대 문화예술대학원문예창작학과 졸업(문학석사). 93년 봄 『창작수필』 신인상 등단.
- 6회 창작수필동인문학상(2002년), 제32회 동국문학상(2019년)수상. 국민일보 '여의도에세이', 디지틀조선일보 힐링에세이' 연재.
- 신문기자, 편집국장, 발행인, 방송진행자 등언론생활 20년, 대학강단 10년.
- 현재 (사)한국문인협회 평생교육원 수필창작과 교수.
- 저서 수필집 중년으로 살아내기』, 『헤이, 하고 네가 나를부를 때』, 『육십, 뜨거워도 괜찮아』, 논문집 『전혜린수필연구』 등.

수필in 서울·영등포구 경인로82길 3-4(문래동1가39) 센터플러스빌딩1004호
☎ 02-2612-5552(F)02-2688-5568 값 15,000

망望 백百의 청춘

남상태 수필집

남상태 지음 | 248쪽 | 13,000원

남상태 石泉 南相泰

- 경남 의령 출생
- 마산고등학교 졸업
- 중앙대학교 문리과대학 교육학과 졸업
- 중앙대학교 대학원 교육학전공 수료
- 재경 의령군 향우회 회장
- 재경 경상남도 도민회 고문
- (주)의령신문 고문
- 창작수필 등단
- 한국문인협회 회원
- 창작수필문인회 회원
- 수수문학회 회원
- 이메일 giantnst@hanmail.net

긴 기다림 짧은 만남

홍승만 지음

홍승만 수필가의 『긴 기다림 짧은 만남』은 삶의 격동기를 헤쳐나온 한 사람의 삶을 수필과 묵은 일기로 풀어낸 삶의 여정이며 회고록이다. '인생'에 대한 재음미와 삶의 발견과 흔적을 보여주고 있다. 삶의 체험과 느낌을 진솔하게 표현했다. 부드러운 어체와 간결한 문장, 솔직한 표현에서 작가의 성격이 드러나고 진실하게 살아온 작가의 삶이 보인다. 수필집 출간을 축하하며 인생에 대한 발견과 깨달음으로 인생의 꽃을 피워내고 있음을 보며 박수를 보낸다.

— 정목일(수필가, 전 문협 부이사장)

홍승만 지음 | 240쪽 | 값 13,000원

홍승만

- 충남 아산에서 태어나 서울동북고등학교를 거쳐 한국외국어대학교에서 노어를 전공했습니다. 평생 무역업에 종사했습니다.
- 『창작수필』로 등단했으며 한국문인협회, 창작수필문인회, 수수문학회, 목우수필문학회 회원입니다.

임익홍 시집

나무와 꽃과 들풀의 노래

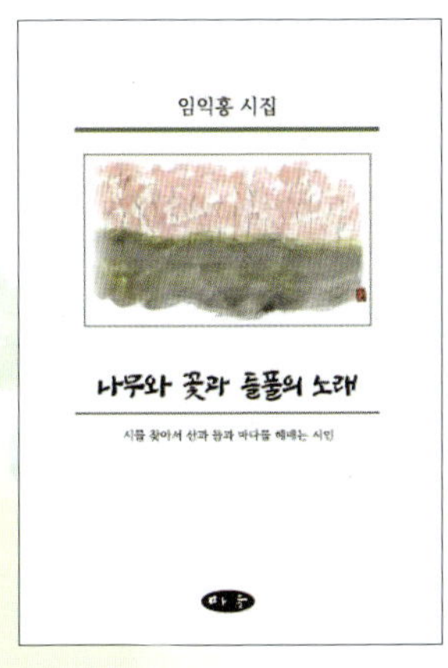

시인은 우리가 매일 접하고 있는 일상에서 흔히 쓰는 언어로 소시민적 정서를 환기합니다. 일상의 언어로 식물적 상상력을 발휘함으로써 새로운 서정성을 창출하고 있습니다. 우리가 한동안 잃어버렸던 서정성을 일상 언어로 획득함으로써 새로운 서정의 길로 나아가고 있는 것입니다.

\- 임익문(시인)

임익홍 지음 | 114쪽 | 값 12,000원

임익홍(林益弘)

- 心齋, 洗心堂
- 한국문인협회 회원
- 문학의 집 · 서울 회원
- 창작수필문인회 회원
- 시집 : 『수선화, 그 영원한 그리움』
  『산은 그 자리에 있다』, 『나무와 꽃과 들풀의 노래』
- 산행문집 : 『도봉산이 부른다』
- 여행문집 : 『거룩한 땅을 찾아서』
- e-mail : ihlim125@hanmail.net

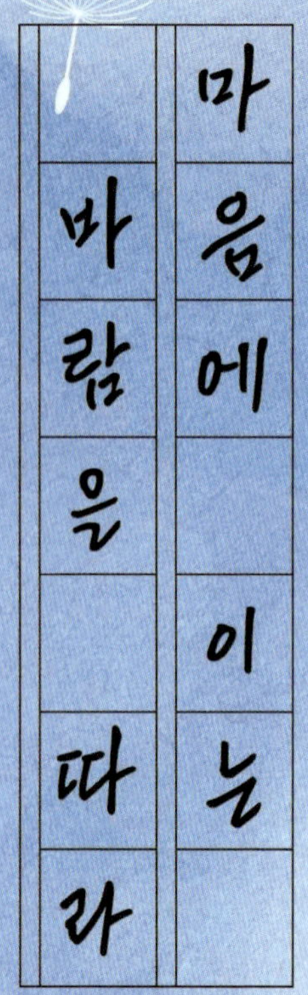

김미자 수필집

수필가 김미자는 세상을 보는 창이 온통 꽃이다. 고고한 자세로 서 있는 나무에 피어나는 목련에서부터 땅에 붙어 보일까 말까 하는 채송화에 이르기까지 모두 그의 창이다. 꽃말이 애처로운 수선화, 만인의 가슴에 연민의 정으로 살아 있는 민들레, 당당한 군자란, 이루 다 헤아리기 어려울 정도로 온통 꽃이 그의 창이다.

꽃을 통해 그에게 비친 세상은 사랑과 긍정으로 넘쳐나는 살아볼 만한 공간이요 축복이다. 깊은 신앙심이 그 창을 더 아름답고 풍요롭게 해준다.

- 오경자(수필가 · 문학평론가)

김미자 지음 | 228쪽 | 13,000원

김미자

- 강원도 삼척 출생
- 『창작수필』(수필), 『문학시대』(시) 등단
- 창작수필 작품상, 창작수필 문학상 수상
- 창작수필문인회 재무국장, 이사 역임
- 강릉사랑문인회, 수수문학 부회장
- 한국문협, 창작수필문인회, 관악문협 회원
- 이메일 : marianna55@hanmail.net

스물, 가만하다

이창우 장편소설

학교는 네모다. 그 안에서 스물은 점으로 있다. 그 점이 스멀거리면서 작은 동그라미가 되어간다. 내 영역이 내 세계라는 원을 만들어 간다. 책 위에 존재하는 쓰여 있는 글자와 현실에서 입으로 쏟아내는 말 사이에 내가 있다. 그 밖 어디쯤에서 잘 살아내려고 아등거리는 내가 들여다보고 있다.
이중생활에서 빠져나오면 균형은 사라진다. 이제 학교라는 네모조차 희미해진다. 마치 경계선 없이 견고하게 투명한 벽이 조금씩 쌓아져 무리 없이 서로 방해하지 않고 나란히 앞서거니 뒤서거니 한다.

- 본문 중에서

이창우

- 서울에서 태어났다. 지금은 서천에서 유랑 중이다.

허열웅 수필집

기억의 집을 짓는 악보

- KT&G 퇴직
- 중앙일보시조백일장 장원
- 시조시학 등단
- (사)창작수필문인회 회장
- 목우수필문학회 회장
- 저서: 『눈물꽃길』 『한 쉼표 머물다가는』 『무소유조차 소유 하려는가?』 『빈 뜰에 떨어진 사유』 『그리움이 건너는』 『바람의 선시』 『기억의 집을 짓는 악보』

▸ 첫 시집을 낼 때 "일생에 한 번, 아니 한 편만이라도 좋은 글을 쓰겠다."는 전혜린(田惠麟) 작가 따라 다짐을 했습니다. 그러나 약속을 지키지 못하고 있습니다. "신은 나에게 갈망만 주시고 재능을 주지 않으셨다』라며 모차르트의 천재성을 심하게 질투한 '살리에리'를 닮아가는 것 같습니다.

–「책을 내며」 중에서

나무향 서울시 광진구 자양로 28길 34, 드림스페이스 501호
☎ 02-458-2815 (F)02-457-2815
값 13,000